成方三十二译丛

Routledge
Taylor & Francis Group

State and Financial Systems in Europe and the USA:

Historical Perspectives on Regulation and Supervision in the Nineteenth and Twentieth Centuries

欧美金融体系发展与政府监管：19—20世纪的历史

(意)斯特凡诺·巴蒂洛西(Stefano Battilossi) (葡)杰米·瑞斯(Jaime Reis) ◎ 主编

“成方三十二译丛”翻译组 ◎ 译

中国金融出版社

责任编辑：黄海清
责任校对：李俊英
责任印制：张也男

图书在版编目（CIP）数据

欧美金融体系发展与政府监管：19—20 世纪的历史/（意）斯特凡诺·巴蒂洛西，（葡）杰米·瑞斯主编；“成方三十二译丛”翻译组译. —北京：中国金融出版社，2021. 11
（成方三十二译丛）
ISBN 978－7－5220－1358－9

Ⅰ. ①欧… Ⅱ. ①斯…②杰…③成… Ⅲ. ①金融体系—研究—欧洲②金融体系—研究—美洲 Ⅳ. ①F831

中国版本图书馆 CIP 数据核字（2021）第 207100 号

欧美金融体系发展与政府监管：19—20 世纪的历史
O'MEI JINRONG TIXI FAZHAN YU ZHENGFU JIANGUAN：19—20 SHIJI DE LISHI

出版发行 中国金融出版社
社址 北京市丰台区益泽路 2 号
市场开发部 （010）66024766，63805472，63439533（传真）
网上书店 www. cfph. cn
（010）66024766，63372837（传真）
读者服务部 （010）66070833，62568380
邮编 100071
经销 新华书店
印刷 河北松源印刷有限公司
尺寸 169 毫米×239 毫米
印张 16. 25
字数 213 千
版次 2021 年 12 月第 1 版
印次 2021 年 12 月第 1 次印刷
定价 65. 00 元
ISBN 978－7－5220－1358－9
如出现印装错误本社负责调换 联系电话（010）63263947

译者的话

回顾世界金融发展和监管史，各种金融风险和危机不断爆发，总体呈现出“金融危机—强化监管—创新规避监管—金融危机”的螺旋发展过程。特别是2008年由美国次贷市场崩溃引发的国际金融危机为世界各国和国际组织提供了一个审视和重塑金融监管体制的契机，除了深刻反思危机爆发的根源之外，更引发了一场针对金融监管体制改革的浪潮，通过一系列改革来进一步强化监管、应对风险挑战。

面对世界百年未有之大变局，复杂多变的国内外经济金融运行环境对金融监管的专业化和国际化提出了新的挑战和要求。如何进一步完善现代中央银行制度？如何充分发挥宏观审慎、微观审慎和行为监管三支柱作用，提高开放条件下经济金融管理能力和防控风险能力？如何提升参与国际金融治理框架重塑的能力？这些问题成为摆在金融监管工作者面前的重要课题。为此，人民银行团委精心挑选了 *State and Financial Systems in Europe and the USA – Historical Perspectives on Regulation and Supervision in the Nineteenth and Twentieth Centuries* 一书作为“成方三十二译丛”项目的第五本译作。

该书由马德里卡洛斯三世大学副教授斯特凡诺·巴蒂洛西和里斯本大学社会科学研究所高级研究员杰米·瑞斯共同主编。全书共收录10篇学术报告，从银行业监管、证券交易所监管、监管与治理的关系、国际金融市场监管等不同角度对19—20世纪欧美金融体系发展与政府监管的历史进行了梳理回顾和分析研讨。该书从公共利益驱动和私人利益作用等不同视角切入，围绕金融监管和去监管化的博弈过程，通过回顾过去两个世纪欧美金融发展史，分析了金融监管松紧的驱动因素、历次金融危机对政府监管态度的影响以及政治机构处理金融体系和政府之间利益冲突所采取的对策等问题，从历史中寻找防范化解金融和银行业危机的方法。

本书翻译工作历时一年，翻译团队由来自人民银行上海总部、长春中支、福州中支、郑州中支、昆明中支、晋中市中支的40位央行青年组成，全书的翻译工作均是利用业余时间完成。具体分工是：吴玉南（目录、参与者、致谢），张筱钰、张译心（前言），陈伟、杨佩、文哲、陈川、陈宗炜（第1篇），陶亮、孙浦舟、赵田园（第2篇），吴迪、王一捷、张瑞辰、张洋（第3篇），刘晓鑫、景祥云、陈亮、王述晨（第4篇），宋歌、吕茉、王宇洋（第5篇），胡毅楠、任彦君（第6篇），邓宇清、孙融、王旭（第7篇），孙融、李丹迪、赵怡涵（第8篇），林瑾瑜、郭锬力、王丹炜、屈瑞亭、王飞（第9篇），唐菲、曹育洁、林源晖、邹也、孙琪（第10篇）。吴玉南、陈宗炜对全书进行了统稿和审校。

我们深知，一部优秀的翻译作品，既要忠实于作者的原意，又要尽可能贴合中文表达和阅读习惯，为此，本书翻译团队始终秉持严谨认真的态度，反复斟酌、多次推敲，力求将译文的准确性和可读性有机结合。尽管如此，本书的翻译难免存在疏漏和不当之处，敬请广大读者批评指正。此外，读书贵有疑，真诚希望广大读者保持独立思考的精神，以理性客观的态度开启本书的阅读之旅。

在这里，要衷心感谢为本书中文版的面世付出努力、提供帮助的单位和个人。感谢人民银行团委搭建的这一让央行青年展示才华、锻炼成长的平台；感谢人民银行上海总部、长春中支、福州中支和昆明中支对本书翻译工作的高度重视和大力支持，感谢各位翻译组成员的辛勤付出和团结协作，感谢中国金融出版社黄海清编辑的认真审校和中肯建议。

“历史不会重复自己，但会押着同样的韵脚。”尽管历史从来不能提供完美的指引，它却是人们探索世界和自我反思不可或缺的一面镜子。2021年是建党100周年，回顾百年党史，中国共产党领导的金融事业发生了翻天覆地的历史性变化，金融体制逐步向市场化、法治化和国际化转型，迫切需要我们紧密结合中国实际，以开放包容的姿态，汲取国际金融发展和监管取得的实践经验，以史为鉴，开创未来。随着本书中文版的面世，翻译团队的工作也将告一段落，但我们深知，金融安全是国家安全的重要组成部分，作为人民银行的一员，防范化解金融风险我们责无旁贷，坚持对经济金融事业和新时代中央银行履职的研究和探索任重道远，需要我们不断努力，不懈追求！

目　录

表格目录

插图目录

参与者

斯特凡诺·巴蒂洛西（Stefano Battilossi）是马德里卡洛斯三世大学研究经济史的副教授。他拥有都灵大学历史学博士学位，并在伦敦政治经济学院和欧洲大学研究所进行了博士后研究。他的研究兴趣包括19世纪和20世纪的国际银行业务、金融体系监管的发展史以及1945年后欧洲的商业周期和经济政策。他在《金融历史评论》《欧洲经济历史评论》和《经济历史评论》上发表过多篇文章。他是很多关于意大利银行业和金融业历史书籍的作者和合著者，也是《欧洲银行和美国挑战：布雷顿森林体系下国际银行业的竞争与合作》［与Y. 卡西斯（Y. Cassis）合著，牛津大学出版社，2002年］的主编之一。自2009年以来，他一直担任《金融历史评论》的编辑。

皮特·克莱门特（Piet Clement）获得了比利时鲁汶大学历史学博士学位。自1995年以来，他一直在瑞士巴塞尔的国际清算银行担任历史学家和档案主管。他出版的著作包括：与H. 范德薇（H. Van der Wee）合著的《1945—1995年经济增长与转型》、与P. 拜洛赫（P. Bairoch）和E. 霍布斯鲍姆（E. Hobsbawm）合著的《欧洲历史》（艾诺迪出版社，1996年）、发表于《金融历史评论》的《纳粹德国与道威斯计划和未偿还贷款》（2004年第1期第11版）、与G. 托尼奥洛（G. Toniolo）合著的《1930—1973年在国际清算银行中全球央行的合作》（剑桥大学出版社，2005年），与C. 博里奥（C. Borio）和G. 托尼奥洛（G. Toniolo）合著的《中央银行合作的过去和未来》（剑桥大学出版社，2008年）。

菲利普·L. 科特雷尔（Philip L. Cottrell）是莱斯特大学经济和

社会历史学教授。他在国际金融、商业、经济和社会历史领域发表了很多著作。

保罗·迪·马蒂诺（Paolo Di Martino）获得了意大利比萨大学博士学位，目前是英国曼彻斯特大学英国经济史讲师。此前，他曾在英国布里斯托大学和伯明翰大学任职，曾是伦敦政治经济学院经济史系的初级访问学者。他的研究聚焦于从比较角度探究法律体制与经济表现之间的关系。围绕这一主题，他在诸多国际期刊上发表了不同文章，包括《商业历史》（2005 年）和《经济历史评论》[与 M. 瓦斯特（M. Vaster）合著，即将发表①]。

彼得·恩格伦德（Peter Englund）拥有斯德哥尔摩经济学院的博士学位，目前是斯德哥尔摩经济学院的银行学教授，也是阿姆斯特丹大学的房地产金融学教授。他曾是乌普萨拉大学的经济学教授和瑞典中央银行（Sveriges Riksbank）的科学顾问，并且是诺贝尔经济学奖评委会的秘书。他在银行业、公共经济学、住房和房地产等相关领域的学术期刊上发表过多篇文章。

理查德·S. 格罗斯曼（Richard S. Grossman）是卫斯理大学的经济学教授，也是哈佛大学定量社会科学研究所的学者。他是《不稳定的账户：1800 年以来工业化世界中银行业的演变》（普林斯顿大学出版社，2010 年）一书的作者。他曾在哈佛大学、耶鲁大学和耶路撒冷希伯来大学担任客座教授，并获得过美国国家科学基金会和德国马歇尔基金会的研究支持。他的著作曾发表在《美国经济评论》《经济历史杂志》《货币、信贷和银行杂志》以及其他学术期刊和报纸上。

巴勃罗·马丁－阿塞纳（Pablo Martín－Aceña）是马德里阿尔卡拉大学的经济学和经济历史学教授，西班牙经济历史学会主席，《历史经济学杂志》的前编辑，卡尔·马克思经济大学（布达佩斯）、哈佛大学（马萨诸塞州波士顿）、鲁汶大学（比利时鲁汶）、

① 译者注：指本书出版之时，对应提到的文章即将发表。余同。

墨西哥大学（墨西哥）、巴黎第十大学（楠泰尔市）和巴黎政治学院的访问学者。他有两本关联著作：一本是与J. 辛普森（J. Simpson）和爱德华·埃尔加（Edward Elgar）合著的《1870年以来的西班牙经济发展》（伦敦，1995年）；另一本是与杰米·瑞斯（Jaime Reis）合著的《边缘国家的货币标准》（麦克米伦出版社，2000年）。他还在《欧洲经济历史评论》《金融历史评论》以及西班牙各种学术期刊上发表过文章。

拉纳德·C. 米奇（Ranald C. Michie）是英国达勒姆大学历史学教授。在近40年的职业生涯中，他在金融历史的两个领域的研究中享誉盛名：一个领域是证券市场背景下的证券交易所历史，并出版了《全球证券市场史》（牛津大学出版社，2006年）一书；另一个领域是伦敦作为金融中心的历史，在该领域的最新著作是《罪恶的货币：维多利亚时代和爱德华时代文化中的伦敦市》（皮克林和查托出版社，2009年）。

劳伦·昆努埃尔－科尔（Laure Quennouëlle－Corre）是位于巴黎的国家科学中心（CNRS）的研究员。她的主要研究领域是资本市场历史、巴黎作为金融中心的历史和法国财政部历史。她的出版物包括《国家资本主义的现状与发展——基于1947—1967年国库资金的流向》（巴黎，蔡夫出版社，2000年）、发表在《金融历史评论》的《国家、银行和投融资：第二次世界大战到20世纪70年代之间的法国》（2005年第1期第12版，第63－86页）和与Y. 卡西斯（Y. Cassis）等合编的《19世纪至20世纪期间的机构、市场和资本流动：为什么金融中心具有吸引力?》（牛津大学出版社，即将出版）。

杰米·瑞斯（Jaime Reis）是里斯本大学社会科学研究所的高级研究员。他拥有牛津大学历史博士学位，并曾在范德堡大学、莱斯特大学、格拉斯哥大学、新里斯本大学和欧洲大学学院任教。他是欧洲经济社会历史学学会的前任主席，并且自2008年起担任《欧洲经济历史评论》的编辑。他隶属于里斯本科学院，发表了许多关于欧洲和拉丁美洲的货币银行史、劳动力市场、人力资本和农业等方面的著作。

凯瑟琳·申克（Catherine Schenk）是格拉斯哥大学国际经济史教授。她在国际银行学和货币历史等方面发表了很多著作，特别着重于研究东亚和英国的国际货币关系。她曾在中国香港金融管理局和国际货币基金组织担任客座研究员。她的最新著作是《从历史角度来看香港特别行政区的货币制度和汇率挑战》（帕尔格雷夫·麦克米伦出版社，2009 年）和《英镑的衰落：国际货币衰退进程的管理（1945—1992 年）》（剑桥大学出版社，2010 年）。

安德烈·斯特劳斯（André Straus）是巴黎国家科学中心（CNRS）的研究员。他的研究涵盖金融和现代法国经济，并着重研究制造业、新技术的出现、金融机构尤其是保险公司的发展以及国家的中心地位。他的著作包括与 P. 福里得森（P. Fridenson）合编的《法国资本主义》《增长的阻碍与动力》（法亚德出版社，2007 年）、《法国工业史中的“法国工业融资”》（拉鲁斯出版社，1996 年）和《1880—2000 年法国经济融资》（彼得·朗出版社，即将出版）。

特蕾莎·托特拉（Teresa Tortella）从 1978 年至 2009 年 3 月担任西班牙银行档案与货币服务部主任。1962 年她从马德里康普斯顿大学历史系毕业，1974 年至 1977 年在马德里国家档案馆工作。1978 年她加入了西班牙银行担任历史档案部门主任，并于 1990 年被任命为货币服务部主任。1983 年她成为国际档案理事会（ICA）商业档案委员会的成员，并于 1990 年成为国际档案理事会企业与劳工档案处（ICA/SBL）指导委员会的成员。1989 年至 2007 年担任欧洲银行业和金融历史协会（EABH）学术咨询委员会成员，其中 1993 年至 1998 年担任副主席。她的著作包括《西班牙最早的纸币》《1782—1829 年圣卡洛斯银行的“凭证”》（1997 年）、《1780—1914 年西班牙外国投资信息来源指南》（2000 年）、《1940—2001 年西班牙纸币》（2004 年）和《1874—1939 年西班牙纸币》（2005 年）。

目前，她正在编写下一本书——《西班牙银行的国内历史》[①]。

维萨·维赫里亚（Vesa Vihriälä）自2004年2月起担任芬兰总理办公室副秘书长兼经济委员会秘书处负责人。他从赫尔辛基大学获得硕士、副博士和博士学位，并且于1981—1984年在此从事研究工作。此外，他还在麻省理工学院学习。在被任命为现职之前，他在芬兰银行工作了很长时间。他在20世纪80年代从事货币政策和金融市场监管工作，并且在90年代初中央银行应对芬兰银行危机中发挥了核心作用。他还曾在1989年至1991年担任经济合作与发展组织（OECD）经济学家，在1997年至2004年任佩勒沃经济研究所常务董事。

尤金·N. 怀特（Eugene N. White）是罗格斯大学经济学教授，也是美国国家经济研究局（NBER）的研究助理。他的最新著作是《金融服务业中的利益冲突：我们应该怎么做?》（国际货币与银行研究中心/经济政策研究中心，2003年），其共同的作者包括安德鲁·克罗克特（Andrew Crockett）、特雷弗·哈里斯（Trevor Harris）和弗雷德里克·米什金（Frederic Mishkin）。他还撰写了大量有关股市繁荣和崩溃、存款保险、银行监管和战时金融的文章。他目前正致力于纽约和巴黎证券交易中微观结构的演变、战争经济、房地产和股市泡沫等课题的研究。

---

① 译者注：该书于2010年出版。

致　谢

本书中的各个章节最初是为2006年5月26日至27日在里斯本举行的欧洲银行业和金融历史协会（EABH）年度会议准备的。本书的编辑们非常感谢葡萄牙储蓄信贷银行（Caixa Geral de Depósitos）对这次年会的慷慨赞助，尤其要感谢其董事长卡洛斯·桑托斯·费雷拉先生（Carlos Santos Ferreira）的大力支持。

我们还要感谢曼弗雷德·波尔（Manfred Pohl）（欧洲银行业和金融历史协会）、路易斯·德·阿布雷乌·德·纳恩斯（Luis de Abreu de Nunes）（葡萄牙银行）和努诺·瓦莱里奥（Nuno Valério）（里斯本技术大学），他们与我们一起加入了此次年会的学术委员会，并共同承担了选择相应学术报告的责任。我们也要感谢加布里埃拉·马萨格利亚（Gabriella Massaglia）、埃默·马吉（Emer Magee）、玛妮·朱兰娜（Marnie Giuranna）（欧洲银行业和金融历史协会）、玛格丽达·桑托斯·费拉兹（Margarida Santos Ferraz）、莉迪亚·皮塔·巴罗斯（Lídia Pita Barros）和扎卡里亚斯·迪亚斯（Zacarias Dias）（葡萄牙储蓄信贷银行），没有他们的鼎力相助和精心组织，此次年会不可能成功举办。

在此次年会上，各位与会者的热烈讨论也让本书受益匪浅。我们向所有为本书作出积极贡献的人们表示衷心感谢。弗朗西斯卡·卡内瓦利（Francesca Carnevali）（伯明翰大学）、路易吉·津加莱斯（Luigi Zingales）（芝加哥大学）、西吉塔斯·斯库达斯（Sigitas Skuodas）和达莉亚·拉赛特（Dalia Lasaite）（里加斯德哥尔摩经济学院）在年会上作了学术报告，但并未包含在本书中。参加年会圆桌讨论的国际专家有若昂·萨尔格罗（João Salgueiro）（葡萄牙银行家协会）、马努埃尔·哈辛托·努涅斯（Manuel Jacinto Nunes）（里斯本经济管理学院）、胡戈·本齐格（Hugo Bänziger）（德意志银行）、维托尔·康斯坦西奥（Vitor Constâncio）（葡萄牙银行）、马尔科姆·奈特（Malcolm Knight）（国际清算银行）、格特鲁德·唐佩尔－古格（Gertrude Tumpell – Gugerer）（欧洲中央银行）、戴维·马什（David Marsh）（Marsh&Co.）、安东尼奥·博尔赫斯（Antonio Borges）（高盛国际）、哈罗德·詹姆斯（Harold James）（普林斯顿大学）、戴维·T. 勒韦林（David T. Llewellyn）（拉夫堡大学）和莉莉安娜·罗哈斯－苏亚雷斯（Liliana Rojas – Suarez）（全球发展中心）。欧洲银行业和金融历史协会主席、欧洲中央银行行长让－克洛德·特里谢（Jean – Claude Trichet）和葡萄牙财政部长费尔南多·特谢拉·多斯·桑托斯（Fernando Teixeira dos Santos）也在年会上作了讲话。

在会议之后，我们的朋友和同事担任了众多学术报告的匿名审稿人，他们对本书及时、高质量地出版作出了很大贡献。我们还要感谢莫妮卡·波勒·弗雷泽（Monika Pohle Fraser）和伊恩·弗雷泽（Iain L. Fraser），他们出色地完成了本书的编辑工作，并对本书推迟出版给予了最大的耐心。

最后，我们要向杰拉尔德·费尔德曼（Gerald Feldman）致敬。他是一位伟大的学者、智者，也是我们的好朋友，他主持了此次年会的一个分论坛，并始终如一地慷慨提供建议和指导。

前　　言

金融监管与去监管化——一段长期历史

斯特凡诺·巴蒂洛西（Stefano Battilossi）
杰米·瑞斯（Jaime Reis）

由美国次贷市场崩溃引发的2007—2008年国际金融危机在工业化经济体中引起了关于金融监管的激烈讨论。国际货币基金组织（IMF）总裁多米尼克·斯特劳斯·卡恩（Dominique Strauss – Kahn）把银行过度承担风险归咎于普遍的监管失败和监管宽松。[①] 以市场为基础的自我监管的信心被动摇，因为那些享有盛誉的国际银行的内控体系并未能阻止巨额损失不断发生。正如克林顿政府时期的美国前财政部部长劳伦斯·萨摩斯（Lawrence Summers）承认的那样："我们必须认识到，自我监管在相当大的程度上就是去监管。允许机构根据自己设计的风险模型来决定资本水平就是让它们自行决定资本水平。我们已经看到机构一次又一次受到模型预测发生概率不足百万分之一的事件的冲击。[②]"考虑到银行高管人员的行为受银行利益驱使，因此使用审慎监管能否有效规范其行为有待商榷。"包括我在内，很多人以为借款机构受自我利益驱动能够保护股东权益，但现实会让我们感到震惊且难以置信。"美联储前主席艾伦·格林斯潘（Alan Greenspan），在一场国会听证会上说道。[③]

金融监管的局限性早在美国证券交易委员会（SEC）没能及时发现类似伯纳德·麦道夫（Bernard Madoff）诈骗等巨型金字塔骗局

① Financial Times，2008年9月25日。
② Financial Times，2008年6月1日。
③ New York Times，2008年10月23日。

时就已被揭示。然而就在几个月以前，布什政府的财政部部长、前高盛集团主席亨利·保尔森（Henry Paulson）指责 2001 年一系列公司会计丑闻接连曝光后出台的《萨班斯－奥克斯利法案》（*Sarbanes－Oxley Act*）是“过度监管”，并呼吁放松管制。[①] 但是，那些在 20 世纪 90 年代经济长期繁荣时曾坚决反对严格监管金融衍生品市场的人，现在也承认通过金融工程进行风险分摊的经济活动已经失去控制。本次危机已经严重到了需要政府采取非同寻常的干预措施的程度。美联储的安全网第一次扩大到投资银行领域。美国和欧洲政府都争先恐后地启动了紧急计划，把纳税人的钱大量注入处于失败边缘的机构，用于补充资本，以保持公众对银行体系的信心。无论是严重程度还是持续时间，这场危机都为审视自 20 世纪 70 年代末以来在工业国家和新兴经济体中兴起的金融去监管化提供了全新的视角。毫无疑问，大西洋两岸的金融监管体系都将因这场危机而发生深刻变化。

我们是如何走到如今这一步的？在过去的两个世纪中，哪些因素驱动着金融监管松紧的变化？从历次金融危机对政府监管态度的影响中，我们可以学到什么？历史又是如何看待金融监管和去监管的？

有两种理论可以解释金融监管的历史周期，一种是公共利益驱动说，另一种则强调私人利益的作用。公共利益驱动说认为，政府是善意的社会规划者，它们在非正式的实践规则（即市场参与者共同执行的市场规则）和市场自我监管无法阻止市场的无效率时，就会采取干预措施并对金融体系进行监管。银行的中介特性使其抵御风险的能力非常薄弱。它们代表存款人，被授权监督借款人，因此面临逆向选择（事前筛选）和道德风险（事后监督）问题。银行与储户的关系也包含道德风险，因为银行倾向于提高杠杆率，以较低的资本存款比率运营，从而提升其资本回报率。杠杆、资产转化

① New York Times，2008 年 7 月 27 日。

（把流动性存款转化为非流动性资产）和资产不透明导致银行容易面临挤兑和恐慌风险，进而产生潜在的系统性外部效应。① 因此，政策制定者需要采取干预措施，以保证银行体系风险资产管理的安全性和稳健性，同时要防止发生传染效应，避免支付和信用体系崩溃以及由此引发的系统性风险和社会福利损失。

这个经济学原理强调了银行事关公众利益，并且证明了采取传统的审慎监管措施是非常正当的，比如设置资本要求可以构建面临损失时的缓冲，也能作为规范银行风险行为的工具。同样，为防止破坏性竞争而采取结构性监管措施也是必要的，比如控制银行牌照发放、提高行业准入门槛。上述监管措施通过提高现有牌照的特许权价值来遏制银行过度冒险的倾向，鼓励它们审慎经营。② 同样，引入存款保险制度可以保护信息不足的储户和避免储户恐慌，从而促进金融稳定。然而，在市场纪律薄弱的环境中，存款保险制度的运行成本非常高，因为它进一步削弱了储户和债权人监督银行的主动性，储户和债权人认为无论如何都能获得一定程度的偿付，所以不必在意机构稳健与否。另外，存款保险还会放大道德风险，因为经理人可能会提高杠杆和资产风险来最大化股东利益，从而使保险救助金额也最大化。③ 所以，存款保险制度需要审慎监管体系的配合，监管当局（主要是但不限于中央银行）可要求银行定期披露资产负债表信息和开展现场检查等。

同样地，金融资产市场的不完善和缺陷为监管资本市场提供了正当理由。单个公司的风险行为会对不是其对手方的其他公司和个体造成负外部性。金融市场活动中断造成的社会成本和随之而来的

---

① D. W. Diamond, 'Financial Intermediation and Delegated Monitoring', *Review of Economic Studies*, 51 (1984), pp. 393-414; D. W. Diamond and P. H. Dybvig, 'Bank Runs, Deposit Insurance and Liquidity', *Journal of Political Economy*, 91, 3 (1983), pp. 401-19.

② M. C. Keeley, 'Deposit Insurance, Risk, and Market Power in Banking', *American Economic Review*, 80, 5 (1990), pp. 1183-2000.

③ M. Klausner, 'Bank Regulatory Reform and Bank Structure', in M. Klausner, L. J. White (eds), *Structural Change in Banking* (Homewood IL, 1993).

财富和产出损失，仅依靠市场纪律来处理是不够的。同理，私营企业总是希望限制对公众披露的信息数量和质量，因为披露信息给它们带来的利益小于给社会公众带来的利益。所以，为了规范风险承担行为、保证透明度、防止欺诈和市场操控①以及其他市场不端行为，政府有必要采取多种形式的干预措施，例如对市场中介发放许可证、要求信息披露和禁止内部交易等。从历史的角度看，从《格拉斯－斯蒂格尔法》（*Glass－Steagall Act*）到1933年《证券法》（*Securities Act*）和1934年《证券交易法》（*Securities Exchange Act*），“大萧条”期间由罗斯福政府推动的监管改革通常被视为通过政府干预来减少金融不稳定导致社会损失的重要案例。

与公众利益驱动说竞争的理论是以政治经济学方法为基础，并在近期一系列理论和实证研究中发展起来的。该观点认为，在政策制定过程中，具有不同目标和不同政治影响力的特殊利益团体为了寻租而争夺国家的强制权力，从而产生了金融监管。这个理论认为政治力量和政治机构是影响金融体系的法律、监管规则和控制权的主要因素，同时对政治家以及利益团体的偏好如何促进或阻碍金融发展并影响企业的金融决策、银行业领域的运作和金融市场的运行进行了探究。② 既得利益团体运用其根深蒂固的经济影响力，通过贿赂、游说等方式操控政策制定过程，法律和政治改革就是政府和决策者与这些体制利益博弈的结果。

近期的研究探索了19世纪至20世纪的政治机构如何处理金融体系和政府之间的利益冲突。一方面，通过强制执行合同，政府扮演了保护私人金融债权人（private financial claimholders）的利益的角色；另一方面，它又要考虑如何俘获金融市场和金融中介，因为

① R. Dodd, The Economic Rationale for Financial Market Regulation, Financial Policy Forum, Special Policy Report no. 12, 2002.

② M. Pagano, P. Volpin, ‘The Political Economy of Finance’, *Oxford Review of Economic Policy*, 17, 4 (2001), pp. 502－19; S. Haber, R. Perotti, The Political Economy of Financial Systems, Timbergen Institution Discussion Paper, no. 045/2, 2008.

它们是政府的重要收入来源。① 从这个角度来看，不准跨州设立金融分支机构、提高准入门槛等规定凸显了美国银行业体系“对机构膨胀的恐惧②”（abiding fear of bigness）的特征，也是各州财政收入主要依赖于发放银行牌照、本地银行寻租和其他银行行为的结果。③ 同样，1933 年建立的联邦存款保险制度，绝不是一项主要为了保护“大萧条”时期小微储户利益而建立的紧急措施，而是一场小银行和不稳定的单一制银行的政治胜利，因为这些银行已经为建立银行负债保险的联邦立法徒劳地呼吁了半个多世纪。④

政治经济学方法也为金融市场的监管赋予了不同视角。举个例子，有人认为，1911—1933 年美国一些州陆续通过的监管向公众发售和出售证券的《蓝天法》（*Blue Sky Law*）并非是解决广泛欺诈行为的产物，而是银行家们为了避免由于证券市场发展导致的金融脱媒而运用他们的政治影响力制造出来的产物。同样，1933 年《证券法》（*Securities Act*）所谓“全面披露”（full disclosure）的典型特征，也可以被视作是保护仅从事零售业务或批发业务的投资银行免

① H. Bodenhorn, *State Banking in Early America. A New Economic History* (Oxford, 2003) and id., 'Bank Charteri ng and Political Corruption in Antebellum New York. Free Banking as Reform', in E. Glaeser and C. Goldin (eds), *Corruption and Reform. Lessons from America's Economic History* (Chicago, 2006), pp. 231 – 57. 另见 S. Haber, A. Razo and N. Maurer, *The Politics of Property Rights. Political Instability, Credible Commitments, and Economic Growth in Mexico* 1876 – 1929 (Cambridge, 2003)，论文收录于 S. Haber, D. C. North and B. Weingast (eds), *Political Institutions and Financial Development* (Stanford, 2007).

② J. H. Kareken, 'Federal Bank Regulatory Policy. A Description and Some Observations', *The Journal of Business*, 59, 1 (1986), pp. 3 – 48, p. 6.

③ 在这个问题上的开创性贡献者是 E. N. White, 'The Political Economy of Banking Regulation, 1864 – 1933', *Journal of Economic History*, 42, 1 (1982), pp. 33 – 40; and id., *The Regulation and Reform of the American Banking System*, 1900 – 1929 (Princeton, 1983). 另见 N. Economides, R. G. Hubbard and D. Palia, 'The Political Economy of Branch Restrictions and Deposit Insurance', *Journal of Law and Economics*, 29 (1996), pp. 667 – 704.

④ C. A. Calomiris and E. N. White, 'The Origins of Federal Deposit Insurance', in C. Goldin and G. Libecap (eds), *The Regulated Economy. A Historical Approach to Political Economy* (Chicago, 1994), pp. 145 – 88.

于和综合型金融机构开展竞争的手段。[①]

最后，政治经济学的方法同样关注有限政府和民主化是如何通过降低准入门槛、拓宽进入渠道等方式对 19 世纪美国[②]和欧洲[③]的金融发展产生正面影响的，尽管这种影响并不是一味正面的。从这个角度来看，政治参与度是影响金融方面政治决策的重要因素。研究表明，政治制度的社会基础越狭窄，比如选举权受到限制或实行独裁统治的体制，孕育出的监管体制就具有越强的排外性。民主的、信息充分和透明的环境使为公共利益呼吁的声音被听到，而在脆弱的民主制度下，既有利益者被置于可以干涉监管和政策制定的优势地位上。[④] 这也解释了为何独裁政府倾向于对金融市场和金融中介采取更加严格的监管限制，同时建立国家对金融的控制权，以期最大化借款权力并压制可以与之竞争的权力中心出现。垄断权、限制准入或监管可以让有关的精英集团和既得利益团体获得寻租收益，以回报它们在政治上的支持，从而催生寡头垄断型的金融体系。近来对沙皇俄国、波费里奥·迪亚兹统治时期的墨西哥和弗朗西斯科·佛朗哥独裁下的西班牙的研究表明，在独裁体制下，由于缺少政治权力、法律制定过程不透明、政治权力集中，游说和监管

---

① P. G. Mahoney, 'The Origins of the Blue - Sky Laws. A Test of Competing Hypotheses', *Journal of Law and Economics*, 46, 1 (2003), pp. 229 - 51; and idem, 'The Political Economy of the Securities Act of 1933', *Journal of Legal Studies*, 30, 1 (2001), pp. 1 - 31.

② J. Wallis, R. Sylla and J. Legler, 'The Interaction of Taxation and Regulation in 19th Century US Banking', in C. Goldin and G. Libecap (eds), *The Regulated Economy. A Historical Approach to Political Economy* (Chicago, 1994), pp. 122 - 44; E. Benmelech and T. Moskowitz, The Political Economy of Financial Regulation. Evidence from US State Usury Laws in the 18th and 19th centuries, NBER Working Paper no. 12851, 2007.

③ K. Ng, 'Free Banking Laws and Barriers to Entry in Banking, 1838 - 1860', *Journal of Economic History*, 48, 4 (1998), pp. 877 - 89; J. L. Brosz and R. S. Grossman, 'Paying for Privilege. The Political Economy of Bank of England Charters, 1694 - 1844', *Explorations in Economic History*, 41, 1 (2004), pp. 48 - 72; N. Lamoreaux and J. - L. Rosenthal, Corporate Governance and the Plight of Minority Shareholders in the US before the Great Depression, NBER Working Paper no. 10900, 2004.

④ E. H. Feijen and E. Perotti, The Political Economy of Financial Fragility, CEPR Discussion Papers no. 5317, 2005.

俘获（regulation capture）现象更加突出。[①]

本书收录的部分章节表明，上述两种理论并不互相排斥。长远来看，金融监管是一个被公共利益和私人利益之间的持续张力（continuous tension）所驱动的动态过程。历史上，金融和银行业危机通常被看作市场失灵的信号，并成为公共讨论的焦点和政策制定者的干预目标。但是，立法和监管方面的结果是由具有历史痕迹和国家特点的体制（法律框架、国体、政治体系的衔接）所决定的，并且在该体制中，私人利益也发生了相互作用。

在第一篇文章《“对外保守，对内自由”：19 世纪英国银行业监管》中，菲利普·L. 科特雷尔（Philip L. Cottrell）分析了 19 世纪上半叶由周期性商业危机驱动的银行监管体系进化过程中各个选区之间的相互作用。在私人银行业主导的体系中，1826 年后兴起的股份制银行被很多人视为危险的创新，因为就如同塞缪尔·古尼（Samuel Gurney）所言，“那些将自己的所有财富置于风险中的生意人做成了最好的交易”。保留无限债务责任、引入最低资本要求和让控股大股东对存款人负责被当作保护银行债权人免受权力滥用危害的监管工具。同时，为了保护英格兰银行在伦敦大都会区的特权和避免老牌银行和新生银行之间的竞争，限制股份制银行的地理扩张也成为讨论热点。科特雷尔阐述了 1833 年既得利益团体和新生力量之间的政治冲突是如何导致英国下议院否决了财政大臣奥尔索普子爵（Althorp）提出的特许股份制银行发钞的折中方案。这篇文章还讲述了 19 世纪 30 年代中后期股份制银行浪潮兴起之后，针对特许殖民地银行（chartered colonial banks）的监管和限制措施是如何

① B. Anan' ich, 'State Power and Finance in Russia, 1802 – 1917', in R. Sylla et al. (eds), *The State, the Financial System and Economic Modernization* (Cambridge, 1999), pp. 210 – 23; N. Maurer and A. Gomberg, 'When the State is Untrustworthy. Public Finance and Private Banking in Porfirian Mexico', *Journal of Economic History*, 64, 4 (2004), pp. 1087 – 1107; N. Maurer and S. Haber, 'Related Lending and Economic Performance. Evidence from Mexico', *Journal of Economic History*, 67, 3 (2007), pp. 551 – 81; S. A. Perez, *Banking on Privilege. The Politics of Spanish Financial Reform* (Ithaca, 1997).

帮助建立英国国内银行业新监管框架的。这导致了 1844 年《股份制银行法》（*Joint Stock Banking Act of* 1844）提到的所谓“繁重监管”（onerous regulation），尽管银行业界在新的立法中也发挥了活跃且重要的作用。

保罗·迪·马蒂诺（Paolo Di Martino）在第二篇文章《国家监管中的游说、制度惯性和效率问题：来自意大利、英国和美国破产法和破产程序发展的证据（1870—1939 年）》中主要研究了私人利益如何决定了各国在破产程序上的差异。历史上，破产法不得不保持艰难的平衡。一方面，破产法要保护债权人的权利，因为债权人事前为公司提供了便宜且充裕的资金，但频繁的公司清算会导致事后无效率和社会成本。另一方面，对债务人的保护可能会导致事前的道德风险，但是有利于提高事后效率，可以避免或减轻债务积压（debt overhang）、不必要的抵押品清算和对顾客、雇员等第三方产生的负外部性。迪·马蒂诺（Di Martino）提出，在两次世界大战期间，美国和意大利的专家都把英国的破产制度视为“最优选择”，因为英国的破产制度对债务清偿进行了稳健的监管、友好高效的债务结算以及程序上的公共属性。但是出于政治经济学方面的种种考虑，美国和意大利最终形成的破产制度都与英国相去甚远。在美国，偏向于债务人的说客运用其政治影响力，使美国最终形成了偏向于保护债务人的《破产法》。而在意大利，由《拿破仑法典》奠定的偏向于保护债权人的法律传统决定了如今律师和法律制定者的态度，所以意大利没能制定出公司清算的其他有效制度。

在第三篇文章《监管与治理：美国金融体系发展史的一般性视角》中，尤金·N. 怀特（Eugene N. White）提出，美国金融监管历史中出现的主要转折点可以更好地被解释为生产力冲击而引发实体经济进行相应调整，而不是对危机的一种反应。20 世纪 20 年代技术变革催生的新经济（New Economy）给当时的机构和金融技术带来了挑战。这种挑战是基于这样一个事实——“连接了数千家未能贷款多样化的小银行而形成储备和资产负债的金字塔结构使金融体系格外容易受到冲击”。垂直一体化大企业的资本密集型投资预期回报具有不确定性，这种不确定性加剧了金融体系的信息不对称，使传统银行越来越难以筛选和监督借款人。类似 J. P. 摩根这样的专业投资银行和提供市场信息的评级机构开始兴起，缓解了投资者的监督问题。同时，当时的监管规则限制了商业银行应对正在发生的变革的能力。商业银行只能通过设立附属证券公司来绕过跨区域扩张的禁令限制并从事投资银行业务，最终发展演变成全能银行模式。“大萧条”时期，这些全能银行被视为市场权力滥用和市场操纵的罪魁祸首，这个论断被近期的研究证明是正确的。但是事实上，市场认为全能银行比独立的投资银行更值得信赖，大多数在国会听证会上出现的批判观点被证明是站不住脚的。[①] 与其说《格拉斯 - 斯蒂格尔法》（*Glass - Steagall Act*）是市场失败的结果，不如说是投资银行家大力游说的胜利果实。同样，通过阻止大银行合并和地域多元化，1933 年至 1935 年《银行法》（*Banking Acts of* 1933 - 1935）保护了小型单一制银行的利润，形成了“具有准入门槛和价格控制的松散结合在一起的卡特尔”。正如怀特（White）所说：“（这场危机）使人们难以识别金融体系的真正问题，……为精明的政治企业家和他们钟爱的计划留下了余地。”

从两次世界大战期间到 20 世纪 70 年代，工业化经济体的金融监管开始大大超出传统的审慎监管规则范围。除了极少数的例外（最突出的例子是联邦德国），欧洲政府大量使用诸如强制且不退还的准备金要求、现金和流动性比率、利率管控、信贷额度上限和信贷分配指引等政策工具。这些规定要么通过劝告和说服的方式执行，例如英国；[②] 要么通过命令和控制的行政指令执行，大多数国家选择后者。

---

① E. N. White, ‘Before the Glass - Steagall Act. An Analysis of the Investment Banking Activities of National Banks’, *Explorations in Economic History*, 23, 1 (1986), pp. 33 - 55; R. S. Kroszner and R. G. Rajan, ‘Is the Glass - Steagall Act Justified? A Study of the US Experience with Universal Banking before 1933’, *American Economic Review*, 84, 4 (1994), pp. 810 - 32.

② J. E. Wadsworth (ed.), *The Banks and the Monetary System in the UK* 1959 - 1971 (London, 1973), pp. 99 - 130.

某些国家，比如意大利和法国，通过政府控股主要银行的方式来加强管控，从而使政府在调节和分配资本上扮演了前所未有且无处不在的角色。布雷顿森林体系所包含的对外汇和资本市场的外部控制，进一步充实了国内监管。这些监管规则成为许多欧洲金融体系的永久特征，只有联邦德国是唯一例外。它过早开启了自由化，尽管这一自由化的势头在20世纪70年代早期曾短暂逆转。①

总体上，大多数内部和外部监管框架都是从两次世界大战期间继承下来的。然而，20世纪60年代和70年代，新的约束规则被当作加强货币管理的方式而被引入。这一时期，欧洲的中央银行对选择货币、国内信贷还是汇率等作为政策目标的观点出现了分化，大部分选择了综合性的方法。② 无论如何，为了提高货币政策在调控国内流动性和银行信贷方面的有效性，中央银行采用了准备金要求、定性和定量控制以及非直接管控等手段。加强管控的趋势在20世纪70年代达到顶峰，导致许多国家形成了全面金融抑制体制，即“一系列不允许金融中介充分发挥其科技潜力的政策、法律、监管、税收、扭曲、定性和定量的限制措施”。③ 然而，人们很快承认，此类严苛的行为管制在阻碍银行体系有效运行的同时，并没能实现它们宣称的要提高货币管理有效性的目标，并导致了另一个普遍的后果，那就是资本市场发育不足和政府作为借款方拥有毫无异议的主导地位。然而，许多欧洲政府在银行和金融体系改革问题上进展缓慢。为什么金融抑制的体制在欧洲如此普遍且顽固？

政治经济学对国内和国外金融约束的解释强调了它们是政府潜在的收入来源。通过铸币税和通货膨胀带来的融资，金融约束为政

① H. -J. Voth, ‘Convertibility, Currency Controls and the Cost of Capital in Western Europe, 1950 - 1999’, *International Journal of Finance and Economics*, 8, 3 (2003), pp. 255 - 76; C. Wyplosz, ‘Exchange Rate Regimes. Some Lessons from Post - war Europe’, in G. Caprio et al. (eds), *Financial Liberalization. How Far, How Fast?* (Cambridge, 2001), pp. 125 - 58.

② A. C. F. Houben, *The Evolution of Monetary Policy Strategies in Europe* (Dordrecht, Boston and London, 2000), pp. 141 - 81.

③ N. Roubini, X. Sala - i - Martin, ‘A Growth Model of Inflation, Tax Evasion and Financial Repression’, *Journal of Monetary Economics*, 35, 2 (1995), pp. 275 - 301.

府提供了从银行体系或资本市场获取人为制造的廉价资金的渠道。对于那些因普遍腐败、出于技术或政治上的限制而无法核实各社会阶层的收入或面临庞大的地下经济而导致所得税收入较低的政府而言，这无疑是非常具有吸引力的。[①] 体制机制和政治特征，比如政治不稳定或缺少独立的中央银行，可能增强政府寻求系统性地获取隐性收入的动机。软弱的政府不会充分考虑到未来偿还债务的成本，并且会有意识地过度借款。[②] 对 20 个亚太经合组织（OECD）成员国在 20 世纪 60 年代至 80 年代资本管制措施的实证研究得出的结论正符合通胀税的解释。另外，对 1966 年至 1989 年来自 19 个工业化和 42 个发展中国家的不同样本也显示，资本管制与更高的通胀率、更高的铸币税依赖程度和更低的真实利率关系密切。[③]

在利益团体理论的基础上，[④] 尼兰（Rjan）和津加莱斯（Zingales）采用不同的方法，对两次世界大战期间和战后金融市场发展的逆转进行了全面解读。在 20 世纪 30 年代日益封闭的经济体中，既得利益者（包括主要银行和工业企业）反对资本市场的发展，因为后者会侵蚀既得利益者的利益并加剧竞争，损害既得利益者的优势地位。这种逆转在大陆法系的国家体现得最为明显，因为在大陆法系的国家里利益团体更容易影响政策制定过程和操控法律体系。事实上，这种情况在 20 世纪后期才被颠覆，国际贸易和金融开放使既得利益者阻碍资本市场发展再也无利可图。然而，大陆法系的国家存在旷日持久的“关系金融”——这是更普遍意义上的“关系资

① A. Giovannini and M. De Melo, ‘Government Revenues from Financial Repression’, *American Economic Review*, 83, 4 (1993), pp. 953 –63; J. P. Nicolini, ‘Tax Evasion and the Optimal Inflation Tax’, *Journal of Development Economics*, 55, 1 (1998), pp. 215 –32.

② A. Alesina and G. Tabellini, ‘External Debt, Capital Flight and Political Risk’, *Journal of International Economics*, 27, 3 –4 (1989), pp. 199 –220.

③ A. Alesina, V. Grilli and G. M. Milesi – Ferretti, ‘The Political Economy of Capital Controls’, in L. Leiderman and A. Razin (eds), *Capital Mobility. The Impact on Consumption, Investment and Growth* (Cambridge, 1994), pp. 289 – 321; V. Grilli, G. M. Milesi Ferretti, Economic Effects and Structural Determinants of Capital Controls, IMF Staff Papers, 42, 1995, pp. 517 –51.

④ R. Rajan and L. Zingales, ‘The Great Reversals. The Politics of Financial Development in the 20th Century’, *Journal of Financial Economics*, 69, 1 (2003), pp. 5 –50.

本主义”的一个方面。在“关系资本主义”中，政府可以满足没有保险的大众对社会保险快速增长的需求。佩罗蒂（Perotti）和冯·塔登（Von Thadden）提供了另一种解释，即民主投票模型。该模型认为，在第一次世界大战结束后受到巨大通胀冲击的大陆法系国家里，贫穷的中产阶级因为长期名义资产贬值而严重受创，需要更高的社会保险。因此，在选举时他们的支持自然就转向社团主义的金融分配制度，最终削弱了金融市场并增强了政治对金融的控制。这种偏好社团主义和劳工保护的新社会共识又被“大萧条”所驱动的政治变革进一步巩固加强。①

由于采用了长期视角，上述解释显得格外有趣。拉纳德·C. 米奇（Ranald C. Michie）、劳伦·昆努埃尔－科尔（Laure Quennouëlle－Corre）和安德烈·斯特劳斯（André Straus）在第四篇和第五篇文章中从一般性视角分别解释了英国和法国对金融体系的国家干预。第二次世界大战之后，这两个国家在以下两个方面表现出明显的趋同：一是对银行体系和资本市场实施高度监管；二是中央银行国有化且高度依赖政府，同时实施有约束力的汇率和资本管控。然而，两个金融体系背后的政治经济制度存在显著差异。米奇（Michie）在《20 世纪的伦敦证券交易所和英国政府》中指出，在整个 20 世纪，英国财政部只有在紧急时期才干预伦敦证券交易所的运行，比如两次世界大战期间（为了给急剧增长的财政赤字筹资），再比如 1931 年金本位制度崩塌时。从严管理经纪商和交易商、禁止远期交易或设定最低价格等大部分具有约束力的监管规定在当时被当作特殊措施，反映了英国财政部、英格兰银行和证券交易所众多成员之间的政策合作。而在正常时期，政府当局主要依靠道德劝说，伦敦证券交易所仍作为“私营金融机构，但可代表政府行使一部分对证券和投资的管理功能”。伦敦证券交易所的“半官方监管地位”体现出其和英国政府之间达成的隐性协议，即政府承认伦敦证券交易所是唯一

① E. Perotti and E. －L. von Thadden, ‘The Political Economy of Corporate Control and Labor Rents’, *Journal of Political Economy*, 114, 1 (2006), pp. 145－75.

被授权的证券交易市场，作为回报，伦敦证券交易所对市场进行管理并支持国家政策。该协议带来的垄断利润在1979年对证券市场和资本控制被废除后开始动摇，并且在1986年“金融大爆炸”（又称1986年伦敦证券交易所大改革）后伴随着金融去监管化和金融市场国际化迅速消失。

法国政府对金融体系的影响比大多数国家更加普遍、更多面化且影响力更大。这可以回溯到更久远以前。劳伦·昆努埃尔－科尔（Laure Quennouëlle – Corre）和安德烈·斯特劳斯（André Straus）在《20世纪法国金融体系中国家的作用：一个特殊的例子?》中认为这是法国特有的法律体系以及一些重大经济和政治事件的产物。从资本市场来看，股票经纪人都是由法国财政部任命的官员，人员数量由法律规定，而银行家和商人被排除在交易所门外。这种情况催生了非官方、不受监管的“滑动交易”市场（‘Coulisse’market）。政府也负责监督市场活动，并且有权拒绝外国证券的上市和发行。从银行体系来看，法国的银行体系特征也很明显，“公有”性质的银行占据了主导地位，比如法国的储蓄银行（背后有强有力的政治支持）、邮政储蓄和“存托银行”，这些机构都在金融深化过程中扮演了重要角色。20世纪30年代的缓慢发展和不确定性使政府越来越依赖从银行体系获得直接融资。这种趋势在1941年维希政权（Vichy regime）采取严格的具有国家干预色彩的监管措施之后才正式停止。这些措施包括分离商业银行和投资银行业务，建立对银行准入和设立分支机构的官方授权制度，并且把所有公共金融中介和合作银行纳入法国财政部的监管。一个特殊的法国机构“国库署”（Circuit du Tresor）也诞生于该时期，其目的是把信贷资金从银行体系引流到财政部。这种体制有力地服务于战后的“指导性计划”，战后大型的储蓄银行国有化和垄断化又使其进一步得到强化。这种指导性金融体系以普遍利率管制为特征，确保了银行信贷资源优先流向国家重点发展领域，给了政府和国有机构利用国内资本市场的优先权。

从 19 世纪开始，审慎监管和金融稳定的问题就与维持货币稳定和建立中央银行的目标紧密联系在一起。在英国，同样一场争论推动了 1844 年《股份制银行法》（*Joint - Stock Banking Act*）和《银行特许状法》（*Bank Charter Act*）的出台，后者赋予了英格兰银行货币发行的垄断权。在美国，1863—1864 年《国家银行法》（*National Banking Acts of* 1863 - 1864）对银行牌照设置了具有约束力的规则，将银行牌照纳入统一的联邦监管机构（货币监理署，Comptroller of the Currency）监管范围内，并引入了国家货币。根据《巴杰特规则》（*Bagehot's rule*），中央银行可以自由且迅速地以惩罚性的利率向流动性不足但有偿还能力的银行提供贷款，这逐渐变成了中央银行的传统工具①——尽管这一工具在实践中被证明很难操作，并且由于存在道德风险而广受批判，尤其是在无条件地向整个银行系统注入紧急流动性的时候。② 英格兰银行可信赖的事先承诺经常被认为是 19 世纪 60 年代后英国没有发生重大金融危机的决定性因素，尽管有些人认为最后贷款人职能是在第一次世界大战之后才在英国的官方政策中取得进展的。③ 在"大萧条"初期，美联储在承担最后贷款人职能上不情不愿、效率低下，被认为是导致 20 世纪 30 年代早期造成美国银行业大恐慌并最终重创美国经济的罪魁祸首。④从私人持股并享有特权的特殊商业机构，到持有黄金储备和提供再贴现的政府银行，中央银行的演化过程是漫长且不完美的。⑤ 在第

① G. Caprio and P. Honohan, Banking Crises, Institute for International Integration Studies Trinity College Dublin, Discussion Paper no. 242, 2008.

② An excellent introduction to this subject is X. Freixas, C. Giannini, G. Hoggarth and F. Soussa, 'Lender of Last Resort. A Review of the Literature', in C. Goodhart and G. Illing (eds), *Financial Crises, Contagion, and the Lender of Last Resort. A Reader* (Oxford, 2002), pp. 39 - 44.

③ J. H. Wood, 'Bagehot's Lender of Last Resort. A Hollow Hallowed Tradition', *The Independent Review*, 7, 3 (2003), pp. 343 - 51.

④ M. Friedman and A. Schwartz, *A Monetary History of the United States* 1867 - 1960 (Princeton, 1963), pp. 301 - 59.

⑤ C. Goodhart, F. Capie and N. Schnadt, 'The Development of Central Banking', in F. Capie et al., *The Future of Central Banking. The Tercentenary Symposium of the Bank of England* (Cambridge, 1994), pp. 1 - 91.

六篇文章《中央银行和银行监管出现的比较研究》中，理查德·S.格罗斯曼（Richard S. Grossman）提醒我们，在19世纪，建立国家银行（后来成为中央银行）的主要原因绝不是要中央银行成为最后贷款人。最后贷款人职能也并不是一定要由中央银行来承担，就如1913年以前的美国、加拿大和其他国家的情形。[①] 从19世纪后期到第一次世界大战爆发之间，最后贷款人活动的出现导致了有趣的道德风险问题，并且严重影响公众对金本位货币制度的信心。[②] 最后贷款人也给对能够获取中央银行高能货币的银行采取某种形式的公共监管提供了经济学上的逻辑解释。同样地，中央银行处于金融体系的中央位置，与商业银行具有网状关系，这使得中央银行天然地更适合承担最后贷款人职能。然而这种模式并没有得到推广，像北欧的一些国家、瑞士和其他一些欧洲的小国走了一条不同的路，这种模式也只在第一次世界大战之后才加速发展。但是，正如格罗斯曼所展示的，试图确定中央银行从何时开始承担监管职责，或者说从何时开始由非正式的监管演变成了发挥正式权力，就和明确何时才能完成向现代中央银行转化一样困难且充满争议。他的实证分析也表明，与老牌中央银行相比，那些诞生在世纪之交的年轻中央银行更可能被赋予监管职能，原因可能是它们在组织结构、所有制和管理模式上更加有弹性，也更有能力调整适应新的公共任务。

在20世纪早期，中央银行逐渐承担一些公共职责。随之而来的附加职责也成为中央银行的部分职能，如监测国家经济、提供统计信息和为经济政策制定者提供建议等。在第七篇文章《制度与监管：中央银行研究部门的崛起》中，巴勃罗·马丁-阿塞纳（Pablo Martín-Aceña）和特蕾莎·托特拉（Teresa Tortella）整理出了欧洲地区中央银行建立内部研究部门的时间线，并且跟踪研究了其中两

① M. Bordo, 'The Lender of Last Resort. Alternative Views and Historical Experience', in C. Goodhart and G. Illing (eds), *Financial Crises, Contagion, and the Lender of Last Resort. A Reader* (Oxford, 2002), pp. 108-25.

② B. Eichengreen, *Globalizing Capital* (Princeton, 1996), pp. 35-8.

个央行研究部门——意大利央行的经济与统计研究部和西班牙央行研究部——在两次世界大战之间的发展史。

20 世纪的最后 25 年见证了金融系统由延续已久的封闭受限模式向金融全球化的巨大转变。从 20 世纪 80 年代初开始，资本自由流动和放松监管已经成为所有工业化国家政策制定者首要考虑的问题。从政治经济学的角度无法直接解释该现象产生的原因，经济学家们更为认可的观点是，应从外部力量对因管制产生的寻租规模的影响来考虑。科技进步和相应的金融创新，尤其是信息处理和传输成本大幅度下降，被普遍认为是改变金融行业最重要的因素。克罗兹纳（Kroszner）和斯特拉恩（Strahan）认为存贷款业务领域的技术革新打破了政治均势，使政治力量从小银行转移到具有成长性的大型银行。[①] 这一观点被以下事实所证实：放松管制的情况更早出现在小银行较少的州、小银行财务状况较弱的州以及依赖银行的小型企业较多的州。

其实，在某些情况下监管本身就是引发改变的原因。政府实施的限制性条例削弱了金融机构的效用，从而刺激它们规避监管。而它们不受管制的竞争对手则有动力通过产品和流程创新来削弱金融机构的中介功能。反过来，创新要么导致再管制，即让未受管制的产品或公司被纳入现有的监管范围，要么导致放松对现监管对象的限制。当变化速度太快导致监管机构的步伐无法跟上时，后面这种情况更容易出现。这时，监管机构达成的监管平衡倾向于非监管的平衡。这为那些赞成放松管制的利益集团带来了深远影响，也增强了监管部门寻求放松监管的需求。

① R. S. Kroszner and P. E. Strahan, 'What Drives Deregulation? Economics and Politics of the Relaxation of Bank Branching Restrictions', *Quarterly Journal of Economics*, 114, 4 (1999), pp. 1437 –67.

在美国，这个“监管逻辑”尤其明显。[①] 举个例子，互助储蓄银行由于受到监管限制，无法将存款利率调整到过高或波动幅度较大的水平，于是在20世纪60年代到70年代，由于货币市场基金等机构不受监管导致金融脱媒，互助储蓄银行遭受了严重冲击。随后抵押贷款市场和建筑业的混乱为1980年放松互助储蓄银行管制创造了条件。同样，受管制的商业银行在批发业务中竞争力越来越弱，资金逐渐流向非存款机构和其他市场（如国债和商业票据）。规避监管的第一项措施就是产品创新，商业银行推出了大额存单。但随后美国监管机构调整了政策，重新对大额存单实施监管。第二项措施是寻求监管套利。美国的银行成功“入侵”伦敦，并通过它们国外的分支机构来吸收以美元计价的存款和大额存单，也就是所谓的“欧洲美元”。这个市场成为不受监管的国际货币市场，英国监管机构对此保持放任态度，只要该市场的活动被限制在外部中介内（跨货币和跨国家）且对英镑的外部环境没有影响，且监管成功使得英国的银行无法参与该市场。然而，美国监管机构对这些具有战略意义的外国分支行的态度不同，它对从伦敦借来的资金征收惩罚性的准备金。[②]

从20世纪80年代开始，放松管制的呼声越来越高。在美国，历史悠久的经典监管体制支柱被逐渐侵蚀并最终坍塌。1980年的《存款机构放松管制和货币控制法》（*Depository Institutions Deregulation and Monetary Control Act of* 1980）和1982年的《加恩－圣杰曼存款机构法》（*Garn – St. Germain Depository Institutions Act of* 1982）取消了存款

---

① E. Kane, ‘Accelerating Inflation, Technological Innovation, and the Decreasing Effectiveness of Banking Regulation’, *Journal of Finance*, 36, 2 (1981), pp. 355 – 67; and idem, ‘Technological and Regulatory Forces in the Developing Fusion of Financial – Services Competition’, *Journal of Finance*, 39, 3 (1984), pp. 759 – 72.

② 关于监管对欧洲美元市场兴起的影响，参见S. Battilossi and Y. Cassis (eds), *European Banks and the American Challenge. Competition and Cooperation in International Banking under Bretton Woods* (Oxford, 2002); and especially R. Sylla, ‘US Banks and Europe. Strategy and Attitudes’, pp. 53 – 73. On the discussion among central bankers, G. Toniolo, *Central Bank Cooperation at the Bank for International Settlements*, 1930 – 1973 (Cambridge, 2005), pp. 452 – 71。

利率上限，并且为了促进竞争，放松了对传统银行系统的管制。1994年的《里格－尼尔州际银行法》（*Neal – Riegle Interstate Banking Act of* 1994）取消了对开设分支机构的地域限制，并且早在20年前就将去监管化的影响从州层面上升到国家层面，并被编纂成法律。最后，由1933年的《格拉斯－斯蒂格尔法》（*Glass – Steagall Act of* 1933）和1956年针对商业银行、投资银行和保险公司设立的《银行控股公司法》（*Bank Holding Company Act of* 1956）建立起来的防火墙被1999年的《格雷姆－里奇－比利雷法》（*Gramm – Lean – Bliley Act of* 1999）摧毁。联邦立法批准了许多州立法机构和银行监管部门已允许的事项，为扩充银行实力、回归全能银行和创建巨型金融集团铺平道路。[①]

在西欧，国家和地区两个层级都在发生同样深刻的变化。由于对利率和银行资产组合的行为监管被取消，同时对于准入、设立分支行、并购、所有制和涉足证券与保险业的限制逐渐放宽，银行业的业务范围扩大，规模扩张，竞争日益激烈。[②] 美国和联邦德国等国家率先较为全面地取消了资本管制，它们仅在20世纪70年代中期动荡时将资本管制作为应急手段。1979年，英国也迅速取消了长期以来的外汇和资本管制。[③] 1980年至1985年，欧洲经历了宏观经济调控和通货紧缩，金融自由化的脚步放慢。因此，取消管制的速度更加缓慢和面临更多争议。在欧盟单一市场计划的政治压力下，意大利、西班牙和葡萄牙等国家于20世纪90年

---

① Federal Deposit Insurance Corporation (FDIC), History of the 1980s. Lessons for the Future, vol. 1, An Examination of the Banking Crises of the 1980s and early 1990s (Washington, 1997), pp. 87 – 135. 另见 K. Spong, Banking Regulation. Its Purposes, Implementation and Effects (Kansas City, 2000)。

② 关于调查，参见 E. P. M. Gardener and P. Molyneux, Changes in Western European Banking (London, 1994)。

③ R. C. Marston, International Financial Integration. A Study of Interest Differentials between the Major Industrial Countries (Cambridge, 1995), pp. 43 – 69.

代初才不情愿地实现了全面的金融自由化。[①] 国内资本市场进入了快速扩张和深刻体制转型的阶段。在英国，1986 年的“金融大爆炸”（Big Bang）促使伦敦证券交易所的微观结构突然发生变化。这违背了传统既得利益者（Old Boys）的利益和限制性措施，但是却有利于外国竞争者。[②] 这使伦敦成为世界领先的金融中心。而在欧洲大陆上，巴黎、法兰克福和阿姆斯特丹也获得了新的国际地位，并且激发了竞争活力。[③]

金融严监管时代的终结使审慎监管再次成为决策者首要考虑的问题。但是，金融全球化带来了监管趋同和争夺管辖区的问题，这个情况在欧洲尤为严重。安全网仍然是制定和执行国家层面政策的结果。在建立欧洲金融服务单一市场的过程中，1989 年颁布的《欧盟第二银行指令》（*The second EU Banking Directive of* 1989）允许审慎监管标准采用最低限度协调原则。自 1992 年，许多欧洲国家都采用了所谓的巴塞尔协议Ⅰ。该协议是由国际清算银行巴塞尔银行监管委员会于 1988 年批准通过的、以最低资本要求为基础而建立起来的审慎监管框架。在欧盟内部，相互承认原则清除了建立单一银行市场面临的所有障碍，并且为全能银行的发展创造了条件。[④] 同时，银行业的监管权仍以不同方式分散在各个国家监管机构手中。欧盟中有一些国家让中央银行保留银行监管权，如意大利、西班牙、葡萄牙、希腊和荷兰。另外的国家则选择了组建专门的综合监管机构来监管各个金融行业。早在 20 世纪初期，瑞典就设立了一个单独的监管机构——皇家银行和证券监察局（Royal Inspectorate of Banks and Securities），负责监管商业银行、证券交易和证券交易所运营，

① A. F. P. Bakker, *The Liberalization of Capital Movements in Europe. The Monetary Committee and Financial Integration*, 1958 – 1994 (Dordrecht, Boston and London, 1996), pp. 147 – 212.

② R. Michie, *The London Stock Exchange. A History* (Oxford, 2001), pp. 543 – 95.

③ W. Seifert et al., *European Capital Markets* (Basingstoke, 2000), pp. 87 – 107.

④ J. – P. Danthine, F. Giavazzi, X. Vives, E. L. von Thadden, *Monitoring European Integration*, vol. 9 (London, 1999); E. P. M. Gardener, P. Molyneux and J. Williams, 'Competitive Banking in the EU and Euroland', in A. W. Mullineux and V. Murinde (eds), *Handbook of International Banking* (Cheltenham, 2003), pp. 130 – 55.

从1991年开始对保险业也进行监管。2000年，英国也采用了这个模式，组建了金融服务监管局（Financial Service Authority）——一个独立的非政府组织，从英格兰银行和伦敦证券交易所手中分别接过了银行业监管权和金融市场监管权。后来，德国也采用了类似的模式。2002年，德国联邦银行监管署（Federal Banking Supervisory Office）和联邦证券监管署（Federal Securities Supervisory Office）合并成为联邦金融服务局（Federal Financial Services Authority）。

金融市场监管中出现了更加分权的情况。所有的欧洲国家对披露要求、上市、首次公开发行（IPOs）、并购和内幕交易都采用了新的审慎监管原则。欧盟通过1993年的《投资服务指令》（*Investment Service Directive of* 1993），允许各国政府保留各自的法律和监管框架，同时希望相互承认原则能够深化金融市场一体化程度。然而，监管套利和竞争仍然非常严重，欧盟出台的指令向国家法律的转换速度[①]也非常缓慢。2001年的《兰弗鲁斯报告》（*Lamfalussy Report of* 2001）指出，约有40个公共部门对证券市场进行监管，职责重叠、互相竞争。同时报告还强调，由于在招股说明书、跨境抵押品、市场滥用行为和提供投资服务等关键问题上缺乏明确的欧洲通行法则，欧洲证券市场的整合发展和互认体系受到了一定阻碍。它还指出各个国家对欧洲法则缺乏共识，在破产和司法程序、税收制度、公司治理和竞争政策、上市、披露要求和收购规则方面也存在差异。[②]

实际上，随着金融服务供应商的地域、功能和组织规模不断扩大，被爱德华·凯恩（Edward Kane）称作为"金融监管的国际市

① 参见以下论文 J. M. Kremers, D. Schoenmaker and P. Wierts (eds), Financial Supervision in Europe (Cheltenham, 2003); and in particular C. Goodhart, 'The Political Economy of Financial Harmonization in Europe', pp. 129 – 38。

② *Lamfalussy Report* (Final Report of the Committee of Wise Men on the Regulation of European Securities Markets), 15 February 2001, pp. 10 – 12.

场”应运而生。[1] 一方面，由于国家之间金融监管的私人和公共供应商之间有一定竞争，这使得借款人、储户和投资者免受因垄断监管或卡特尔管制带来的过度监管；另一方面，有些机构承担的风险越来越国际化，对于它们而言，监管权的分散也增大了本国监管机构对它们隐性或显性保险补贴数额的不确定性。但凡有国家未能履行这些隐性担保，就会严重动摇对全球金融体系的信心，从而导致金融服务对外贸易的萎缩，并且迫使政府重新采用旧有的或颁布新的金融限制政策。正因为如此，在防范金融不确定性方面，所有参与者（包括被监管机构和监管机构）都有部分共同利益。

但是，要赢得这种“合作游戏”并不是一件容易的事。在第八篇文章《20 世纪 50 年代到 90 年代的国际金融市场监管》中，凯瑟琳·R. 申克（Catherine R. Schenk）认为从英美两国的经验可以看出，要找到一个可行且不受争议的双赢方案来解决国际银行的监管问题，对于工业化国家的货币和金融当局来说是一件相当难的事情。20 世纪 60 年代至 70 年代初期，最初的尝试是对如何将位于伦敦但由美国和其他国家运作的欧洲美元市场纳入监管范围进行探讨。话题引起了很大反响，却没有产生实质性成果。英美当局都得出了同样的结论，其收益（在国内信贷紧缩时期为美国银行和公司提供救助，同时巩固伦敦国际金融中心的地位）大大超过了潜在通胀和短期资本流动不稳定带来的负面影响。随后，国际清算银行中的中央银行官员也进行了讨论，但对于是否对欧洲美元市场实行合作监管和对国际银行提供最后贷款人服务方面，仍未得到定论。直到后来，在 1975 年和 1983 年的“协议”中才达成了东道国和母国对于跨国公司的合作监管职责划分。1987 年巴塞尔银行监管委员会颁布的《资本充足要求》（*Capital Adequacy Requirements*，即巴塞尔

① E. Kane, ‘Competitive Financial Reregulation. An International Perspective’, in R. Portes and A. Swoboda (eds), *Threats to International Financial Stability* (Cambridge, 1987), pp. 111 – 45; and idem, ‘Tension between Competition and Coordination in International Financial Regulation’, in C. England (ed.), *Governing Banking’s Future. Markets vs Regulation* (Boston, 1991), pp. 33 – 47.

协议Ⅰ）被普遍采用，标志着近 30 年来唯一的监管合作的成功。但是，正如皮特·克莱门特（Piet Clement）在第九篇文章《缺失的档案：国际清算银行对国际银行的监管》中悲观地认为那样，那些对此事件感兴趣的历史学家很有可能无法获得国际清算银行的原始记录，因为长期以来国际清算银行以保密性和敏感性为借口，不愿提供相关材料。他们只好从巴塞尔银行监管委员会发布的背景资料中挖掘自己想要的素材。

人们普遍认为，从 20 世纪 70 年代中期开始，在金融市场异常稳定的 30 年里，由于去监管和金融自由化，银行业系统性或类系统性危机的频率提高了，并且通常伴随着严重的货币危机，且不仅在发展中国家，也发生在工业化国家。[①] 工业经济体遭受的“五大”（Big Five）银行系统性危机中，有三起发生在欧洲，并且都是在金融自由化之后爆发的。具体来看，1987 年挪威爆发危机，1991 年芬兰和瑞典爆发危机。[②] 20 世纪 80 年代发生在美国的大规模储贷危机，同样对最近放松管制的某些银行业领域产生了影响。在上述这些例子中，竞争都导致了监管放松、危险的操作以及随之而来的过度冒险，与此同时，资产价格的扩张周期变长。这些情形的逆转往往会带来巨大的损失。政府为保住陷入困境的金融机构，不得不干预市场。确实，金融自由化似乎让繁荣和萧条周期交替出现，信贷和资产价格扩张期变长，且后面往往紧跟着突发的破坏性收缩。当家庭和公司不再受到信贷约束时，它们所做的消费投资决定会充分融合收益与风险的周期性特点，从而导致金融失衡——私人部门的资产负债表过度扩张，并且这种情况最终将会在信心危机或反通胀

① M. Bordo and B. Eichengreen, ‘Is our Current International Economic Environment Unusually Crisis Prone?’, in D. Gruen and L. Gower (eds), *Capital Flows and the International Financial System* (Sydney, 1999), pp. 18 – 74. 另见 the papers included in G. Caprio, J. A. Hanson and R. Litan (eds), *Financial Crises. Lessons from the Past, Preparation for the Future* (Washington DC, 2005)。

② C. Reinhart and K. Rogoff, Banking Crises. An Equal Opportunity Menace, NBER Working Paper no. 14587, 2008.

的货币政策干预的压力下消失。[①]

在本书的最后一篇文章《北欧银行危机：芬兰和瑞典的比较分析》中，彼得·恩格伦德（Peter Englund）和维萨·维赫里亚（Vesa Vihriälä）剖析了20世纪90年代初期瑞典和芬兰银行危机的成因。20世纪80年代，这两个国家的银行体系结束了长期严监管模式。曾受信贷约束的家庭和小公司释放了大量的信贷需求，再加上银行竞争加剧、外资流入渠道拓宽以及资产价格上升，共同推动了借贷热潮。到1990年和1991年，经济周期逆转，资产价格开始下跌，繁荣景象转变为一片萧条。许多金融公司和银行暴露在房地产市场风险下，最终走向倒闭。然而，恩格伦德和维赫里亚认为，危机的根源不能仅追溯到信贷热潮时的金融自由化、弱监管和过度承担风险。实际上，一系列外部冲击（如苏联解体对芬兰出口商的影响）和决策失误也加剧了经济周期逆转。瑞典的错误决策是，在1992年欧洲货币体系危机（EMS crisis）混乱期间决定捍卫克朗的固定利率。在芬兰的案例中，1991年作出使芬兰马克贬值（而非浮动）的决定使货币当局不得不保持高利率，否则汇率将会受到投机资金的攻击。然而这个政策仅仅推迟了芬兰马克汇率浮动的时间，芬兰马克贬值却使有外债（以外国货币计价的债务）的公司遭受了严重打击，银行的损失更为惨烈。

目前，全世界似乎要进入全面金融监管的边缘，就像20世纪20年代至30年代在大多数国家出现了大逆转一样。人们普遍需要一个魔法“水晶球”，来寻找出一些线索，从而推测出金融的本质和可能选择的关键性方向。因此，无论是政策制定者、执行者，还是普通老百姓，对于一本描述金融监管和去监管历史的著作都会有很大兴趣。他们希望从中获取一些历史的教训，从而能够预测出第二次金融大反转将可能包含的内容。

---

① C. Borio and P. Lowe, *Asset Prices, Financial and Monetary Stability*. Exploring the Nexus, BIS Working Paper no. 114, 2002; and C. Borio and A. Filardo, *Back to the Future? Assessing the Deflation Record*, BIS Working Paper no. 152, 2004.

那么，我们从这几篇文章中学到的知识能使我们对未来金融世界的形态以及塑造这个世界的规则有更好的认识吗？可靠的答案是很可能不会。诚然，回顾起来，几乎所有的研究都表明路径依赖一直都是金融活动与监管反应长期关系的重要影响因素之一。然而，在这个历史过程的每一个轮回中，也有许多情况是不随时间变化的。由于人类在降低风险、获取信息优势、整合资源以及创造探索科技方面能独创出一套方法，所以会不断出现前所未有的新奇情况。随着社会的发展，每次危机的情况都不会和以前一模一样。因此，市场、机构和整个社会抵御危机的方式很可能会出乎意料，甚至无法预测。过去金融监管的模式不会按照线性方式演变，所以根据早期经验进行推断是一种存在风险的行为。

然而，当我们试图掌握未来全球或国家金融体系的状态时，深入研究历史并不是毫无意义的。尽管本书的各篇文章可能无法让人根据过去的趋势准确预测未来，但仍能带来很多实用且发人深省的启示。它们能告诉你哪些事件能够引发紧急情况，并最终导致监管发生改变。这些事件包括战争，当然更常见的是技术飞跃、生产力变化、范式和观念的转变等。在某些特定的变化环境中，对先前经验有所了解有助于采取特定情形变化所期望的纠正措施。同时本书也表明，作这些政策决策时，决策者并不是只对事实进行冷静分析，即使这些事实是众所周知的，也会考虑舆论表达出来的热情和愤慨，以及不断变化的公众对金融行业可接受的行为的看法等。从这个角度来看，不难想象，接下来的监管浪潮不仅适用于当前的问题，更可能会超出实际需要的程度，且持续时间更长，并且沿着一个客观冷静的分析师并不乐意推荐的路线发展下去。

这本书最后的思路表明，金融世界可能即将进入一片我们不了解的水域，而不是进入我们以前熟悉的地方。对于经济全球化市场的弊端，显然只有全球性的补救措施才奏效。这意味着，当市场过度发展时，过去的经验就不是特别有用了，因为这些研究本质上仅是国内研究。金融监管和去监管化一直是主权国家的职责，尽管出于想要模仿最佳做法，或因为需要在制度上与其他国家竞争，各国经常复制其他国家的监管制度。正如现在预期的这样，强烈扭转过去 20 年大规模放松监管的基调也是一种全新的体验。在主权始终占主导地位的环境中，超国家解决方案缺乏重要先例。这使未来存在很大不确定性，但也为监管和政治创造提供了广阔空间。那时，我们可能进入一个全新的监管时代。根据以往经验，直到下一场大逆转出现且被人们感受到之前，将持续至少一至两代人的时间。

1. “对外保守，对内自由”：19 世纪英国银行业监管

菲利普·L. 科特雷尔（Philip L. Cottrell）

英国政府是第一个遭遇了银行业监管“现代”问题的政府。银行券靠什么背书以及哪些机构有权流通银行券这两大问题促成了1844 年《银行特许状法》的出台。经济学家和历史学家对“通货学派”和“银行学派”之间的争论作了充分的研究，[①] 但是对如何规范股份制银行的成立和业务经营这些同样受到大量讨论的问题关注甚少。然而，正是后面这些问题最终促使罗伯特·皮尔（Robert Peel）爵士颁布了 1844 年《股份制银行法》。[②] 在本文中，我们将讨论《股份制银行法》的形成过程，其中涉及监管机构把在 19 世纪 30 年代对特许殖民地银行（chartered colonial banks）积累的监管经验应用到大都会区股份制银行的管理中去。本文还研究了监管机构在 1857 年至 1862 年放弃对本土股份制银行监管的原因，以及这一让步对殖民地银行监管的最终影响。

19 世纪 20 年代早期，银行监管的核心问题是建立有韧性的银行，并为这些银行的所有者以及持有其银行券的客户（后逐渐成为储户）提供保障。1711 年至 1821 年，英国政府几乎不对蓬勃发

---

① 参见 F. W. Fetter, *Development of British Monetary Orthodoxy 1797 – 1875* (Cambridge MA, 1965); L. S. Pressnell, ‘Gold Reserves, Banking Reserves and the Baring Crisis of 1890’; in C. R. Whittlesey and J. S. G. Wilson (eds); *Essays in Money and Banking in Honour of R. S. Sayers* (Oxford, 1968)。

② 参见 S. E. Thomas, *The Rise and Growth of Joint Stock Banking*, vol. 1, *Britain: to 1860* (London, 1934); and K. S. Toft; ‘A Mid – century Attempt at Banking Control’, Revue Internationale d'Histoire de la Banque, 3 (1970), pp. 149 – 67。

展的正规银行进行干预，[①] 但是 1820 年爱尔兰和 1825 年至 1826 年英国发生的严重金融危机彻底改变了政府的立场。[②] 英国政府先后于 1821 年、1824 年、1825 年和 1826 年通过相关立法，允许成立股份制银行，极大程度地限制了爱尔兰银行和英格兰银行的公司垄断特权。[③] 政府态度发生变化的原因是 19 世纪 20 年代英格兰和爱尔兰大量私人银行因稳定性较差和资本金不足倒闭，而当时有学者通过研究苏格兰的股份制银行发现，如果由 6 人以上控股，那么银行稳定性的问题就可以得到解决。[④] 立法者正是接受了这样的观点，才作出了根本性的转变。然而，考虑到原有两家银行的

---

① 参见权威分析 I. S. pressnell, *Country Banking in the Industrial Revolution* (Oxford, 1956)；同时参见 R. Cameron, 'England 1750 - 1844', in R. Cameron et al., *Banking in the Early Stages of Industrialization* (New York and Oxford, 1967)；H. V. Bowen and P. L. Cottrell, '*Banking and the Evolution of the British Economy*', in A. Teichova et al. (eds)；*Banking Trade and Industry. Europe, America and Asia from the Thirteenth to the Twentieth Century* (Cambridge, 1997)。

关于在伦敦的发展，参见 D. M. Joslin, 'London Private Bankers, 1720 - 1785'；*Economic History Review*, 2nd ser., 7 (1954), pp. 167 - 86 和 'London Bankers in Wartime, 1739 - 84', in L. S. Pressnell (ed.), *Studies in the Industrial Revolution Presented to T. S. Ashton* (London, 1960)；以及 I. S. Black, 'Money, Information and Space. Banking in Early Nineteenth - century England and Wales', *Journal of Historical Geography*, 21 (1995), pp. 398 - 412；'The London Agency System in English Banking, 1780 - 1825', *London Journal*, 21, 2 (1996), pp. 112 - 30；'Private Banking in London's West End, 1750 - 1830', *London Journal*, 28, 1 (2003), pp. 29 - 59。C. G. A. Clay, 'Henry Hoare, Banker, his Family and the Stourhead Estate', in F. M. L. Thompson (ed.), *Landowners, Capitalists and Entrepreneurs。Sir John Habakkuk* (Oxford, 1994)；F. T. Melton, 'Robert and Sir Francis Gosling. 18th Century Bankers and Stationers' in R. Myer and M. R. A. Harris (eds), *Economics of the British Book Trade*, 1605 - 1939 (Cambridge, 1985)；'Deposit Banking in London, 1700 - 90', *Business History*, 28, 3 (1986), pp. 40 - 50。

② 关于爱尔兰金融危机，参见 G. l. Barrow, *The Emergence of the Irish Banking System* 1820 - 1845 (Dublin, 1975), pp. 17 - 23。

③ Barrow, *Irish Banking System*, pp. 61 - 83.

④ 关于股份制银行在苏格兰的早期发展，参见 R. Cameron, 'Scotland, 1750 - 1845', in R. Cameron et al., *Banking in the Early Stages of Industrialization* (New York Oxford, 1967)；S. G. Checkland, Scottish Banking. *A History*, 1695 - 1973 (Glasgow, 1975)；C. W. Munn, *The Scottish Provincial Banking Companies* 1747 - 1864 (Edinburgh, 1981)；参见 'The Coming of Joint - stock Banking in Scotland and Ireland 1820 - 25', in T. M. Devine and D. Dickson (eds), *Scotland and Ireland* (edinburgh, 1983)；参见 'The Emergence of Joint - stock Banking in the British Isles. A Comparative Approach', *Business History*, 30, 1 (1988), pp. 69 - 83; and R. Saville, *Bank of Scotland. A History* 1695 - 1995 (Edinburgh, 1996)。

利益，股份制银行只允许设立在都柏林或伦敦半径 65 英里以外的地方。

很快，英国政府就匆忙地引入了允许成立“股份制银行”的法律框架，因此也需要在 1821 年至 1825 年对爱尔兰银行业采取三项措施。同样地，1826 年《银行法》(*the English Act of* 1826) 也是在政府应对突发金融和货币危机的压力下出台的。[①] 两院议员和政府官员一样为银行业的持续动荡感到震惊，于是仅仅在议会上讨论了 98 天就推出了 1826 年《银行法》。该法案主要以 1825 年的爱尔兰法为蓝本，对根据英格兰和威尔士规定成立的股份制银行的组成、管理和资本金没有任何限制，仅对伦敦与其他地区之间的资本流动等业务运作方面有一些欠妥的限制，试图以此来对冲法案的宽松性而达到平衡。该法案通过强制申报印花税的方式要求股份制银行履行一定程度的信息披露职责。如果银行面临破产，所有的股东和共有人都要对银行的债务承担完全责任。

1832 年春天，已有约 25 家银行在英格兰和威尔士运营，英国政府也终于有机会能够充分思考如何监管股份制银行。由财政大臣奥尔索普子爵 (Viscount Althorp) 领导的秘密委员会在议会中对英格兰银行特许权的续展条件进行了审核。秘密委员会探究了“是否可以引入制衡机制来实现公众对发行银行的适当管理，并特别考虑了强制要求银行公开账户是否安全便利的问题”。[②]

股份制银行优于私人银行的观点对国家在 1821 年至 1826 年实施的立法产生了强烈影响，并在 19 世纪 30 年代早期得到了进一步发展。因此，有人向议会委员会提出应进一步鼓励股份制银行的发展。当时主要的伦敦票据经纪人塞缪尔·古尼 (Samuel Gurney) 持强烈反对意见。他认为股份制银行对公众的安全性不如传统的私人

---

① 7 Geo. iV c. 46. 关于英国 1825 年至 1826 年危机的最新研究，参见 B. hilton, *Corn, Cash, Commerce. The Economic Policies of the Tory Governments* 1815 – 1830 (Oxford, 1977), pp. 202ff, 207 – 10, 215ff。

② British Parliamentary Papers [henceforth BPP], 1831 – 2, VI, *Report from the secret committee on the renewal of the charter of the Bank of England with minutes of evidence* …, p. 3.

银行。如果采用股份制，那么股东破坏性的投机行为和管理不善会使公众遭受损失。①

古尼的抨击源于人们对股份制公司（无论是不是银行）天然具有的投机性质的普遍担忧。19 世纪大部分时期，人们普遍认为用全部财富承担风险的个人能更好地经营业务。最优经营观点也认为，即便国家允许股份制公司运营，也只能面向常规性业务，不适合经营需要个人持续关注的业务。

可能是为了应对社会对股份制银行的“敌意”，兰开夏郡（Lancashire）两家相互关联的股份制银行——利物浦银行（Bank of Liverpool）和曼彻斯特银行（Bank of Manchester）的董事联系了奥尔索普子爵（Althorp）方面，要求政府对二者组建进行管理。② 其董事向 1832 年议会委员会提出了提案，他们也像古尼一样担心 1826 年《银行法》会导致“伪银行”的出现。③ 为了弥补这一缺陷，他们根据当时对 1820 年爱尔兰银行危机和 1825—1826 年英格兰银行危机成因的分析，采取了补救措施。银行业的稳定性，不仅仅由银行股东数量来决定，政府还需要规定最低资本金水平。兰开夏郡股份制银行的银行家们认为，在小城镇和农村郡新设立的银行名义资本金应至少为 30 万英镑，实缴资本为 10 万英镑；在利物浦和曼彻斯特这样的大城镇，股份制银行的最低资本金标准应该高一些，为 50 万英镑；如果政府允许在英格兰银行特许经营的伦敦市范围内设立股份制银行，资本金要达到 100 万英镑。有人提议，可以通过让股份制银行逐个申请特许经营权，来实现上述提案的目标。

---

① BPP, 1831 - 2, VI, *Report from the secret committee on … the Bank of England*, *minutes of evidence*, S. Gurney, qq. 3738, 3748.

② For the Bank of Liverpool during the early 1830s, 见 G. Chandler, *Four Centuries of Banking*, *vol.* 1, *The Grasshopper and the Liver Bird. Liverpool and London* (London, 1964), pp. 238 - 61. For the Bank of Manchester, L. H. Grindon, *Manchester Banks and Bankers* (Manchester, 1877), pp. 242f; and T. E. Gregory, *The Westminster Bank through a Century*, vol. 2 (London, 1936), p. 52.

③ BPP, 1831 - 2, VI, *Report from the secret committee on … the Bank of England*, *minutes of evidence*, J. B. Smith, q. 4310.

股份制银行组建的申请可以让政府有机会在资本金规模上行使裁量权，并且就其他必要事项提出要求。

最低资本金要求以及提案中的其他规定，是为了防止有人通过组建股份制银行滥用权力损害公共利益。当时有提案要求，股份制银行至少要有 100 名所有人，其中至少 20 名所有人持股超过 1000 英镑，这是为了确保这些所有人中至少有一定数量的“资本家”，以及有一定能力和认可度的人作为董事。银行的董事会要负责银行机构事务，包括发起年度董事选举和再选举。同时，董事会需承担信息披露的责任，向公众发布年度报告，让公众知晓银行的实际控制者。银行为其发行银行券提供充分保护可以进一步增强公众信心。最后，可能由于持有对英格兰西北部开设地区性分支股份制银行的反对态度，利物浦银行和曼彻斯特银行认为，股份制银行不应在总部 20 英里以内开设分支机构，并且分支机构只能开展票据贴现和存款业务。[①]

股份制银行的一位先驱性银行家文森特·斯塔基（Vincent Stuckey）认为，股份制银行业务的开展应当与实缴资本金和披露度成一定比例。他认为，如果建立银行特许经营体系，像英格兰银行一样，银行的资本应该投资于政府证券或类似资产。他还认为 1826 年《银行法》的主要缺陷在于没有为股东引入有限责任制度。有限责任的缺失抑制了对新型银行的投资，尤其是抑制了财富人群的投

---

① 此部分内容参见 F. S. Jones，‘Instant Banking in the 1830s. The Founding of the Northern & Central Bank of England’，*Bankers' Magazine*，211（1971），pp. 130 –35；‘The Manchester Cotton Magnates' Move into Banking，1826 –50’，*Textile History*，9（1978），pp. 90 –111；以及参见‘The Cotton Industry and Joint – stock Banking in Manchester 1825 –1850’，*Business History Review*，20，2（1978），pp. 65 –85。

对于分支机构相关问题，参见 C. W. Munn，‘Banking on Branches. The Origins and Development of Branch Banking in the United Kingdom’，in P . L. Cottrell et al.（eds），*Finance in the Age of the Corporate Economy. The Third Anglo – Japanese Business History Conference*（Aldershot，1997）；and L. Newton and P . L. Cottrell，‘Joint – stock Banking in the English Provinces 1826 –1857. To Branch or not to Branch?’，*Business and Economic History*，27，1（1998），pp. 115 –28。

资意愿，这些人在股东群体中的存在能够明显改善银行管理。[①]斯塔基（Stuckey）通过整合私人银行成立了最早的股份制银行之一，让他成为西南部地区具有丰富经验的主要银行家，尽管如此，在当时也几乎没有人赞同斯塔基的这一观点。股份制银行的股东不能享有承担有限责任“特权”的观点，在 19 世纪 70 年代末以前都被认为是正统观点，当时认为无限责任可以为持有股份制银行发行银行券的持有人以及存款人提供保护。[②]

议会委员会就改革 1826 年《银行法》的问题征求了 22 位人士的意见，但没有达成共识，对于议员关心的其他问题也没有达成一致。委员会为英格兰银行、私人银行家和新的股份制银行家三个不同的利益方举办了听证会，然而是否能达成任何协议是令人怀疑的。最终，财政大臣奥尔索普子爵（Althorp）与英格兰银行的董事进行谈判，通过提交委员会收到的证据来说服英格兰银行续展特许经营权。

关于建立可发行银行券股份制银行的法定依据的修订，奥尔索普子爵采纳了提案关于允许建立股份制银行的建议，但限制条件为股东不能享有有限责任的特权，同时股份制银行需要公示账户。为了实现股份制银行的稳定性，实缴资本要占名义资本金的一半，资本金要用于投资政府证券。如果股份制银行不发行银行券，则仅需满足股票的面值不低于 100 英镑这一条件。但是这种设立可发行银行券的特许股份制银行的计划，在 1833 年 5 月 31 日遭到了下议院的强烈反对，因而未得以实施。[③] 因此，在 1844 年之前，1826 年

---

① BPP, 1831 -2, VI, *Report from the secret committee on … the Bank of England, minutes of evidence*, V. Stuckey, q. 1203.

② 对于当时银行股东责任的问题，参见 T. Joplin, *An Examination of the Report of the Joint Stock Bank Committee* (London, 2nd edn 1837), pp. 2f; and J. W. Gilbart, *A Practical Treatise on Banking* (London, 1828), pp. 54, 56 -61。

③ 奥尔索普（Althorp）特许股份制银行发行银行券的计划直到 1834 年 2 月才被放弃。其烦琐复杂的条件阻碍了 Hull, East Riding & North Lincolnshire Banking & Co. 的推进，并导致 York City & County Bank 管理层的一致反对。参见 P. L. Cottrell and Lucy Newton, 'Banking Liberalisation in England and Wales, 1826 -1844', in R. Sylla et al. (eds), *The State, the Financial System and Economic Modernization* (Cambridge, 1999), p. 87。

《银行法》始终没有修改。[①]

1825 年的法律废除了 1720 年的《泡沫法》，为设立特许商业银行提供了更大的可能性。[②] 它还赋予国王通过颁发专利证书来规定股东在“公司”中责任范围的权利。[③] 这项皇家特权由贸易委员会管理，但其官员仅在一个方面授予股东特权，即以公司高管名义起诉和应诉的资格。此外，即使只授予这一项特定权利，贸易委员会的态度也非常保守，只考虑有限的公司类别：慈善或教育机构和公共事业，以及少数矿产业[④]。

1830 年 7 月，东印度主要贸易商里德欧文公司（Reid，Irving & Co.）提议在毛里求斯建立一家特许银行，由此引发了如何对待银行的问题。它的申请在殖民地办公室支持下提交给了伦敦的贸易委员会和财政部，但条件是银行必须为其发行的银行券提供适当担保。该项目具有显而易见的优势，当这个殖民岛发生金融危机时，这家银行可以代替殖民地政府或“个人资本家”提供流动性。

如果拟建银行“已经认购了足够资本，并为认购这些资本所需实际缴纳的资金有充足的准备，同时其业务受相关规定和条例的管控”，那么贸易委员会和财政部就会授予拟建银行特许经营权。相关监管条例构成了殖民地银行业监管规则的萌芽，并获得了两个政府部门的一致认同。上述条例首先规定股东承担的“个人责任……不少于每个股东持有股份数量的两倍”；同时规定作为特许公司的成员，他们享有有限责任的特权。与之相匹配的规定是，对于已公

---

① 《1833 年银行特许状法》的声明条款（3&4 Will.（IV c. 98），允许在英格兰银行的特权都会区内建立股份制存款银行。但该条款仅是对银行特许经营权的法律解释声明，因此随后成立的伦敦股份制银行可以说是在“灰色”法律地带中运营，这给其管理层和股东带来了相当大的困难。1833 年的法令明确废除了 1826 年法令的条款，该条款禁止省级股份制银行在其各自的业务领域与伦敦之间进行特定形式的资金转移。

② 指英王乔治四世在位第 6 年期间英国国会通过的第 91 部法案，即 1825 年《泡沫法废止法》。6 Geo. iV c. 91。

③ 之所以这样称呼，是因为皇家授权书不是密封的，底部大国玺坠饰显露可见。

④ P. L. Cottrell, *Industrial Finance* 1830 – 1914. *The Finance and Organization of English Manufacturing Industry*（London, 1980）, pp. 42f.

开的详细的半年度资产负债表，其副本应提交给殖民地政府，殖民地政府总督可随时要求查看“类似账目”。此外，上述监管条例仅允许银行开展“银行业务，即基于商业票据或政府证券的预付款，以及使用货币和汇票的一般交易”，但其中“基于土地或者其他不易变现的财产或购买任何此类财产的贷款或预付款”被明确排除在外。最终，该银行不是由伦敦大都会区政府，而是由殖民地总督在特殊安排之下授予特许经营权。尽管如此，上述监管条例是对贸易委员会和财政部先前所提出内容的复制和发展。①

由毛里求斯银行特许经营权带来的问题似乎在几个月内就促使财政部尝试在授予殖民地银行特许经营权上占据主导权，理由是相关“意见……尤其涉及了与帝国财政和货币有关的问题”。财政部官员指出，政府对于设立国内股份制银行并授予其特许经营权的兴趣与日俱增。与此同时，如何在大英帝国内部制定一个英镑汇兑机制在财政部内部引发了担忧，这个问题主要通过伦敦与殖民地间的官方汇款予以解决。最令人担忧的是公共资金的安全，特别是要确保没有任何资金被直接或间接地用于不合理的私人贷款。也有人对“在选择从事官方汇款业务的代理机构方面没有偏好”存在顾虑。这些问题牵涉到“行政标准一致性”（administrative tidiness）——

> 所有银行特许经营权都应建构在确定的和一致的原则上，这是极其重要的，如果特许经营权由各个独立的政府部门在不参考财政部意见的情况下不加区别地授予，则很难达到这个结果。②

然而，在 16 个月内，财政部就同意在收到贸易委员会“关于案例价值以及每份特许状申请中需要包含的必要条款”的“明确报

---

① A. S. J. Baster, *The Imperial Banks* (London, 1929), pp. 29ff. 一位当代“官员”的历史回顾为殖民地银行规则提供了另一主要考虑因素；参见 The National Archives, Public Record Office, Kew, London: T [reasury] 158/83, [E. W. Hamilton], [Confidential] *Memorandum on chartered banks*, apr. 1877, with bound - in subsequent, updating notes in manuscript [hereafter, Hamilton, Memorandum]. 同上，见 F. h. h. King, 'Structural alternatives and constraints in the evolution of exchange Banking', in G. Jones (ed.), *Banks as Multinationals* (London, 1990), p. 87; and idem., *British Multinational Banking* 1830 - 1990 (Oxford, 1993), pp. 19f。

② Hamilton, *Memorandum*, p. 18.

告”前，不作出任何关于授予殖民地银行特许经营权的决定。[①] 两个政府部门的平等角色在漫长的、开创先例的讨论中得以确立，最终促成了澳大拉西亚银行（Bank of Australasia）在伦敦的特许经营。

到 1833 年 4 月，这个建立殖民地银行的计划已经在伦敦的发起人中取得了一些进展，他们决定以股份有限责任公司的形式建立这家银行，获取皇家特许经营权后命名为澳大拉西亚和南非皇家银行（the Royal Bank of Australasia and South Africa），并将其打造成为大英帝国在南半球的银行。这个项目已经与英国贸易委员会和财政部做过沟通。时任财政部长斯普林·莱斯（Spring Rice）是发起人过去的合伙人之一，他曾参与了他们以前的项目，包括爱尔兰地方银行和英格兰全国地方银行。他愿意接受帝国银行计划的提议，在初步讨论中，财政部提出的唯一条件是银行成立后两年内要缴足名义价值总计 30 万英镑的股本。[②]

在初步方案取得积极进展后，发起人于 1833 年 5 月 18 日向财政部提交了一份关于特许经营权的备忘录。在等待结果的过程中，发起人通过签署协议契据（deed of settlement），合法地将新成立的银行建立为一个非法人组织——合伙制或无限责任的股份制企业。尽管如此，他们的愿望仍然很明显，因为该银行的董事会根据英格兰银行和爱尔兰银行的命名法则迅速改称为“Court”（译者注：大多数公司的“董事会”英文写作 The Board of Directors，但是英格兰银行和爱尔兰银行的“董事会”英文写作 The Court of Directors）。从一开始，他们就试图使还在筹建阶段的机构具有特许银行所有的声望和地位，并充分意识到由此产生的积极公众影响，这一点在后

---

① Baster, *Imperial Banks*, p. 25; and Hamilton, *Memorandum*, pp. 18f.。巴斯特的研究是一项相当大的成就，值得充分肯定，因为正如汉密尔顿在 1877 年写到的那样，“由于财政部的记录存在瑕疵，同时由于一些特许经营权是根据财政部的建议授予的，而另一些特许经营权是根据贸易委员会的建议授予的，在确定哪些银行公司获得了特许经营权，以及有多少特许经营权仍然有效方面，经历了相当大的困难”。Hamilton, *Memorandum*, p. 3。

② S. J. Butlin, *Australia and New Zealand Bank. The Bank of Australia and the Union Bank of Australia Limited 1828 – 1951* (London, 1961), pp. 22ff.

来也得到了印证。[①]

尽管与斯普林·莱斯（Spring Rice）有私人交情，发起人并没有从财政部得到任何回应，直到 1833 年 12 月 18 日。之所以会有 7 个月的延迟，是由于这是第一家总部设在伦敦的殖民地银行的特许经营权申请，当局认为可能开创先例。事实上，组建澳大拉西亚和南非皇家银行的申请进一步推动了殖民地银行规则的制定，但直到 1840 年，该规则才得以充分推进。[②]

1833 年 12 月中旬，终于有消息称澳大拉西亚和南非皇家银行将被授予特许经营权，但其条款未能达到发起人的愿望。它的有效期只有 21 年。此外，贸易委员会不允许该银行在澳大利亚以外的地区经营，并要求殖民地银行分隔“遥远，彼此之间没有自然联系”，这一点也被作为殖民地银行监管的基本原则。除了这一“领土原则”（territorial principle）之外，还有其他一些原则也成为监管规则的基石。例如，根据毛里求斯银行特许经营权的条款，其股东将承担“双倍”有限责任，即每人承担的银行债务最高可达其持有股份面值的两倍。[③] 另外，银行的所有股份需在 18 个月内认购完毕，并且股东需缴纳股份名义价值的一半金额，这一规定进一步提升了银行的稳定性。同时，其债务不得超过其股本和存款总额的三倍。

在英国当局进一步制定特许殖民地银行法规的过程中，还规定澳大利亚银行发行银行券的最小面额为 1 英镑，所有银行券不仅在各自的发行处，而且在银行的主要殖民地分行也需见票即付。与此同时，如出现连续超过 6 天或在任意 12 个月期间总共超过 60 天暂停英镑金币支付的情况，则特许经营权自动废除。此外，该银行的业务与毛里求斯银行的业务一样，仅包括“合法经营的银行业务，即商业票据或政府证券的预付款，以及货币、汇票或金银的交易”。

---

① 参见 Baster，*Imperial Banks*，p. 21。

② 参见 Baster，*Imperial Banks*，pp. 32 – 46。

③ 这一规则的实施需要特别立法——参见 6 Geo. IV. Cap. 91；参见 Baster，*Imperial Banks*，p. 21。

土地不能作为贷款的抵押品，因为财政部认为土地不适合作为一家发钞行的资产，但这一规定给在澳大利亚以及随后在其他殖民地发展的银行带来了重大问题。对业务的其他限制包括涉及对董事或工作人员的预付款，总额不得超过银行展期贷款（extended accommodation）的三分之一。作为一家特许银行，澳大利亚银行应约半年披露一次经营报告，内容包含其分支机构发送给伦敦总部的每周资产收益和负债均值。最后，股息仅能从已实现的利润中支付。[①]

鉴于殖民地银行监管条例处于不断发展阶段，确定澳大利亚银行特许经营权条款还需要两年时间。然而，发起人未能在有争议的重大问题上取得较大进展，仅在暂停英镑金币支付期限和银行股本等为数不多的方面取得了一些成果，而这些成果也是由于财政部和贸易委员会的意见有分歧才产生的。一是考虑到从澳大拉西亚最近的供应点（南非）运输英镑金币确实需要一定时间，当局最终同意将任意 12 个月内暂停英镑金币支付的期限延长至 130 天。二是对于银行需使所有股票在发行后 18 个月内被认购，并且股东需缴纳名义价值的一半金额这一点，财政部同意将名义股本总额减少到 20 万英镑，并且在得到财政部的明确同意后，可以按照发起人的设想再增加到 60 万英镑。在这些改变中，贸易委员会依旧坚持特许殖民地银行不被授予发行银行券或开展官方业务的垄断权。[②]

1834 年 3 月，财政部解决了总部位于伦敦的澳大拉西亚银行的特许经营权问题，[③] 银行也开始发行招股说明书（circulation）。[④] 然而直到 1835 年 5 月，这家银行才正式成立，尽管当时它的一些职员和资金已经在前往澳大利亚的公海上了。延期开业是由财政部和司法部长之间的争端导致的。司法部长异乎寻常地坚持认为，皇家特许经营权不应有具体期限，而财政部将银行的发钞权限定为 21 年。在它看来，

① Butlin, *Australia and New Zealand Bank*, pp. 24f.

② Baster, *Imperial Banks*, p. 23.

③ Butlin, *Australia and New Zealand Bank*, pp. 26f.

④ Baster, *Imperial Banks*, pp. 51f; and Butlin, *Australia and New Zealand Bank*, p. 29.

只有通过由最新法律许可的专利证书方式可以授予（无限期）特许经营权。① 银行的创始人最初准备接受司法部长的意见，尽管这意味着他们必须履行 3 个月的公告义务，这将导致他们的项目进一步推迟。然而，还没等董事会着手这件事情，他们就收到了能直接反驳司法部长的法律意见。这些足以让财政部的律师在 1835 年 1 月开始起草澳大拉西亚银行的最终特许状。正式发布的特许状对银行而言是独特而有利的且是永久性的。没有其他殖民地银行能获得类似的特许经营权。②

汉密尔顿（Hamilton）于 1877 年在一份财政部内部备忘录中总结到："此后，授予殖民地银行的特许经营权都是有限制的：（1）将皇家保护限制于银行的起步和发展阶段；（2）避免殖民地无限期地承受拥有独立权力并有能力滥用这种权力的银行带来的负担；（3）使殖民地在处理内部问题时更易获得更大的行动自主权；（4）防止多年后条款已不能适应新环境的情况下，银行仍受到相关条款的制约；（5）在延展特许经营权时提供重新审视条款的机会。"③

澳大拉西亚银行获得特许经营权的过程似乎预示着一种模式，后来的特许殖民地银行的发起人都将与贸易委员会和财政部，有时还与殖民地办公室进行旷日持久、艰苦的谈判，他们有时会得到一些帮助，有时又会受到干预。在殖民银行（the Colonial Bank）的案例中，当局在殖民银行条例逐渐巩固的情况下仍破例作出了让步，允许股东不承担"双倍责任"。这是因为该银行拥有高达 200 万英镑的初始名义资本，并最终变成了 700 万英镑。④

这些规则被发送给殖民地总督，以为其在授予当地银行特许经营权时提供指引。然而直到 1840 年，这些规则才得到严格执行，从而导致由殖民地政府通过的银行法案被伦敦大都会当局否决，同时建立总部位于伦敦的特许殖民地银行的计划也在与贸易委员会和财

① 4& 5 Will. IV c. 94, Trading companies Act; and Baster, *Imperial Banks*, pp. 51 – 2.

② Butlin, *Australia and New Zealand Bank*, p. 29; and Hamilton, *Memorandum*, p. 20.

③ Hamilton, *Memorandum*, p. 21.

④ Baster, *Imperial Banks*, p. 68.

政部谈判期间发生了巨大变化。在这两个政府部门中，贸易委员会通常主张执行最严格的殖民地银行特许经营权的规则条款。然而，伦敦大都会当局还是表现出了一定的弹性，特别是为了满足当地经济或政治方面特殊需要的时候。

1840 年底，伦敦大都会当局积累了丰富的经验，已经对 9 家位于伦敦的殖民地银行进行了授权，干预了至少 6 家由殖民地政府授予银行特许经营权的程序，并与殖民地办公室一道深度参与了关于授予另外一家以伦敦为基地的殖民地银行特许经营权的公开讨论。

1839 年，财政部应殖民地办公室的要求，开始编纂这些规则，以便发送给所有殖民地总督。

贸易委员会在财政部起草的法案基础上增加两条规定：一是股东个人对银行债务的“双倍”责任在股票转让后仍应持续 6 个月，这是防范投机行为和关联股票交易的必要措施；二是经验表明，协议契据（deed of settlement）中如果包括这些复杂烦琐的管理规定，会使整个文件变得难以理解，给一些特许银行的董事会带来严重困难。但如果不包括这些规定，银行为获得特许经营权，会制定更多协议条款及补充条款。最后，贸易委员会向财政部承诺，新设殖民地银行的特许状均会遵守这些监管规定。殖民地银行条例最终于 1840 年 3 月在各殖民地发布①。

为了和 1844 年颁布的《银行特许状法》的原则保持基本一致，殖民地银行条例于 1846 年进行了修订。此后，特许殖民地银行对外流通的股份范围仅限于其实收资本，并要求其中三分之一有英镑金币担保。彭宁顿（Pennington）和阿布斯诺特（Arbuthnot）两位财政部官员负责起草后来的银行章程，他们在财政部内部被称为“殖民地银行业的权威”。②

随着殖民地银行监管的逐步发展，1826 年《银行法》发布后，

① 参见 BPP，1845，Viii，Select committee on accounts of colonial receipt and expenditure，*Report*，*Appendix* n. n。

② Hamilton，*Memorandum*，pp. 19，50.

股份制银行开始在英格兰和威尔士蓬勃发展；到 1836 年春天，爆发了一场堪比 18 世纪 90 年代“运河狂热”的投机狂潮。在 19 世纪 30 年代中期，股份制银行平均每年发行股票 10 次；而在 1836 年，至少有 59 份招股说明书向公众发布。同年 3 月，这些公司开始“挂牌”上市，1 先令股票对应的交易价格可达 25 先令，甚至有机会以一定价格在市场上配发银行股票。古尼（Gurney）在 1832 年议会委员会上作出的悲观预言成真了。

警钟已经敲响，利物浦银行和曼彻斯特银行的董事们在 1834 年 11 月的一次会议上再次公开了他们的提案。他们建议进一步严格监管，要求设定最低股份面值为 50 英镑，并要求股份制银行的分支机构建立独立的银行公司，且距离其母公司不得超过 12 英里。[①] 然而，他们的呼吁没有产生影响，直到 1836 年 5 月，威廉·克莱（William Clay）带领下议院特别委员会调查这些新的股份制银行时，这些问题才被纳入考虑。在接下来 5 年几乎不间断的调查中，克莱倾向于认为股份制银行承担有限责任，尽管它们的资本需被全部付清，且需极大程度对外披露。[②] 作为一个重要的伦敦商人、大枢纽铁路公司（Grand Junction Railway）以及 Southwark 和 Vauxhall 水务公司的主席，克莱具有一定的权威性。1831 年，他以自由党的身份进入众议院，作为哲学激进分子致力于推崇对银行业、土地及伦敦政府的改革。他在众议院的演讲被公开出版，他的文章《沉思》（*Reflections*）作为附录包括在其中。

克莱的议会调查委员会采纳了上述提案的主张，但发现一些股份制银行的问题不仅是资本不足，还或多或少存在管理不善的情况；这些问题只能通过积累管理经验来克服，而非制定监管条例。[③]

① *Circular to Bankers*, 333 (5 Dec. 1834).

② Cottrell and Newton, ‘Banking Liberalisation’, pp. 96 – 7.

③ 参见 BPP, 1836 IX, Select committee on the establishment of joint stock banks, *Report*, *minutes of evidence etc*; BPP, 1837, XIV, Select committee on the establishment of joint stock banks, *Report*, *minutes of evidence etc*; BPP, 1837 – 8, VII, Select committee on the establishment of joint stock banks, *Report*, *minutes of evidence etc*。

在爱尔兰农商银行（Agricultural & Commercial Bank of Ireland）、英格兰北部和中部银行（Northern & Central Bank of England）、英格兰北部银行（North of England Banking Co.）和诺威奇 - 诺福克银行（Norwich & Norfolk Banking Co.）等机构的失败案例中，管理不善的问题普遍存在且臭名昭著。克莱的委员会在 1836 年至 1838 年调查中发现的股份制银行业问题的大量证据被公开，这些问题在 1839 年货币恐慌引起的两次议会调查（1840 年和 1841 年）中被进一步放大。[①]

对 1826 年《银行法》的立法改革最终于 1844 年通过，这是皮尔（Peel）试图应对金融和货币不稳定问题的三项平行措施之一。在英格兰，监管股份制银行的法案与《银行特许状法》和《股份制公司法》同步出台。[②] 新出的银行监管规定融合了 1832 年以来提出的各项更严格的监管建议，同时也借鉴了财政部在过去十多年间授权设立殖民地银行的经验。此外，议会委员会在 1836 年至 1838 年收集的大量证据表明，该法案针对 1826 年《银行法》存在的监管漏洞也作出了修正。

该法案完全改变了新股份制银行的成立要求，但对于根据 1826 年《银行法》已成立的股份制银行并未提出大的整改要求，这些已成立的银行中有 126 家在英格兰和威尔士开展业务。虽然该法案对银行的监管要求更为严格，但并未包含对政府的改革内容，特别是克莱呼吁的那些建议。有限责任制仍然不被认可，且根据该法案成立的银行不需要足额缴纳股本，也不需要以特定形式公布资产负债表。

1844 年，由枢密院负责的“一事一议”特许经营制度取代了财政部宽松的股份制银行制度，并且枢密院成员有权增加其认为必要

① 参见 BPP，1840，IV，Select committee on banks of issue，Report，minutes of evidence etc；BPP，1841，V，Select committee of secrecy on banks of issue，First report，minutes of evidence etc；and BPP，1841，V，Select committee of secrecy on banks of issue，Second report，minutes of evidence etc。

② 7 & 8 Vict.，c. 113.

的条款。贸易委员会在审核特许状中负责审批筹备中股份制银行的协议契据，因此取代枢密院成为新股份制银行设立审批的主管部门。但同时也会征求政府法律部门的意见，如在苏格兰银行特许状申请中特别参考了苏格兰检察总长和副检察长的意见。虽然申请流程从三个部门简化到了由贸易委员会主管，但申请国内银行特许状和申请殖民地银行特许状一样，也需银行发起人事先与当地贸易委员会进行沟通谈判。尽管如此，财政部仍然非常关注国内和殖民地银行的特许经营权问题，并会对特许经营权的审核条件进行干预。1844 年法案赋予了枢密院对特许条款的自由裁量权，例如在英国皇家银行的案例中，枢密院要求当该银行准备金不足或股本下降四分之一时，就必须召开一次特别股东大会，尽管这并不是实质性的保障措施。

特许经营权的有效期为 20 年。申请特许经营权应由银行股东提出，且这些股东持股比例合计需达到 50% 以上，并缴足各自面额价值的 10%。同时，银行需满足 10 万英镑的最低资本金要求，每股面值不得低于 100 英镑。

申请书需附上至少由 7 名股东共同签署的银行协议契据，章程需明确其业务范围及经营地址，且需涵盖各股东较详细的身份信息。申请书需写明银行成立的基础，并提供董事会选举制度、持股资质以及管理制度等公司治理信息。银行需每年召开股东大会，同时 9 名合计持有 21 股的股东可召集临时股东大会。此外，银行禁止以自己的股票为抵押发放贷款，并要求至少有两名由股东选定的独立人员对其账簿进行审计。银行需向股东披露年度财务报表及审计报告，虽然法案并未规定这些报表的具体格式，但这项要求进一步保护了股东的权益。同时，银行需向公众公布月度资产负债表，以及向印花税务局提供年度股东收益及其董事会和中高层管理人员的薪酬，这些措施都给予了公众一定程度的安全感。

银行特许经营权的审批规定除提交的申请书和银行协议契据外，还有一些具体的条款，主要包括：

1. 银行作为“名义和实体一致的政治实体”，具有在英国及其他地方的所有法庭（无论适用普通法还是衡平法）上“起诉和被起诉、指控和辩护”的资格。银行是“永久经营”的，且有“公章”；

2. 银行出于商业目的可持有一定价值的土地，其他目的（债务担保除外，且持有期限不可超过 5 年）予以禁止。此类土地的出售和购买应向贸易委员会报备；

3. 银行需遵从其协议契据、1844 年《银行特许状法》（*Bank Charter Act* 1844）条款以及公司的规章制度开展业务；

4. 在银行未遵守特许状要求及 1844 年《银行特许状法》相关条款的情况下，有权撤销其特许状；

5. 特许状在所有法律中均有效，但当公司解散时立即失效。[①]

这些规定与殖民地银行的特许状审批规定一致，后者是以殖民地银行特许状条例为参考拟定的。

在收到专利证书授权后，银行还需满足所有股份都被持有、所有股东均签署了协议契据且其名义资本的一半以上为现金支付等条件后，才能正式开始营业。银行需在获得特许状后的 3 个月内，向印花税务局提供一份完整的股东名单及其住址。同样，法案还要求以规定格式申报董事和管理人员信息。此后，须于每年 2 月 28 日至 3 月 25 日期间，将经过一名董事和管理员签署后的上述信息，送地方司法官核实后，报送印花税务局。银行董事会或股东的任何变动均需以此形式进行详细的说明报告，包括股份转让及其记录变更。

1846 年，皮尔（Peel）关于设立股份制银行的法案扩展到了爱尔兰和苏格兰。[②] 尽管法案仅适用于新设立股份制银行，但皮尔希望已成立的股份制银行也能采纳法案精神和原则。[③]

---

① Hamilton, *Memorandum*, p. 12.

② 20 & 21 Vic. c. 49. 见 Checkland, *Scottish Banking*, pp. 454 - 8; and Barrow, *Irish Banking System* 1820 - 1845, p. 188.

③ Toft, ‘Banking Control’, p. 152.

在皮尔的原计划中，1844 年《银行特许状法》（*Bank Charter Act* 1844）不应包括苛刻或不便的规定，并在银行方迫切希望修改 1826 年《银行法》以取消部分限制的情况下与银行界进行了事先磋商。然而，1844 年《银行特许状法》却实施了严格监管规定，这使其出台后立刻引起了广泛批评和抱怨。不知巧合与否，1844 年《银行特许状法》出台后，英国新设立股份制银行的浪潮停止了，仅有 12 家银行依据其规定成立，其中 2 家在该法律生效时正处于筹备期，因此也受到其规定的约束。

一个新的情况是，1844 年《银行特许状法》也被用于建立特许殖民地银行和特许外国银行，如 1853—1854 年的伦敦东方银行（London & Eastern Banking Corporation）、昙花一现的伦敦巴黎股份银行（London & Paris Joint Stock Bank）和阿加剌银行（Agra & United Service Bank）。与此同时，殖民地银行的管理规定对那些在英国政府管辖范围以外地区经营的银行也产生了影响，如亚洲特许银行（Chartered Bank of Asia）、印度特许银行（Chartered Bank of India）、澳大利亚和中国特许银行（Australia & China）（译者注：英国渣打银行最终成型前的各组成部分）、埃及银行（the Bank of Egypt）和奥斯曼银行（the Ottoman Bank）。①

克莱及议会委员会在 1836—1838 年的调查中发现，新成立股份制银行的基本问题源于资本不足和管理不善。皮尔的 1844 年《银行特许状法》目标之一，就是通过立法确保新设银行拥有充足的资本。然而，银行发起人很快就找到了应对该法案严格监管的方法。为了满足特许状申请中关于缴付所持股份面值 10% 的要求，英国皇家银行（Royal British Bank）的发起人让其经理签署了一张 4300 英镑的本票。经验的缺乏进一步加剧了管理不善的情况，而在英国皇

---

① 关于后两家银行，详见 A. S. J. Baster，'The Origins of British Banking Expansion in the Near East'，*Economic History Review*，5，1（1934），pp. 76 -86；and P . L. Cottrell，'The Coalescence of a Cluster of Corporate International Banks，1855 -1875'，*Business History*，33，3（1991），pp. 31 -52。

家银行和伦敦东方银行的案例中更是出现了明显的欺诈。因此，1844 年《银行特许状法》不仅阻碍了新银行的成立，导致 19 世纪 60 年代早期英格兰出现“银行业发育不足”，而且也未能确保在其规定下新设银行的稳定性。依据 1844 年《银行特许状法》成立的 12 家银行中，1 家即伦敦巴黎股份银行未成功开业；到 1858 年，又有 3 家银行倒闭；在随后的 8 年里，5 家银行陆续倒闭；最终，仅剩 3 家银行正常营业。

皮尔的 1844 年《银行特许状法》与他早先为非银行股份制公司制定的规则一致。实际上，他在 1843—1844 年最初研究的是涵盖所有股份制公司的总体管理条例。但是在 19 世纪 50 年代早期，贸易委员会的公司事务法律顾问贝伦登·克尔（Bellenden Kerr）对 1825 年以来政府部门对股份制公司所产生的各种问题制定的解决方案感到不满和愤怒。他认为，立法只是引入了“无用的机制”，反而造成了“大量的困扰”。他的观点是当时各种争议的一隅，历史学家也无法完全理解，但这种观点导致了 1855—1856 年英国公司法的完全自由化。① 罗伯特·洛（Robert Lowe）有一定先见之明地在 1856 年提出，国家甚至缺乏阻止欺诈性公司设立的权力。从股份制银行来看，1857 年英国皇家银行和伦敦东方银行的倒闭充分反映了这一缺陷。这些金融业的灾难让公众重新思考是否应该反对《皮尔条例》（译者注：即 1844 年《银行特许状法》）。

1857 年，罗伯特·洛将股份制银行的一部分管理内容纳入了 1856 年有限责任公司设立许可条例的管理范围，而《皮尔条例》则主要继续规范：银行的每股面值不得低于 100 元英镑；银行的股东

① Cottrell, *Industrial Finance*, pp. 45 – 52. 另见 R. A. Bryer, ‘The Mercantile Laws Commission of 1854 and the Political Economy of Limited Liability’, *Economic History Review*, 50, 1 (1997), pp. 37 – 56; R. Ingham, ‘Mill on Limited Liability Partnerships’, Journal of Liberal Democrat History, 23 (1999), pp. 16 and 28 seguitur; S. Jones, ‘The Professional Background of Company Law Pressure Groups’, *Accounting, Business and Financial History*, 7, 2 (1997), pp. 233 – 42; and D. Loftus, ‘Capital and Community. Limited Liability and Attempts to Democratize the Market in Mid – nineteenth Century England’, *Victorian Studies*, 45, 4 (2002), pp. 93 – 120.

应承担无限责任。[①] 但是仅在一年之内，设立股份制银行时就被允许采用有限责任制度，随着英国 1862 年《公司法》的通过，《皮尔条例》的条款彻底被替代。在随后 10 年里，金融行业中大量采用有限责任制度的银行在国内外广泛开展业务。[②]

1862 年，由于政府允许以有限责任形式设立股份制银行，英国财政部提出设立殖民地银行也应该无须申请皇家特许状。除了利华银行（Asiatic Banking Corporation）在 1864 年仍然被要求申请特许状以外，财政部的建议得到了采纳。但是，特许政策并没有就此结束。一旦特许经营银行由于未遵守特许状中某些重要规定的约束而带来了不确定性，它们将不得不转而寻求遵循帝国和殖民地议会关于银行业和股份制公司的规定。因此在 1872 年，财政部为东藩汇理银行（Oriental Bank Corporation）续展了特许状。[③] 关于殖民地银行业特许经营体系的存续问题在 1880 年有了结论，政府提出了《特许银行（殖民地）法案》[*Chartered Banks*（*Colonial*）*Bill*]，并提交给议会特别委员会审议，这个委员会的成员包括约翰·卢伯克爵士（John Lubbock）和桑普森·劳埃德（Sampson Lloyd）两位著名银行家。

19 世纪 70 年代末，英国财政部的态度转为自由和放任，原因是多年来财政部的官员一直认为殖民地银行不会“恰当和认真地”履行特许状的规定。但是，如果突然中止特许经营体系，可能造成特许经营银行的不满。特许经营的取消，会使特许经营银行失去在某些业务领域（如发行银行券）的特权，同时还会面临当地政府新的立法约束。但是在 1862 年《公司法》下通过注册延续特许经营银行的“生命”同样充满挑战。产生问题的主要原因是殖民地银行

① 20 & 21 Vict., c. 49.

② Baster, *Imperial Banks*, pp. 124 – 30; Cottrell, Industrial Finance, pp. 52f; and idem, ‘Credit, Morals and Sunspots. The Financial Boom of the 1860s and Trade Cycle Theory’, in P. L. Cottrell and D. E. Moggridge (eds), *Money and Power. Essays in Honour of L. S. Pressnell* (Houndsmill, 1988).

③ Hamilton, *Memorandum*, p. 3.

股东单一责任向双重责任的转变，这其中涉及银行债权人和股东的利益。[①] 英国财政部非常清楚这些困难，汉密尔顿（Hamilton）在 1877 年内部刊发的备忘录中提出了这些问题。

1880 年，特别委员会的取证会议由于议会解散而突然结束。此后，英国财政部用“示范特许状”方案代替了 1880 年法案的条款。当特许经营银行要求续展特许状时，就会使用该方案。新的特许状有效期 10 年，取消了财政部的监督职能，取而代之的是要求银行通过特别决议案，允许银行董事行使财政部过去的权力。如果该银行需要财政部的同意，来增发银行券或开设新的分支机构，则此后必须获得殖民地总督的授权。此外，该银行将来会根据其经营所在殖民地的法律开展业务。[②]

“示范特许状”方案未能解决 19 世纪 70 年代后期特许殖民地银行面临的所有困难。为了应对海外银行业务范围和技术性变化，有两家银行必须立即向议会申请通过议会私法，才能扩大其业务领域。东藩汇理银行于 1884 年开创了先例，它的管理层不得不使用限制性特许状并遵循《公司法》的规定进行重组，来减少造成的损失。此后，英国特许银行、苏格兰特许银行和澳大利亚特许银行（English, Scottish & Australian Chartered Bank）、澳大利亚伦敦特许银行（London Chartered Bank of Australia）和印度特许商业银行（Chartered Mercantile Bank of India）3 家殖民地银行在 1893 年也遵循了同样复杂的程序。[③]

对于那些按照 1826 年《银行法》或 1833 年《银行特许状法》的宣示性条款建立的本土股份制银行来说，19 世纪 70 年代末是一个转折点。1878 年秋天，格拉斯哥市银行（City of Glasgow Bank）的第二次致命性倒闭让国内商业银行震惊，这使人们意识到，无限责任对银行股东是不可接受的。命运多舛的格拉斯哥银行两次被要

① Baster, *Imperial Banks*, pp. 134f; and Hamilton, *Memorandum*.

② Baster, *Imperial Banks*, pp. 135f.

③ Baster, *Imperial Banks*, pp. 130f.

求偿还债务，导致了严重的个人财务困境，以致有些人被迫破产。其他无限责任银行的股东立即援引 1879 年《公司法》有关限定责任的规定，提出法律保护措施，防止因持有股票份额带来的无限责任。在 19 世纪 80 年代早期，有 27 家无限责任股份银行利用了 1879 年《公司法》的预防性规定，到 19 世纪 90 年代，已经基本没有银行按照无限责任的模式运作。

一些教科书将 19 世纪英国银行业日益增长的稳定性归因于股份制银行的兴起以及 19 世纪 60 年代以来分支机构网络的发展。到 1880 年，股份制银行的数量已经增加到 128 家，成为主体。因为从 1884 年以来，只有 160 家私人乡村银行（译者注：这里的“乡村”指的是伦敦大都会区以外的地区），以及伦敦的 40 家私人银行。过了 40 年，私人商业银行几乎消失了，只剩下伦敦大都会区的 12 家和其他地区的 17 家。[①] 尽管国内股份制银行陆续有倒闭的情况，但在 1866 年以后数量没有减少。

股份制银行自 19 世纪中叶以来的稳健发展有多方面原因，但其中不包括国家立法监管的原因，该立法在 1862 年失效。1890 年的巴林危机几乎迫使国家再次立法。这场危机是由一家主要的发行银行券的银行而不是国内股份制商业银行的倒闭造成的。1891 年 1 月下旬，英国财政大臣戈申（Goschen）子爵提出了一项既可以减少公众对金币的使用，又可以建立备份黄金储备的措施。但它从未被提交议会审议通过。鉴于后来发生的事情，他呼吁商业银行持有更多的现金储备，并更频繁地公布其资产负债表信息。[②]

---

① S. Nishimura, *The Decline of Inland Bills of Exchange in the London Money Market* 1855 – 1913 (Cambridge, 1971), table 1, pp. 80 – 81.

② Pressnell, '*Gold Reserves*', pp. 208 – 9.

2. 国家监管中的游说、制度惯性和效率问题：来自意大利、英国和美国破产法和破产程序发展的证据（1870—1939年）

保罗·迪·马蒂诺（Paolo Di Martino）①

分析国家直接干预经济领域的原因和后果是经济史研究中成果颇丰的领域。经济史学家和经济学家对大萧条后国家对企业和银行日益严格的控制、20世纪80年代国家的“撤退”和市场的“复仇”等话题进行了持久而激烈的争论，但对于国家对经济的间接干预作用却关注甚少，特别是关于商业法和商业惯例的规定和执行。经济学的最新发现认为，制度和法律在促进和支持长期经济表现方面发挥了战略性作用，表明需要填补该领域的研究空白。②

破产法和破产程序的演变和影响是最被忽视的主题之一。在19世纪和20世纪对经济领域的制度性监管以及国家是否有能力制定维持经济表现的制度的研究方面，破产立法的发展是非常有趣的历史案例。在此期间，工业、贸易和金融结构的深刻变化迫使政府重新审视原有的破产法并制定新的法律。总体而言，为了应对经济环境中出现的新问题，更宽容的补救措施取代了僵化和惩罚性的立法。③

---

① 我想感谢欧洲银行和金融历史协会年会（里斯本，2006年）的参会者、F. 卡内瓦利（F. Carnevali）和一位匿名人士发表的有用评论。适用一般免责声明。

② R. Laporta, F. Lopez-de-Silanes et al., 'Law and Finance', *Journal of Political Economy*, 106, 6 (1998), pp. 1113-55; and R. Levine, 'The Legal Environment, Banks, and Long-Run Economic Growth', *Journal of Money, Credit and Banking*, 30, 3 (1998), pp. 596-620.

③ 取消债务监禁或放松债权人与债务人之间的友好协议就是这种趋势的例证。有关19至20世纪初欧洲破产法演变的全面分析，参见 J. Sgard, 'Do Legal Origins Matter? The Case of Bankruptcy Laws in Europe 1808-1914', *European Review of Economic History*, 10, 3 (2006), pp. 389-419。

尽管原则和文书的趋同是普遍现象，但各国的立法演变过程并不完全一致。多样性未必体现在各类法律的正式特征中，而是更多地体现在特定制衡因素的使用或推出各类立法的时机上。就各类破产制度的效率而言，这些差异不是中立的。事实上，即使各国基本同意特定程序或规范非常高效，但有些国家仍然未能采用这些程序或规范，或者存在较长时滞。

为什么在“制度的自由市场”中没有出现最高效的规则，至少没有在各个国家同时出现，是经济史学家需要解释的问题之一。实际上，从理论上讲，没有什么能阻止政府复制其他国家的经验并尝试执行最佳规则。但为什么事实并非如此呢？总体而言，难以准确定义“唯一”有效破产立法的特征是各国破产立法无法统一的最直接原因之一。破产法必须处理许多相互冲突的目标，既需要强硬也需要柔和，因此很难确定这两种元素的最佳组合。① 在实践中，情况变得更加复杂，实体经济的结构和信贷市场的运作方式，导致诸如鼓励创业或执行信贷合同等理论问题采取了不同的形式。毫无疑问，要研究各国破产法的演变历史以及差异持续存在的原因，就必须研究国家产业结构特征、不同银行体系特有的运作方式、该国特有的正式和非正式商业规则、商业习惯的出现和演变等问题。然而，即使这些一般性解释能够令人信服，但并不能提供完整的答案，例如无法充分解释为什么有些国家未能采用效率得到一致认可的特定法律手段。

本文旨在通过三个案例来解释这一历史谜题：英国、意大利和美国。本文不会对各案例中破产法的演变进行全面的政治经济学分析，而是着眼于三个具体问题：英国和美国的债务免除制度运作的差异，意大利议员采用英式“官方”管理的破产程序所需要的时间，以及两国的友好债务人—债权人协议（“和解”）之间的差异。

---

① 针对这些问题更加详细的分析，参见 p. di martino，‘approaching Disaster. A Comparison between Personal Bankruptcy Legislation in Italy and England (c. 1880 – 1939)’, *Business History*, 47, 1 (2005), pp. 23 – 43。

我们认为，有两种力量阻碍了“破产立法市场”成为真正的“自由市场”，从而阻碍了最有效解决方案的出现。一个原因是游说团体对制度变革过程的干预，另一个原因是制度变革过程中的“路径依赖”。

本文结构如下：第一部分分析了从大约 1800 年到 20 世纪 30 年代意大利、英国和美国破产法中最重大的差异。第二部分介绍了三个案例中破产立法演变的最重要阶段，分析了游说团体所扮演的角色。第三部分讨论了相同的问题，并探讨了历史事件和路径依赖。第四部分进行总结。

一

在 20 世纪 30 年代，尽管视角不同，但欧美学者对英国破产制度中某些要素的高效性达成了公开和私下的共识。[①] 美国评论员特别强调了英国债务免除机制的优势，间接认可了英国“官方主义”的优势。意大利学者同样认可这些方面，他们还认为，相较于意大利严厉但效率低下的破产法，更为宽松的英式友好和解作为破产清算的一种替代，取得了积极成效。

英国早在 18 世纪初就引入了债务免除制度，经过漫长的试验期后，1914 年的立法改革最终通过对债务人进行筛选并给予“值得”的债务人“重新开始”的机会，将原本的制度转变为支持经济活动的基本工具。“官方主义”是一个较新的制度，当富有争议的改革进程于 1883 年落幕时，“官方主义”事实上意味着个人破产程序的执行在很大程度上取决于“官方接管人”，该接管人是贸易委员会的雇员，而非债权人的代表。在召开破产听证会前，官方接管人负责收集债务人的行为信息，并与债权人同时进行所谓的公开审查。

---

① 特别参见，c. del marmol, *La faillite en Droit Anglo – Saxon. Etude de législation et de jurisprudence faite dans le cadre de la loi anglaise de* 1914（paris et Bruxelles, 1936）, and M. Radin, ‘Discharge in Bankruptcy’, *New York University Law Quarterly Review*, 9, 1（1931）, pp. 39 – 48。

在公开审查会议上，债务人必须在宣誓后回答债权人提出的有关其商业行为、破产原因等问题。如果法院对债权人选择的代表不满意，接管人还负责对破产程序进行实际管理。[①]

美国学者钦佩英国债务免除程序所取得的成果。首先，他们赞赏处理结果的广泛性和多样性，其中包括有条件免除债务和暂缓免除债务。前者是指债务人在清算金额的基础上还必须支付一笔额外款项，确保债权人能够收回更多债务，而后者作为一种纪律手段，理应能够影响债务人的事前行为。在20世纪30年代，根据1898年法律规定，美国的债务免除机制没有将英国多样性的解决方案考虑在内，法官只能基于一套相对严格的标准来准予或拒绝立即免除债务。结果，债务人既不会因暂缓免除债务而受到纪律约束，也不会因有条件免除债务而被迫支付额外款项。此外，美国的制度容易被债务人钻空子，他们很容易就能被准予债务的绝对免除。[②]

英国的制度之所以能够产生更多样的判决结果，并且不容易被债务人钻空子，是因为清晰的立法和准确的信息。“官方主义”通过赋予官方接管人以及公共审查程序更广泛的问讯权，确保了信息的准确性。尽管美国的制度也具备所谓的“官方主义”形式，即法院而非债权人有权批准或拒绝免除债务，但美国法官却未能像英国法官那样掌握丰富的信息。虽然缺乏诸如暂缓免除债务和有条件免除债务之类的工具和法官可获得的信息较少在理论上是两个不同的问题，但实际上这两个问题是一枚硬币的两面。正如博斯科夫（Boshkoff）所说，“在没有官方接管人的情况下，也能建立有条件/暂缓免除债务制度，但不会是同一制度”。[③]

① 有关英国破产法的演变，参见 I. P. H. Duffy, *Bankruptcy and Insolvency in London during the Industrial Revolution* (New York and London, 1985), V. M. Lester, *Victorian Insolvency. Bankruptcy, Imprisonment for Debt, and Company Winding - up in Nineteenth - Century England* (Oxford, 1994), and Di Martino, ‘Approaching Disaster’。

② Radin ‘Discharge in Bankruptcy’, and D. G. Boshkoff, ‘Limited, Conditional, and Suspended Discharge in Anglo - American Bankruptcy Proceedings’, *University of Pennsylvania Law Review*, 131, 1 (1982), pp. 69 - 125.

③ Boshkoff, ‘Limited, Conditional, and Suspended Discharge’, p. 103.

有意思的是，欧洲学者也同意这一观点，但视角是相反的。他们认可英国的制度，因为英国的制度没有许多大陆法中过于保守、惩罚性和偏向债权人的特征，很多大陆法甚至不考虑债务免除这一选项。①

意大利学者还明确表示，英国立法，特别是债务免除制度，能够有效避免由商业不稳定触发的宏观“多米诺骨牌效应”以及随之而来企业和企业家不受控制地破产。②

对英国制度中这一特定要素的赞赏只是其中一方面，关于意大利破产法和破产程序及其作为“重新开始”的工具缺乏有效性的问题还有更全面的批判性观点。就这一点而言，意大利学者既对过于宽松、不受监管的司法外友好协议感到不满③，也对 1903 年出现的过于僵化的司法解决途径（友好和解 concordato preventivo）颇有微词。④

在意大利学者看来，整个制度的灾难性状况应归咎于正式规范的过分僵化以及程序运作的效率低下。一方面破产法缺乏有效工具；另一方面法院被指责尽其所能以最差的方式使用现有工具。学者们认为，这些程序耗时长、成本高、不公平且容易导致腐败。债权人和公共机构之间的权力分配不当是问题的根源。⑤ 矛盾的是，友好和解制度一方面因其形式结构的规定过于严格而饱受批评，另一方面也因其在实践中管理不善、过于宽松而广受指责。⑥ 意大利学者间接地对“官方主义”这一一般原则表示赞赏，将其视为从债权人到中央权力机构的权力再分配方式。最终，意大利朝着这个方

---

① Del marmol, *La Fallite*.

② J. Rezzara, *Il concordato nella storia, nella dottrina, nella giurisprudenza. Studio di diritto commerciale* (Turin, 1901).

③ L. Bolaffio, *Il concordato preventivo secondo le sue tre leggi disciplinatrici* (Turin, 1932).

④ G. Bonelli, *Del Fallimento. Commentario al codice di commercio* (Milan, 1907).

⑤ U. pipia, *Del Fallimento* (Turin, 1932).

⑥ 1930 年，洛可部长注意到“对友好和解缺乏严格的监管”。A. Rocco, ‘Il disegno di legge sul fallimento e sul concordato preventivo’, *Rivista di Diritto Commerciale*, 28 (1930), p. 216 (author’s translation)。

向进行了彻底的改革，程序的管理职责转给了公职人员，或多或少与英国相似。然而，这项改革在 20 世纪 30 年代初才进行，也就是英国引入“官方主义”的半个世纪之后。

通过上述分析能够很明显地看出，英国立法的某些要素，无论是明确的还是作为一种隐含的替代方案，都对美国和意大利学者产生了很大的吸引力。然而，更紧密地模仿英国工具的想法只存在于理论中。美国的制度保留了其倾向于债务人的特点（包括超级宽容、审查宽松的债务免除制度），而意大利最终实行了“官方主义”（尽管在 20 世纪 30 年代才实行），但并未考虑对友好协议进行改革或引入债务免除制度。

次优法律制度的持续存在是一个历史难题。接下来的两部分对此问题提供了两种不完全互斥的解释。

二

从上一部分分析可以看出，法律、规程和制度通常可以在某种“自由市场”中进行互换，因此通过这种“竞争”，理应不存在什么低效的法则。但有另一种观点或许能解释这种现象，那就是事实上存在阻碍这种“市场”运作的因素，并且这些因素强大到足以限制理论上的有利行为。为了解是哪些因素在起阻碍作用，我们必须依托理论来回答一个问题——为什么低效的制度会存在并且长期存在。

研究这个问题的学者大体有两派。一派学者认为，制度演变是由自私、有远见的内部人士（政治企业家）的行为造成的。该派学者在相关文献中提到，低效制度之所以会出现，是因为内部人士只受自身利益的驱动，并不考虑追求宏观经济效率，他们的行为很大程度上受限于扭曲或有瑕疵的学识和演算能力，抑或是这两种问题的结合。[①] 另一派学者认为，制度演变的惯性足以限制（甚至无效

① 其中内容特别参见，D. C. North, *Institutions, Institutional Change and Economic Performance*（Cambridge, 1990）。

化）人为因素。根据这个观点，历史性事件可能会开启制度演变的路径，而且路径一旦确立，便会永久地以此路径发展下去，人为因素在整个进程中发挥的作用很小，甚至根本不会发挥作用（路径依赖理论）。在这种情况下，效率低下的原因并非某个施动者的误算或机会主义，而是制度演变的内在无序性。①

在本部分中，我们将通过观察人为因素的影响来研究意大利、英国和美国破产法演变的最重要的过渡时期。在下一部分中，我们将研究路径依赖作用的影响。

正如我们在上文中强调的那样，非英国评论家主要关注三个要素：健全的债务免除、友好和解的高效使用（和解契约）以及规程的公共性。上述每一个要素都是在英国破产法改革的某个特定阶段出现的：18 世纪初出现债务免除，19 世纪 20 年代有了和解契约，19 世纪 80 年代开始实行"官方主义"。因此，我们的分析研究就从这三个特定时期开始。

债务免除的出现是人类主观意图和特定历史情境相结合的结果。在 18 世纪初，战争和恶劣气候导致了严重的贸易中断，使得许多本性诚实的商人破产，最终不得不逃离英国以避免遭受严重后果。在这种大环境下，议会对仍处于萌芽阶段的债务免除设想进行了立法，使其成为更广泛的临时改革的一部分，以支持那些愿意配合的非欺诈性债务人。议会依据同样的原则对破产法进行了重新设计，最终于 1732 年通过了新破产法。②

然而到了 18 世纪末，由于英国经济结构发生了变化，施行的法

① 特别参见，R. R. Nelson and S. A. Winter, *An Evolutionary Theory of Economic Change* (Cambridge MA, 1982), and P. David, 'Why Are Institutions the "Carriers of History"? Path - dependency and the Evolution of Conventions, Organizations and Institutions', *Structural Change and Economic Dynamics*, 7, 5 (1994), pp. 205 - 20. For a survey on theories of institutional evolution, 参见 A. Greif, *Institutions and the Path to the Modern Economy. Lessons from Medieval Trade* (Cambridge, 2006)。有趣的是，诺斯（North）也使用了路径依赖的概念，在此案例中指的是，由于政治企业家不感兴趣或无法改变制度，使制度被困在效率低下的道路上，但人为因素仍能发挥作用。而大卫（David）所指的路径依赖意味着历史事件触发机械过程的作用更强。

② Duffy, *Bankruptcy and Insolvency*, pp. 10f.

律不再适合当时的经济社会，特别是无法解决由更复杂、风险更高的经济环境导致的破产率上升问题。尽管各类政客提供了大量理论上的解决方案，议会仍花了相当长的时间才最终理解并解决了该问题。当时的议会似乎没有意愿或兴趣继续推进，整个制度化进程受到了阻碍。不过，来自伦敦市的请愿书以及积极的游说活动结束了“议会对法律改革的抵抗”。[①] 1825 年，允许债权债务双方达成友好且规范协议的法案最终获得批准。然而，这只是揭开了 19 世纪 30 年代制度深层变革阶段的序幕。莱斯特（Lester）注意到 1825 年法案的法律条款只是制定了宏观规范，但没有制定执行法律时所需的整套微观法律文书和结构。以布鲁厄姆（Lord Brougham）勋爵为首的来自英国律师协会的那些积极进取的政治企业家们为完善法案竭尽所能，最终于 1831 年引入了“官方主义”的最初形式，即试图将管理权从债权人转移到公共机构。[②] 但在 1869 年，由于商界指责新制度比之前运行速度慢且成本高昂，“官方主义”被暂停。19 世纪 80 年代初，“官方主义”再次被引入，新法律之所以能够获得批准主要是因为两个原因：一是商界大力支持的 1869 年法案在控制费用支出和流程耗时方面表现不佳，因此相关游说团体的力量被严重削弱；二是像约瑟夫·张伯伦（Joseph Chamberlain）、英国贸易委员会员工这样积极进取的政府工作人员也作出了重要贡献。[③]

英国破产制度演变从 1705 年持续到 1883 年。整个演变过程结束时，英国破产法已具备足以令 20 世纪 20 年代至 30 年代非英国法律学者所羡慕的鲜明特征。莱斯特认为“有两类人促成了现有制度：法律界人士和商界人士。在 19 世纪后期，还应该算上政府工作人员。”[④] 就已有证据来说，很难不同意他的观点。在实践中，英国破产立法的整个发展模式是由内部政治企业家群体设计的，其目标

① Duffy, *Bankruptcy and Insolvency*, p. 47.

② Lester, *Victorian Insolvency*, pp. 40 – 59.

③ 有关 1883 年法案通过过程的详细重构，参见 Lester, *VictorianInsolvency*, pp. 170 – 221。

④ Lester, *Victorian Insolvency*, p. 11.

最终与提供高效法案的目标相吻合。公务员的目标是制定公平的规则，而法律界和商界人士即使是出于既得利益的动机，最终也推动了高效法案的实施。总体来说，各利益集团始终朝着同一方向努力，即重新平衡债权人和债务人之间的议价能力以及引入合理的筛选手段。当然也存在例外情况：1825 年法案是商界反抗议会冷漠的胜利，而 1883 年“官方主义”出现的根本原因是公务员对抗商界利益而作出的努力。

总而言之，英国的情况似乎证明了制度演变是由内部人士的行动所造成的，导致效率低下的原因是“有限理性”。然而，在下一部分中我们将看到，并非所有英国制度的形成都直接与某些施压群体的所作所为有关。

在分析这个问题之前，我们有必要研究一下为什么其他国家没有效仿英国模式，尤其要研究对此有多少责任该归咎于政治企业家的行为。先从美国开始，故事的重点是 1898 年新国家破产法的出台。[①] 与之前的许多法律不同，这部破产法实施了很长一段时间，一直到 20 世纪 30 年代仍然是个人破产与否的参照标准。1898 年破产法是一个具有基础性意义的里程碑，因为它建立的美国债务免除制度首次打破了英国传统制度。[②] 首先，虽然先前的法律考虑了准予有条件免除债务和暂缓免除债务的可能性，但新法案完全不予考虑。其次，1883 年英国破产法允许对债务人行为开展正式调查以及类似的公开审查，但此类规定在美国立法中也不存在。换言之，美国债务免除制度中的所有问题都源于 1898 年破产法，所以我们必须分析这部法律的批准过程，以理解相对低效的制度存在的原因。现有观点强调，该法是在一个非常有利于债务人的环境中酝酿而成的。例如，博什科夫（Boshkoff）认为，之所以没有暂缓免除债务和有条件免除债务的条款，是

① 联邦破产法存在于 1880 年至 1883 年、1841 年至 1843 年以及 1867 年至 1878 年。参见 C. J. Tabb, ‘The History of Bankruptcy Laws in the United States’, *American Bankruptcy Institute Law Review*, 3, 1 (1995), pp. 5 –51。

② C. J. Tabb, ‘The Historical Evolution of the Bankruptcy Discharge’, *AmericanBankruptcy Law Journal*, 65 (1991), pp. 325 –71; and Boshkoff, ‘Limited, Conditional, andSuspended Discharge’.

因为当时正处于债务人主导的环境中，债权人想要使国家破产法获得批准就必须作出妥协，甚至认为债权人在 1898 年“放弃有条件债务免除原则后也没有感到丝毫遗憾。”[①]同样，斯凯尔（Skeel）认为，1898 年法案之所以没有像英国制度那样涵盖对债务人行为进行调查的规定，是因为债权人议价能力低。[②] 如果说立法偏向债务人的特点是解释法律局限性的关键，那么理解这一特点的来源就变得非常重要。一般观点认为，美国破产法是经济受到冲击时的产物，在那种环境下，免除债务人的责任比保护债权人的权利更为紧迫。1898 年的法律正是如此，它是在 1893 年危机后通过的。此外，在该法律获得批准时，为处理公司破产而设计的法律文书本质上就偏向债务人，这已经有助于创造一种有利于债务人的文化环境。[③] 乍一看，一种根据路径依赖理论来解释的观点呼之欲出，那就是 1898 年法律偏向债务人的特点是始于历史事件，并按照既定趋势发展的结果。然而，“1898 年破产法有利于债务人的特征源于 19 世纪 90 年代危机所产生的冲击或源于一种文化因素的持续存在”这一观点在目前的辩论中未得到充分支持。[④] 例如，斯凯尔就认为，危机即使对立法产生了影响，也只是加剧了对全国性立法的需求，与形成有利于债务人的特征毫无关系。其特征的形成完全源于偏向债务人的游说

---

① Boshkoff, ‘Limited, Conditional, and Suspended Discharge’, p. 110.

② D. A. J. Skeel, *Debt's Dominion. A History of Bankruptcy Law in America* (Princeton, 2001).

③ 虽然全国性法律尚未出台，但在 19 世纪 80 年代，铁路公司的倒闭浪潮冲击了美国经济。当时，各利益集团竞相为这一问题提供制度性解决方案。毫无意外的是，债权人推动公司的清算，而债务人则希望筹集新资金使企业得以继续运作。这两种力量在很大程度上是平衡的，但争端是通过政府干预解决的。为应对政府压力，法院批准了新的信贷合同，这些合同实际上对债务人有利，因为不允许进行公司清算。参见 P. Tufano, ‘Business Failure, Judicial Intervention, and Financial Innovation. Restructuring US Railroads in the Nineteenth Century’, *Business History Review*, 71, 1 (1997), pp. 1 -40。

④ E. 伯格洛夫（E. Berglof）和 H. 罗森塔尔（H. Rosenthal）认为，1893 年的经济危机是促使这项法律获得批准的根本动力。参见 E. Berglof and H. Rosenthal, The Political Economy of American Bankruptcy. The Evidence from Roll Call Voting, 1800 - 1978, Mimeo, Princeton University (1998). 不过，汉森（Hansen）淡化了经济冲击的影响。参见 B. Hansen, ‘Commercial Associations and the Creation of aNational Economy. The Demand for Federal Bankruptcy Law’, *Business History Review*, 72, 1 (1998), pp. 86 -113。

团体比偏向债权人的游说团体拥有更强大的议价能力。[1]

在 20 世纪 30 年代，有人试图纠正 1898 年破产法的不平衡性，特别是重新引入某些形式的有条件债务免除。然而，由于经济萧条已经出现，破产案件不断增多，“债权人的时机不好”，[2] 导致该纠正计划失败。

根据这一分析，法律偏向债务人的特点是由政治企业家的行为造成的，效率低下是宏观目标与具体利益不匹配的结果。然而，还有另一种基于路径依赖的不同解释，我们将在下一部分进行讨论。

在意大利，1882 年商法典出台后，破产法[3]面临两次大变革：第一次是在 1903 年，友好和解制度的出台；第二次是在 20 世纪 30 年代，意大利版本的“官方主义”开始实施。前者的出现是因为政策制定者和学者逐渐意识到没有其他合适的方法来替代公司清算制度，于是引入了友好和解制度。然而，当时的官方破产制度是以对公司进行清算为主，而非让这些公司持续经营。在这种破产制度下，友好和解制度从未成为可靠的替代方案。此外，意大利法律规定了特别严格的实施条件，导致这一制度几乎没有有效实施，[4] 并且其使用率仍远低于英国同类制度。[5]“官方主义”的引入则要归功于洛可（Rocco）部长的努力，他在法西斯政权支持下试图建立自主的立法环境是制度变革背后最重要的力量。

因此，上述两种情况都表明政治企业家在立法方面发挥了根本性的作用。然而，引入“官方主义”滞后的原因可以归咎于政治企业家缺乏合适的环境去作正确的决定，但就友好和解方面的局限性而言，需要有其他解释。

---

① Skeel, *Debt's Dominion*, pp. 23 –43.

② Tabb, ‘*History of Bankruptcy Laws*’, p. 27.

③ 在意大利，个人破产和公司破产没有区别。

④ 为了达成友好和解，意大利债务人必须保证支付 40% 的无担保债务；而在英国，这一比例仅为 25% 。Di Martino, ‘Approaching Disaster’。

⑤ 数据可在 Di Martino, ‘Approaching Disaster’ 中查询。

三

从广义上说，路径依赖指的是过去所作的决定会影响现有的可能选择。这一观点适用于所有可能的经济决策，例如采用不同的技术、关于替代消费选择的决定等。在实践中，经济主体并不能完全自由地根据给定的效用函数进行选择，因为过去所作的决定限制了当前可能性的范围，减少了可能的替代方案或使这些方案的实施代价过于昂贵。这通常会导致一个次优的决定，如大卫（David）[①] 分析的著名例子，但并非一定如此。

路径依赖效应有助于解释意大利和美国破产法较之英国破产法的相对低效。某一制度执行（或不执行）可能是过去所作决定遗留下来的结果。具体而言，某一特定制度的存在（已经生效的法律、法院系统的运作等）可能限制了立法者的行为并减少了引入替代制度的可能性。作为非正式制度环境的组成部分，特殊文化元素可以被列入能够限制政治企业家行为的要素清单。

路径依赖的定义有助于解释意大利立法的特点及其某些缺陷，特别是无法提供有效的清算替代办法。实际上，这一问题表现在缺乏债务免除机制，以及申请友好和解的条件特别严格。这两点共同表明，意大利对破产和无力偿债问题的看法相对更为苛刻。在其他可能的解释中，可以简单地认为意大利立法者比英国立法者更不容易摆脱反感债务人的道德偏见。这个问题的证据可以参见当代意大利律师和立法者在讨论诸如使友好和解变得更容易等问题时的观点。在20世纪30年代之前，学者和政治家认可英国法律宽容的优点，但同时坚定地认为，在意大利，这种柔和的处理方法将适得其反。然而，这一立场并不是通过深入分析这两种经济制度的运作方式得出的，而是基于意大利贸易商所谓的低劣的道德品质（相比于

① P. A. David, 'Clio and the Economics of QWERTY', *American Economic Review*, 7, 2 (1985), pp. 332-6.

理想化、进步且诚实的盎格鲁-撒克逊商人）或对债务人普遍的道德反感。例如，律师维万特（Vivante）认为，英国立法促进了友好的债务人-债权人和解，这一点是合理的，因为盎格鲁-撒克逊人是“诚实和强大的”，而意大利的环境是“道德懈怠的”。[①] 1897 年，詹图尔科（Gianturco）部长就更容易和解的可能性表达其负面观点时说道：“对债务人的同情……对公众利益是病态和有害的。”[②]

如果问题在于道德偏见，这当然具有路径依赖的本质。根据不同学者的看法，《拿破仑法典》的影响是塑造意大利律师和立法者方法和心理状态的根本，它甚至比中世纪的法律更严格并且更偏向于债权人。[③] 换句话说，《拿破仑法典》对 19 世纪 60 年代和 80 年代意大利法律产生了强大影响，从而形成和保留了关于债务和破产的特别严格和惩罚性的观念。

路径依赖也有助于理解美国情况的特殊性。在上一部分中，我们强调了主流观点是如何看待不同议价能力的政治企业家塑造法律结构的力量。然而，另一种观点认为，在 1898 年破产法被批准时，它根本不是一项有利于债务人的立法，而是一项支持债权人的立法。这就解释了为什么程序的管理仍然掌握在债权人手中，而“官方主义”虽然在加拿大被采纳并在法律替代草案中被提出，但美国立法并没有仔细考虑这一点，对债务免除管理的准确性产生了负面影响。换句话说，“具有讽刺意味的是，债务免除的便利性直接产生于债权人控制的制度”。[④] 根据同一观点，在之后一段时期，该法

① C. Vivante, ‘Il fallimento civile’, in P. Ascoli et al. (eds), Il codice di commercio commentato (Turin, 1909), p. 327.

② G. Bonelli, Del Fallimento. Commentario al codice di commercio (Milan, 1907 - 09), p. 22.

③ Di Martino, ‘Approaching Disaster’.

④ B. A. Hansen and M. E. Hansen, The Role of Path - dependency in the Development of US Bankruptcy Law, 1880 - 1938, American University, Department of Economic Working Paper Series, 2005, p. 20.

律才逐渐偏向债务人，而这在很大程度上是因为路径依赖。① 在 20 世纪 30 年代，同样的力量导致难以重新引入对债务免除机制的限制。此时，上述观点与认为 1898 年破产法从一开始就有利于债务人的观点终于达成一致，即认为 20 世纪 30 年代试图改变这一法律的尝试被债务人的力量所挫败。

在英国，债务免除选项及其演变成支持创业有效工具的过程，是另一个表明路径依赖对制定破产法产生影响的例子。债务免除是在 18 世纪作为促使债务人合作的手段被引入英国的，并作为英国法律的一部分随后被引入美国。在 19 世纪 80 年代，英国债务免除程序受到英国法律中发生的更为普遍的变化影响，特别是“官方主义”的引入。这意味着，债务免除的管理同样获益于新法律中准确性提高、腐败减少的普遍特点。特别是，官方接管人会对破产人的活动进行独立调查并向法官提供资料，以便其就债务免除申请作出决定。正是宽容（债务免除本身的存在）与严格（典型的“官方主义”）的结合使这种制度受到了 20 世纪 30 年代学者的称赞，其主要优势是支持创业。然而，这种结合是历史发展的结果。19 世纪 80 年代的法律改革者完全没想过该法律能够鼓励企业家冒险。莱斯特（Lester）在这方面坚定不移地声称：“维多利亚时代的人根本没考虑过更严格的破产法可能会对企业家承担风险的意愿产生不利影响……这个问题从未被公开讨论过。”② 塔布（Tabb）提出了相似的观点，他认为，1705 年的法律根本不是有利于债务人的法律体系。③ 如此看来，是路径依赖“创造了”效率：在 19 世纪 80 年代之后，一个已经存在的工具（债务免除）被证明是解决一种问题（支持创业）的最佳实践方案，尽管这并不是当初政策工具被采用的原因。

① Hansen and Hansen, Role of Path - dependency, p. 23. 必须指出的是，来自利益集团的游说力量对该法案获得批准后不再改变其结构感兴趣，这是依赖路径的要素之一。这种解释更符合诺斯（North）使用的路径依赖的概念，而不是大卫（David）。

② Lester, *Victorian Insolvency*, p. 3.

③ Tabb, ‘History of Bankruptcy Laws’, p. 110.

四

破产和无力偿债法律及程序的规定是政府间接干预经济领域政策措施的一个基本组成部分。在 19—20 世纪，这些机制在西方世界发生了巨大变化。尽管某些原则普遍趋同，但在 19 世纪 80 年代到 20 世纪 30 年代，法律体系并非完全同质，相对程度的效率低下仍然存在。

本文对低效监管的存在提供了两种解释。一方面，政治企业家，即具有前瞻性的行为主体，在破产立法的演变中发挥了重大作用，在某些情况下，他们的行动并非出于寻求宏观效率，或是受到有限理性的限制。另一方面，制度发展并不完全受政治企业家的控制，历史事件和锁定效应也在起作用，制度低效或高效就是在新旧制度不可预测的融合中产生的。

这一结果对当代问题有一些政策影响。即使在今天，各国的立法仍然存在着巨大差异，关于如何协调各国立法以便提供最佳的法律工具，也存在着激烈的辩论。以史为鉴，本章说明限制利益相关的游说团体对制度变革过程的影响是必要但不充分的。破产立法是一个复杂制度矩阵的一部分，它既涉及正式要素，如法院裁决在制定法律方面的作用和公共机构参与立法程序，也涉及非正式的、无形的文化因素。因此，协调现代破产法和寻求有效解决办法也需要建立更广泛的制度支持。这对现代政策制定者来说可能是一项非常艰巨的任务。

3. 监管与治理：美国金融体系发展史的一般性视角

尤金·N. 怀特（Eugene N. White）

是什么构成了美国金融监管的发展轨迹？在本文中，我认为推动监管发展的根本动力是生产力的高速增长，而不是周期性的危机。如果把金融体系视为主要的信息提供者，而非货币流动性或者是金融多样性的提供者，就可以在时间上和方向上更加精准地明确监管的发展路径。20 世纪前 30 年和 20 世纪 90 年代两次生产力加速，激发了金融需求，加剧了金融部门面临的信息不对称问题。市场通过创新提供解决方案来应对信息不对称的挑战，再通过商业周期波动检验机构治理和市场对借款人进行适当筛选和监督的能力。现有法规通常限制了创新，而这些限制被过分强调，从而导致新法规的产生。新法规是正确地解决了问题，还是被利益集团所劫持，取决于生产力激增打破政治平衡的程度。

关于政府要干预市场的理由，最被广泛接受的是乔治·斯蒂格勒（George Stigler）1971 年在一篇文章中提出的监管经济学理论。[①] 虽然该模型可有效分析现有监管行为，但在加强监管和放松监管的时机方面只提供了有限预测。[②] 在监管经济学基本模型中，立法者通过立法确保连任，以寻求自身利益最大化。政客为能提供最佳选举资源的寻租团体提供监管服务，寻租团体向政客提供资源的能力

---

① G. J. Stigler, 'The Theory of Economic Regulation', *Bell Journal of Economics and Management Science*, 2, 1 (1971), pp. 3 - 21.

② S. Peltzman, The Economic Theory of Regulation after a Decade of Deregulation, *Brookings Papers in Economic Activity*, *Special Issue*: *Microeconomics*, 1989, pp. 1 - 59.

取决于其面临的信息和组织成本。寻租团体越小，“搭便车”机会越少；团体成员平均投入越高，越有利于团结一致。监管制度建立后，政客将随着需求或成本变化而改变法规，以寻求在受监管领域保持政治上的最优租金分配。

萨姆·佩尔兹曼（Sam Peltzman）在他具有广泛影响力的调查中认为，当大量财富减少导致潜在政治收益受损，或者受监管的均衡与竞争性均衡之间的差距缩小到几乎没有租金可供捕获和分配时，监管可能会被废除。[①] 针对这一点，我认为应该作相应补充：因为长期增长的生产力创造了潜在的租金来源，所以促进财富增长也十分重要。对于金融业而言，生产力繁荣的关键特征在于催生出了新行业，在这些新行业中筛选和监管公司变得日益困难，从而对原有金融机构和金融技术构成了挑战。

生产力的提高不仅给金融机构和市场带来了新的问题，也给最终投资者带来了新的问题。在没有金融中介的情况下，放贷人必须直接确定借款人是否有能力偿还资金，并在事后对其进行监督，以防止逆向选择风险和道德风险。金融机构有助于解决这些问题，因为其专门收集各类信息，同时受益于规模经济可以降低成本。一般来说，如果信息获取和传播成本不高，市场可能在各种代理人的协助下承担中介职能；但如果信息获取和传播成本很高，需要长期投资，那么金融机构更可能承担中介职能。由于利益冲突，最终贷款人现在将面临在市场中监督金融机构和代理人的问题。鉴于这种信息密集型业务的性质，利益冲突在金融系统中十分普遍。最常见的产生利益冲突的原因是：（1）金融服务提供商有多条业务线，有动机牺牲一条业务线来使另一条业务线获利；（2）管理层可能牺牲金融中介来从中获益。[②] 因此，正确调整激励措施对有效治理至关重要。

---

① Peltzman, *Economic Theory*.

② A. Crockett, T. Harris, F. Mishkin, and E. N. White, *Conflicts of Interest in the financial Services Industry. What Should We Do About Them*?（London, 2004）.

生产力激增导致金融体系将面临越来越严重的信息不对称，从而增加了利用冲突的机会，且生产力创造的额外财富增加了这种做法的诱惑力。在此种情况下，一旦商业周期处于衰退阶段，市场受到冲击陷入恐慌或股市崩盘，金融体系在识别偿还能力较弱的借款人和控制滥用利益冲突方面失效的问题将被凸显。如果叠加生产力波动的结果，传统的监管经济理论有助于更好地解释监管摇摆和去监管。

生产力增长的长期波动

实际上，所有的研究都将监管归因于政府对商业周期冲击的反应，包括意外的通货膨胀、通货紧缩、战争，甚至经济的相对开放。[①] 银行业恐慌和股市崩盘往往成为人们关注的焦点，被忽略的是生产力增长的长期波动。周期性因素固然重要，但从长期来看，正是金融业为适应经济结构和经济增长的转变而作出的成功或不成功的努力，才引起监管机构的反应。

本文将生产力和经济增长视为推动金融体系发展的主要外生因素。然而，众所周知，两者互为因果。当前的研究纠正了现代增长理论对金融的忽视，证实金融发展是增长的关键因素。国际面板数据的经验证据表明，发达的银行体系和股票市场是刺激经济增长的外生因素。[②] 最近的历史研究表明，美国的经济增长最开始是由金融中介机构和市场的形成所驱动的。[③] 此外，理查德 · E. 希拉

① R. G. Rajan and L. Zingales, 'The Great Reversals. The Politics of Financial Development in the Twentieth Century', *Journal of Financial Economics*, 69, 1 (2003), pp. 5 –50.

② R. King and R. Levine, 'Finance and Growth. Schumpeter Might Be Right', *Quarterly Journal of Economics*, 108, 3 (1993), pp. 717 –37; R. Levine and S. Zervos, 'Stock Markets, Banks, and Economic Growth', *American Economic Review*, 88, 3 (1998), pp. 537 –8.

③ P. Rousseau and R. E. Sylla, 'Emerging Financial Markets and Early US Growth', Explorations in Economic History, 42, 1 (2005), pp. 1 –26; H. Bodenhorn, *A History of Banking in Antebellum America. Financial Markets and Economic Development in an Era of Nation – Building* (Cambridge, 2000).

(Richard E. Sylla) 声称，从英国独立出来使美国能够设计一个更优的金融体系，并实施促进经济发展的政策。①

纵观整个20世纪，生产力增长经历了两次长期的向上波动，但在20世纪中叶出现了一次放缓。第一次上升始于19世纪末，主要是由劳动力投入的增加所推动的。② 尽管存在周期性波动，但增长相对稳定，1800—1840年的实际GDP增长至3.92%，1840—1900年为4.10%。劳动力投入分别占这一增长的54%和45%。然而，以全要素生产率衡量的资本投入和技术变革在后一时期变得更加重要，分别从29%和10%上升到35%和18%。因此，19世纪末和20世纪初的增长逐渐变为通过资本密集和技术来驱动。

经济的快速增长一直持续到20世纪，罗伯特·戈登（Robert Gordon）计算出1870—1913年的产出增长率为4.42%。③ 摩西·阿布拉莫维茨（Moses Abramovitz）和保罗·大卫（Paul David）将第一波生产力增长的高峰期定为1929—1948年，罗伯特·戈登（Robert Gordon）定为1928—1950年。④ 在1890—1927年，前者发现人均产出主要（70%）由全要素生产率驱动，其次是由资本密集度驱动（27%）。然而，亚历克斯·菲尔德（Alex Field）强调，这一峰值不应与第二次世界大战期间生产力的任何提高相联系。⑤ 在仔细分析这些数据时，他发现，实际上是在20世纪30年代，非农业部

① R. E. Sylla, 'U. S. Securities Markets and the Banking System, 1790 - 1840', *Federal Reserve Bank of St Louis Review* (May/June, 1998), pp. 83 - 98; R. E. Sylla, Comparing the UK and US Financial Systems, 1790 - 1830, mimeo, April 2006.

② r. e. Gallman, 'economic Growth and Structural change in the long nineteenth Century', in S. Engerman and R. E. Gallman, *The Cambridge Economic History of the United States* (Cambridge, 2000), vol. 2, pp. 1 - 56.

③ Gallman, 'Economic Growth'.

④ M. Abramovitz and P. A. David, 'Growth in the Era of Knowledge - Based Progress', in S. engerman and r. e. Gallman, *The Cambridge Economic History of the United States*, vol. 3 (Cambridge, 2000), pp. 1 - 98; and R. J. Gordon, 'Does the "New Economy" Measure up to the Great Inventions of the Past?', Journal of Economic Perspectives, 14, 4 (2000), pp. 49 - 74.

⑤ A. J. Field, 'technical change and uS economic Growth. the interwar period and the 1990s', in P. W. Rhode and G. Toniolo, The Global Economy in the 1990s. A Long - run Perspective (Cambridge, 2006), pp. 89 - 117.

门的生产力达到了顶峰，全要素生产率从1919—1929年的2.02%上升到1929—1941年的2.31%。

第二次世界大战后，尽管人力资本和工时有所增加，但生产力增长的长期下降最终还是压低了经济增长。戈登（Gordon）的数据显示，1950—1964年生产力增长率降至1.47%，1972—1979年降至最低点0.16%。尽管后期生产力开始缓慢上升，但直到20世纪90年代才变得明显，到1995—1999年，全要素生产率达到1.79%。由于这段时间太短，所以很难对这一时期的趋势作出任何估计。菲尔德（Field）估计1995—2000年全要素生产率年均增长率仅仅为1.14%，虽然最近的研究证实全要素生产率的增长率是在不断提高的。

这两个时期生产力能够上升的核心因素都是“通用”技术的到来。[①] 这些技术并不局限于一个狭窄的行业或一个问题，它们具有以下特征：（1）传播到大多数行业；（2）随着时间的推移不断改进；（3）产生许多新产品或新流程。彼得·卢梭（Peter Rousseau）证明了20世纪上半叶的电力行业和20世纪最后25年的计算机行业都具有这些特征。[②] 此外，因为新公司不会受到旧技术沉没成本和旧公司特定资本的阻碍，所以更容易采用新技术，理应兴起一波新的上市浪潮。卢梭发现，1895—1929年以及1977年之后，IPO价值占据了总投资的主要份额，这期间也与采用通用技术的时间相符。除了电力行业和计算机行业之外，有人认为内燃机和化学工业的通用技术有助于推动20世纪上半叶的增长，而生物技术也同样促进了20世纪90年代的繁荣。

有两个时期的生产力增长非常快。第一次是在19世纪末，在第二次世界大战前达到顶峰，第二次始于不晚于20世纪最后10年。由

① T. F. Bresnahan and M. Trajtenberg, ‘General Purpose Technologies. Engines of Growth?’, *Journal of Econometrics*, 65, 1 (1995), pp. 83 – 108.

② P. L. Rousseau, ‘General – purpose Technologies. Then and now’, in P. W. Rhode and G. toniolo, *The Global Economy in the* 1990. *A Long – run Perspective* (Cambridge, 2006), pp. 118 – 38.

于经济增长更加迅速，新公司需要新的融资，这些繁荣对金融体系提出了非同寻常的要求。金融体系因此发生重大变化，危机和丑闻的出现进一步凸显了金融体系的缺陷，从而引发监管机构作出反应。

19 世纪的遗产

20 世纪美国的金融体系继承了 19 世纪金融体系的优点，已经可以很好地满足国家的融资需求。其结构是由金融技术以及州和联邦的干预共同决定的。美国银行业的主要结构特征是狭义的单元制商业银行占主导地位。

商业银行是最主要的金融机构，在 1880 年，商业银行资产占所有金融中介机构总资产的 63% 。如果将占总资产 23% 的共同储蓄银行计算在内，银行拥有 86% 的资产。[①] 商业银行和共同储蓄银行都在狭义的业务范围内提供流动性和多样化的服务，它们通过以长期资产组合为支撑的活期存款和储蓄存款向储户提供流动性，长期资产组合的构成主要是商业银行的短期商业贷款和储蓄银行的建筑和住房贷款。在接下来的 20 年里，这种情况几乎没有变化，到 1900 年，商业银行仍拥有 63% 的资产，储蓄银行则下滑至 15% 。[②]

继承自 19 世纪中叶的监管体系到了 1914 年都几乎没有变化。1864 年的《国家银行法》（*The National Banking Act*）定义了银行业的基本特征。根据内战前各州的自由银行法，1864 年《国家银行法》允许在满足最低要求的基础上自由进入。联邦特许银行与州特许银行开展竞争。州监管机构放松监管，促使银行倾向于获得州特许而非联邦特许，得益于这种双重监管体系的“宽松竞争”，进入银行业十分容易。因此，开设一家银行所需的最低资本金相当少。

① E. N. White, ‘Were Banks Special Intermediaries in Late Nineteenth Century America?’, *Federal Reserve Bank of St. Louis Review* (May/June 1998), pp. 13 – 32.

② E. N. White, ‘Banking and Finance in the Twentieth Century’, in S. L. Engerman and R. E. Gallman, *The Cambridge Economic History of the United States*, vol. 3 (Cambridge, 2000), pp. 743 – 802.

加上联邦和州政府都禁止银行开办分支机构，形成了数以千计的小型银行，从1880年的2696家增加到1900年的8100家，最后到1914年的22030家。[①]

以美国债券为支撑的国家银行券形式建立统一的货币，是内战立法的核心内容，但随着储蓄银行的出现，这种情况逐渐被改变。不区分活期存款和定期存款的高准备金率，限制了银行的揽储能力，因为银行的负债主要为活期存款。以真实票据学说为指导，受制于州和联邦法律的规定，以及银行实践经验，商业银行不得不将资产负债表中的资产部分投向短期商业贷款。实践中，许多贷款被银行家展期，但造成的期限错配很有限。

直到1870年，典型的美国制造业公司规模仍相对较小，对固定资本和营运资本要求都不高。例如，就附加值而言，企业的最低有效规模在棉纺产品行业，为12.8万美元，其次是大钢铁厂和女帽制造厂，为6.4万美元。[②] 麦考密克（McCormick）农业机械公司是当时一家大型公司，其附加值为40.7万美元。这个规模相对较小的美国制造业对资金的需求是什么？兰斯·戴维斯（Lance Davis）对新英格兰（New England）的研究发现，贷款规模从68美元到50000美元不等。[③] 1879年的另一项研究发现，纽约和芝加哥的平均贷款规模分别为3962美元和2224美元。[④] 监管对国家银行向每家企业发放的贷款限制在资本的10%，州特许银行也有类似的限制。1900年，共有3731家国家银行，包括实收资本和盈余公积在内，总资本为10亿美元。普通银行总实收资本和盈余公积为272000美元。即使全部为实收资本，最大贷款规模也会是27000美元，但考虑到盈余公积的重要性，更可能是

① E. N. White, *The Regulation and Reform of the American Banking System*, 1900－1929 (Princeton, 1983).

② J. Atack, 'Industrial Structure and the Emergence of the Modern Industrial Corporation', *Explorations in Economic History*, 22, 1 (1985), pp. 29－55.

③ L. E. Davis, 'The New England Textile Mills and Capital Markets. A Study of Industrial Borrowing, 1840－1860', *Journal of Economic History*, 20, 1 (1960), pp. 1－43.

④ J. A. James, *Money and Capital Markets in Postbellum America* (Princeton, 1978).

盈余公积占了大约一半。1900年末，考虑到数量较多的州立银行规模较小，一般银行无法提供超过1万美元的贷款。

在这种环境下，这些银行在中介机构中的主导地位可归因于现代理论所描述的“特殊”特征。[①] 即使在今天，尽管许多其他中介机构提供交易服务和多样化的投资组合，但储户还是委托银行来筛选和监控借款人，因为市场仍无法做到这一点。银行与个人借款人建立关系，获取非市场信息，并通过其在银行内的交易和契约执行对其进行监测。因此，银行是解决重要的信息不对称、筛选和监控借款人的核心。在19世纪，信息不对称的现象更加严重，很少有公司能够直接进入金融市场。

虽然货币市场和资本市场在19世纪迅速发展，但大多数企业规模相对较小，很难产生和传递信息，从而催生出可交易资产。会计业和金融信息业都不发达。会计学尚处于起步阶段，几乎没有什么标准，美国第一个职业会计师协会于1887年在纽约成立。[②] 以邓氏公司（R. G. Dun and company）为代表的一些信贷机构，它们出具的报告通常是基于律师和其他商人对公司价值的估计，提供的信息是关于公司所有人的特征，而不是财务报表。[③]

在这个世界上，银行家的专业知识至关重要。银行通过与客户建立长期关系，亲自监督业务，减少了借款人和贷款人之间的基本信息不对称。因此，贷款通常被称为“信用贷款”。银行家们确实购买了商业票据，但当局建议他们只接受由富有和信誉良好的人进行背书的票据，或是有充足抵押品的票据。银行的员工规模很小。令人吃惊的是，第一批信贷部门最早出现在19世纪80年代末，只是发展很缓慢。到1899年，纽约只有10家银行设有正规的信贷部门。[④]

---

① S. Bhattacharya and A. Thakor, ‘Contemporary Banking Theory’, *Journal of Financial Intermediation*, 3, 1 (1993), pp. 2-50.

② Crockett et al., *Conflicts of Interest*, Chapter 3.

③ N. Lamoreaux, *Insider Lending. Banks, Personal Connections, and Economic Development in Industrial New England* (Cambridge, 1994).

④ White, *Regulation and Reform.*

由于缺乏一个具有完善的借款人信息的市场，银行只能通过筛选潜在的借款人并监测其信贷对象来提供服务。然而，同样的信息不对称使银行的利益相关者难以监督银行的管理。大多数银行，即使是相当大的银行，其管理水平相对较低。银行股票的市场很小，而且往往不存在。人们对 1913 年前银行所有权的实际结构知之甚少，但假设大多数银行的所有权都是高度集中的，这将减少搭便车效应。然而，似乎因为担心股票持有人不给予足够关注，联邦和许多州的法律规定了双重责任：如果一家银行倒闭，股东不仅会失去最初的投资，而且还会被迫提供与其股票面值相等的资金。银行券以美国国债为支撑，因此银行券持有人受到了百分之百的保护，但他们的负债在银行总负债中占比不断下降。存款人没有这种保护，除了准备金要求和资本金要求这一非常有限的补救措施，他们只能通过公布的有限的资产负债表，或许还有传闻来监控银行表现。

城市银行有另一个级别的监控。清算所要求银行每周提交信息，证明它们能够收回用于清算支票的资金。每周审计发现问题将引发警报，并可能引发银行挤兑。取款和挤兑是存款人的惩罚性手段。高准备金，即超额准备金是银行体现其流动性的一种手段，而高资本和盈余比率则体现其偿付能力。国家和州银行审查员的政府监督对上述的市场机制作了进一步补充，他们的工作主要集中在确保银行账目是否正确，而不是其资产是否稳健。① 与清算所相比，他们对银行的检查不频繁，导致他们对银行的监管能力很弱。

由单一制银行主导的结构分散的美国银行体系，并没有阻止统一货币和资本市场的形成。代理银行制度和商业票据承销制度有助于将这一系统联系在一起，从而逐步实现利率均衡。② 然而，连接

---

① R. Robertson, The Comptroller and Bank Supervision. A Historical Appraisal (Washington DC, 1968).

② L. Davis, 'The Investment Market, 1870 - 1914. The Evolution of a National Market', *Journal of Economic History*, 25, 3 (1965), pp. 355 - 99; H. Bodenhorn, 'The More Perfect Union. Regional Interest Rates in the United States 1880 - 1960', in M. D. Bordo and r. e. Sylla, *Anglo - American Finance* (New York, 1995), pp. 415 - 54.

了数千家未能贷款多样化的小银行而形成的储备和资产负债的金字塔结构使金融体系格外容易受到冲击。杰弗里·米隆（Jeffrey Miron）记录了季节性信贷需求的增加是如何推高利率和增加银行业恐慌的可能性的。① 频繁的挤兑和恐慌被视为金融体系的主要弱点之一。然而，尽管金融体系明显易受冲击，但银行受到了相对良好的保护。银行券持有人从未遭受损失；得益于股东的双倍责任和较高的资本资产比率，存款人遭受的损失也相对较小。②

人们倾向于认为，金融体系在宏观层面相对脆弱，但在微观层面却相对稳健。当时，最后贷款人——一个能够注入紧急流动性的央行——是缺失的。然而，即使市场不能提供一个完全的私人替代品，它也对这个问题作出了回应。清算所设计了一种临时形式的高能货币——清算所贷款证书，可用于银行间结算，减少了全系统暂停支付的频率。③

总的来说，美国的银行体系与其他体系相比还是令人满意的。迈克尔·博尔多（Michael Bordo）、安吉拉·雷迪什（Angela Redish）和休·罗克夫（Hugh Rockoff）对比了美国与加拿大的金融体系后发现，加拿大的经济结构与美国相似，但其银行的分支机构遍布全国，进入门槛也相对过高，人们批评这样的银行体系有寡头垄断的嫌疑。④ 可以追溯的数据显示两国贷款利率大致相同，不过加拿大的存款利率略高，但关键区别在于，加拿大银行可以通过杠杆获取更高的回报率，因为银行的分支机构能够提高存贷款多样化的

① J. Miron ‘Financial panics, the Seasonality of the nominal interest rate and the Founding of the Fed’, *American Economic Review*, 76, 1 (1986), pp. 125 –40.

② C. A. Calomiris and E. N. White, ‘The Origins of Federal Deposit Insurance,’ in c. Goldin and G. D. Libecap (eds), *The Regulated Economy. A Historical Approach to Political Economy* (Cambridge, 1994), pp. 145 –88.

③ M. Friedman and A. J. Schwartz, *A Monetary History of the United States*, 1863 – 1960 (Princeton, 1963); G. Gary and D. Mullineaux, ‘The Joint Production of Confidence. Endogenous Regulation and Nineteenth Century Commercial – bank Clearinghouses,’ *Journal of Money Credit and Banking*, 19, 4 (1987), pp. 457 –68.

④ M. D. Bordo, H. Rockoff and A. Redish, ‘The US Banking System From a Northern Exposure. Stability versus Efficiency,’ *Journal of Economic History*, 54, 2 (1994), pp. 325 –57.

程度。银行倒闭的风险似乎迫使美国银行保持较高的资本资产比率和较低的贷款资产比率。因此，19 世纪末，由商业银行短期借贷主导的金融体系可相当好地服务经济。然而，在 19 世纪 90 年代后期，随着纵向一体化制造业企业的出现和新开发技术的应用，这一系统的有效性被迅速削弱。

商业银行的衰落，1895—1929 年

起源于 19 世纪末的技术变革创造了大型纵向一体化公司，挑战了南北战争后美国银行的融资极限。生产力的提高体现在连续加工技术的发展上，首先是在 19 世纪 80 年代的卷烟、火柴、面粉加工、炼油和金属加工中。1897 年至 1902 年的合并浪潮创造了更大的公司，包括美国钢铁公司（United States Steel）、国际收割机公司（International Harvester）、美国容器公司（American Can）、联合水果公司（United Fruit）、杜邦公司（Du Pont）和安纳康达铜矿公司（Anaconda Copper）。然而 19 世纪中叶制定的监管制度下的银行不能向这些公司提供足够的资金，因为即使是最大的银行，规模也不过如此。一项针对 1911—1922 年 266 家公司的面板数据研究发现，规模较大的公司投资更多，增长率更高，这再次证明了技术创新推动了大型纵向一体化公司的发展。[①] 回归分析发现，企业规模越大，其投资对现金流越敏感，这表明由于银行受到分支机构和贷款的限制，大型企业比小型企业面临更大的外部融资约束。

银行的信贷份额在各个层面都在缩水。1900 年至 1929 年，银行在所有金融中介机构资产中所占份额从 68% 降至 50% 。保险公司和其他贷款机构不像银行那样受到规模的限制，它们取代了银行的地位。1900 年，银行向企业提供的贷款占全部贷款的 57% ，到 1929 年下降到 41% 。在这 30 年里，只有对于那些规模较小的非公司制

① D. C. Giedeman, 'Branch Banking Restrictions and Finance Constraints in Early Twentieth Century America,' *Journal of Economic History*, 65, 1 (2005), pp. 129 – 51.

企业，银行贷款占比保持在略低于90%的水平。[1] 就资金总额而言，1901—1912 年，非金融公司的外部融资总额为 179 亿美元，其中银行贷款仅占 23%，而股票占 31%，债券占 46%。1923—1929 年，排除战争年代和政府财政造成的扭曲后，银行贷款的份额大致相同，在 390 亿美元的总融资中占 26%。但是，证券融资结构发生了重要变化，从以债券为主转向以股票为主，结果是股票占 43%，债券占 31%。这一发展对银行来说是个坏兆头，因为既定法律认为股票不像贷款或债券那样具有“债务性质”，所以禁止银行直接拥有或处理股票。

在这种压力下，金融业开始了一段旨在满足制造业需求的快速创新时期。商业银行试图修改管理其业务的监管制度，而其他市场和机构则扩大规模，提供其他形式的融资。国家银行业监管制度中限制工业融资的关键因素是：（1）最大贷款规模不得超过资本的 10%；（2）限制分支机构的设立，从而限制了银行地理上的扩张以及银行规模和贷款能力；（3）在产品组合上，禁止银行拥有或处理股票。

费城国民银行（Philadelphia National Bank）是美国最大的银行之一，其历史足以说明“10% 规则”的影响。[2] 该银行的客户有环球银行金融电信协会（Swift）、美国古德里奇公司（B. F. Goodrich）、西屋（Westinghouse）和西尔斯·罗巴克公司（Sears Roebuck）。1903 年，货币监理署（Comptroller of the Currency）指控费城国民银行发放的贷款规模超过了资本金的 10%。该行回应称，已将贷款控制在资本账户（包括资本和盈余）的 10% 以内。国会介入了这场辩论，最终明确最高贷款规模为资本和盈余的 10%，但不得超过银行资本的 30%。许多公司寻遍全国的银行试图获得更多贷款。海湾石油公司（Gulf Oil）发现，休斯敦的银行规模太小，只能承担代发工资和支票业务。1906 年和 1907 年，为获取输油管道的

---

① R. W. Goldsmith, *Financial Intermediaries in the American Economy* (Princeton, 1958).

② N. B. Wainwright, *The History of the Philadelphia National Bank* (Philadelphia, 1953).

贷款，该公司不得不转向纽约和匹兹堡为数不多的几家大型银行。[①]为缓解最大贷款规模限制的影响，银行扩大了自身规模，因为没有银行希望把占资本或资产太高比例的资金投资于少数几家公司。

显而易见的解决办法是放宽对分行业务的禁令。但是出于害怕和大银行竞争，根深蒂固的单一制银行的游说团体抵制住了大部分对现状的挑战。1900 年，8100 家商业银行中，只有 87 家商业银行经营着 119 家分行。这些分支行持有的贷款和投资仅占所有银行贷款和投资的 1.8%。到 1925 年，全国发展到 27858 家银行，成立分支机构的潮流才刚刚兴起，720 家银行经营着 2525 家分行，占全部贷款和投资的 35.2%。

无论在联邦还是州层面，发展分支机构都受到抑制。全国性银行禁止经营多个办事处。1909 年，只有 9 个州允许以有限的形式设立分支机构。到 1924 年，这个数字才缓慢爬升到 10 个。[②]银行体系结构受到的影响微乎其微，唯一重要的例外是加利福尼亚州，在那里设立分支机构的体系已经开始形成。然而，正如已经看到的那样，这一发展并没有阻止银行在金融体系中的角色受到侵蚀。小镇银行家不仅阻止各州修改分支机构法，还游说各州和联邦政府采用存款保险制度。因为他们意识到，与规模更大、更多样化的银行相比，他们无法提供同等程度的安全，存款保险将使他们对潜在储户更具吸引力。[③]

第一次世界大战前市场化金融的兴起以及监管的应对措施

由于银行业务的扩张受到许多限制，其他金融机构和金融市场

① W. L. Buenger and J. a. pratt, *But Also Good Business. Tax Commerce Banks and the Financing of Houston and Texas* 1886 - 1986 (College Station, 1986).

② White, *Regulation and Reform*, Chapter 3.

③ Calomiris and White, ‘Origins’.

得以不断扩张以便为快速发展的行业提供融资。但是，要让市场能够更好地满足新行业的融资需要，就得处理信息不对称的问题。随着新发行证券规模的增长，需要让更多投资者相信这些资产经过了恰当的筛选，其经营管理也受到严格监控。其中，在识别高质量证券方面最负盛名的公司是摩根大通（J. P. Morgan）。在信息不充分的年代里，普通投资人无法有效监督发行证券的公司。为了在投资人中维护自己的声誉，摩根大通仔细甄别新发行的证券。为确保管理层的行为符合其债券持有人和股东的利益，摩根会将自己的合伙人安排在由摩根承销发行证券的公司董事会中。这一举动得到了市场的认可。[①]

然而，摩根大通的解决方案并不是万能的，因为投资银行的合伙人不可能被派往每家公司。就在此时，信息市场的形成缓解了投资人无法有效监督管理层的问题。会计业在那一时期持续发展，最终小小的纽约市会计师协会在1921年演变成了美国注册会计师协会（American Society of Certified Public Accountants）。[②] 尽管如此，20世纪20年代，革新后的安达信（Arthur Anderson）会计师事务所还是对会计业的无能大加指责。

纽约证券交易所对上市公司有各种要求，投资者就将这些要求作为公司披露信息的标准。但是，随着新兴产业的发展，许多公司并不在纽交所上市，发布的信息也没有统一的标准。一些公司，比如说标准石油公司（Standard Oil companies，即美孚石油），拒绝配合信息披露，因而也不愿意在纽交所上市，它们更愿意留在规则不那么严苛的纽约克博交易所（CURB Exchange，译者注：场外市场）。其他交易所的上市要求和报告要求非常少。那时的"高科技"公司也更愿意在要求不高的纽约克博交易所和地区性交易所上市。

① J. Bradford De Long, 'Did J. P. Morgan's Men Add Value. An Economist's Perspective on Financial Capitalism', in P. Temin (ed.), *Inside the Business Enterprise. Historical Perspectives on the Use of Information* (Chicago, 1992).

② Crockett et al., *Conflicts of Interest*, Chapter 3.

如此一来，各交易所为了争夺上市公司，逐渐放松了上市要求。债券方面，一家现代化的评级机构在这个时期出现，为投资者提供信息。普尔出版公司于 1900 年开始出版《普尔手册》，用于分析各类投资产品。随着越来越多的人加入投资行列，市场上出现了对证券质量进行比较分析和评级的需求。1909 年，约翰·穆迪（John Moody）将不同信用情况转化为统一的评级符号，首次推出了债券评级。1914 年，穆迪投资者服务公司（Moody's Investors Services）注册成立，紧接着，普尔标准统计公司（Poor's, the Standard Statistics Company）和惠誉国际出版公司（the Fitch Publishing Company）相继成立。[①]

随着市场获取借款人信息能力的提高，投资银行业得以扩张并为美国工业提供了更多融资。新一轮技术变革的主导产业通过先信托后合并的方式"联姻"，并通过发行证券进行融资，最终在 1897—1902 年的第一次合并浪潮中达到顶峰。投资银行面临的首要问题是要为新发行的大量证券寻找买家。这么多证券单靠已有的富人客户是消化不完的，而其天生的生意伙伴——商业银行也受到投资规模的限制，而且还不能投资股票，因此无法满足投行需求。与银行业不同，保险业高度集中，更容易合作，这种情况下投行与保险公司合作就显得更为明智。美国利宝相互保险公司（Mutual Insurance）、公平人寿保险有限公司（Equitable Insurance）和美国纽约人寿保险公司（New York Life Insurance），这 3 家公司的保单销售额占市场总销售额的一半。它们都与大型投资银行有着密切的联系。纽约人寿与摩根大通合作紧密，而公平人寿保险有限公司与哈里曼投资银行和库恩洛布（Kunhn Loeb）投资银行关系密切。很快，投行承销的债券和股票就在他们合作的保险公司的投资组合中占据了主导地位。作为回报，保险公司为投资银行提供短期融资。为了协调

① Crockett et al., *Conflicts of Interest*, Chapter 3.

投资银行和保险公司的活动，它们还设立了连锁董事会。①

金融业的重构给公司治理带来了挑战，公司高层的行为缺乏透明度，为其利用利益冲突提供了空间。保险公司与投行的紧密结合，使前者未能履行其应尽的受托责任。由于保险行业中的公司通常是按照合作制的形式组织起来的，因此，个体投保人受搭便车心理的影响，监督公司的动力被严重削弱。所以，一些保险业高层才可以利用信息不对称谋取个人私利，牺牲私人财团股东的利益，同时默许投行以损害保险公司的权益为代价来牟利。虽然保险公司也是证券发行联盟中的一员，但有证据表明，它们购买证券的价格更高，且不参与联盟的利润分配。对于这些问题，制度没有改进，市场也没有反应。所以尽管一些投行有所担忧，但并未采取有力的行动。当摩根大通邀请纽约人寿副总裁乔治·W. 珀金斯（George W. Perkins）成为其合伙人时，有人建议他辞去在保险公司的职位，这样就不会有任何利益冲突，因为该公司是购买摩根证券的老主顾。不过，珀金斯拒绝了，但最终他还是成了合伙人。②

保险公司和投行之间利用利益冲突来牟利的情况在1903年股市崩盘后大白于天下。由于保险业只受到州一级机构的监管且多集中在纽约州，所以纽约州立法机构成立了阿姆斯特朗委员会进行调查。委员会发现，投资银行和保险业高层通过牺牲保险公司的利益以权谋私。纽约州立法机构采纳了委员会的建议，于1906年通过了一项法案，要求保险业和投行业必须分开。保险公司禁止承销证券，禁止持有大量股票，且必须终止与投资银行的连锁董事会和其他关系。这项法律后来被其他19个州奉为圭臬，几乎成为通用法律。③

虽然大部分人都忘记了这个事件，但早期的这段小插曲很有启

① D. North, 'Life Insurance and Investment Banking at the Time of the Armstrong Investigation of 1905 - 1906', *Journal of Economic History*, 14, 3 (1954), pp. 209 - 28; and V. p. carosso, *Investment Banking in America. A History* (Cambridge, 1970).

② Carosso, *Investment Banking.*

③ Carosso, *Investment Banking.*

发性。新环境下，监管构架不能适应发展的需要。因此，州立法机构采取了最极端的形式——完全拆分两个行业并限制其资产组合。立法者似乎认为，只有把金融机构的业务范围严格限制在本职业务领域内，才能免遭利益冲突的影响，进而避免伤害投资者并危及金融系统的稳健性。这成为日后美国应对此类问题的习惯性反应。

1903 年和 1907 年的股市崩盘不仅凸显了金融中介治理的难题，而且也暴露了证券发行方面的问题。随着证券向更广泛、投资经验不多的公众发行，人们开始抱怨证券欺诈。1911 年堪萨斯州的《蓝天法》（*Blue Sky Law*）第一次对证券营销作出了法律规定，要求在该州发行或销售的所有证券必须事先获得州级银行委员会的批准。此后多州通过了类似法律，这其中显然有当地银行的功劳，它们希望借此在商业贷款竞争中取得对外州证券公司的优势。但这些法律的效用有限，因为它们从未被拥有大型证券市场的州采纳过。就像按职能把不同的金融业完全拆开一样，《蓝天法》也代表了一种极端的解决办法，这里只有获得政府官员批准的证券才能发行。

零散的银行体系和最后贷款人的缺失造成 1907 年的市场恐慌。在国内和国际资本市场联系日益紧密的情况下，1907 年的市场恐慌让人们看清了私人合作性质的清算机构在应对市场恐慌时的局限性。为了让机构有监管的动力，纽约清算所（New York Clearing House）将产生恐慌的信托公司排除在外。对银行系统来说，单一制银行的银行家无法容忍任何银行增加分支机构数量，所以成立了美联储。可以说，美联储的成立是一次受经济利益制约的有限改革。虽然改革者们赞成仿照欧洲模式建立中央银行，但银行家们担心，这个机构将被纽约的少数银行家所控制。事实上，美联储更像是一个清算所。它作为一个更为中心化的票据清算和结算机构，为需要临时流动性的银行提供贴现。这时，银行体系的基本结构没有进行真正的改革。尽管分支机构不断增多，但小型银行仍占据主导地位，企业融资的未来将在银行体系之外。

20 世纪 20 年代的繁荣与罗斯福新政

在投资银行无法与保险公司合作获得短期信贷和发行证券后，它们开始建立并拓展与商业银行的关系。早期，商业银行向投资银行提供配套服务，并协助配售证券和进行短期融资。比如 1905 年美国最大的银行、拥有 5000 万美元资本和 3.08 亿美元资产的美国国民城市银行（National City Bank）就与库恩洛布（Kunhn Loeb）投资银行合作，为它提供融资并承销证券。① 然而，在直接参与投行业务以及与投资银行开展合作方面，商业银行面临巨大的阻碍。法律规定，银行只能持有或交易“债务性质”的资产，从定义上讲，不包括股票。商业银行的债券部门虽然可以参与投行业务，但不能直接持有股票。为规避这一限制，商业银行想出的解决办法是成立独立的证券子公司来接管投行业务。1908 年，纽约第一国家银行（First National Bank of New York）成立了第一个这样的子公司，紧接着，1911 年美国国民城市银行成立了国家城市公司（National City Company）。这些子公司的数量增长迅速，从 1922 年的 10 家迅速增长到 1931 年的 114 家，与此同时有债券部门的银行也从 62 家增长到了 123 家。② 这些子公司甚至能让银行突破地域的限制。1930 年，国家城市公司有 60 家分支机构，大通证券公司（Chase Securities Corporation）有 26 家。这些改变使商业银行在投行和经纪业务领域有了强大的竞争力，承销了 45% 的债券发行量。

通过成立证券子公司，商业银行获得了规模经济效应，从而比投资银行更具优势。因为商业银行拥有庞大的潜在客户群和丰富的短期融资渠道，它可以通过发放和监控贷款获取有关企业的信息，形成对承销公司证券的投行的有益补充。然而，由于商业银行整合了这些不同的服务，也增加了利益冲突导致的风险。部分银行试图

---

① H. B. van cleveland and t. F. huertas, *Citibank*. 1812 – 1970 (Cambridge, 1985).

② W. N. peach, *Security Affiliates of National Banks* (Baltimore, 1941).

调整激励机制，以便使经理人能够以股东价值最大化为目标，而非利用利益冲突牟利。美国国民城市银行及其子公司国家城市公司设立了一个管理基金，用于汇集银行及其子公司的利润。股东和管理层至少能获得管理基金8%的收益，并以分红或工资的形式发放，其余收益按4∶1的比例分配给股东和管理层。这个设计的根本目的是确保管理层不会偏袒某一业务部门和客户，从而不会利用天然的利益冲突牟利。①

最近的研究表明，市场认为全能银行是利用信息优势来确保承销的证券质量更高，而不是借助它来利用利益冲突牟利并损害银行业。因此，市场能接受由全能银行承销的证券收益率低于由独立投资银行承销的同类证券。此外，由全能银行发行的证券违约更少，而且全能投资银行和独立投资银行承销证券的违约损失没有太大区别。② 投资者似乎对利用利益冲突牟利的可能性非常敏感，而银行发现设立独立的证券子公司、提高透明度可以让市场放心。由于商业银行的控制措施设计得更加谨慎，投资者接受了它们承销的更低收益率的证券，证券发行活动也因此从内部的债券部门转移到了证券子公司。

但是，这种融资方式在1929年10月股市大跌并且未能恢复后受到了严格审查。更为不幸的是，此次大规模经济衰退甚至波及了投资状况良好且稳健的其他金融机构，使人们很难确定金融体系到底哪里出现了问题，为那些精明的政治企业家和他们钟爱的改革计划敞开了大门。监管的目的在于解决信息不对称和公司治理方面明显的失败。其中一些监管规则是政治家与特殊利益集团紧密合作的产物，但也有一些是为了维护公众的利益。

在处理“不稳健”和“高风险”的证券发行问题时，国会有意避开了《蓝天法》。这份法案颇受小镇银行青睐，因为它能让投资

① G. Benston, *The Separation of Commercial and Investment Banking. The Glass – Steagall Act Revisited and Reconsidered* (Oxford, 1990).

② Crockett et al., *Conflicts of Interest*, Chapter 4.

银行无法与小镇银行竞争。与之相反，1933 年的《证券法》（*Securities Act of* 1933）和 1934 年的《证券交易法》（*Securities and Exchange Act of* 1934）以提高信息透明度为目标，没有偏袒任何一个利益集团。投资者可能会犯错，但政府要保证他们不是因为信息不充分或具有误导性的信息而犯错。1933 年的法律规定所有以后公开发行的证券必须进行登记备案，向公众提供有关发行人和所发证券的具体信息，且登记备案后 20 天内不可销售，以便投资者有充分时间核验信息，承销商对这些信息的真实性负有责任。1934 年的法律要求所有在交易所交易的证券必须披露信息、登记备案并定期提交报告。这些规定解决了市场难以实施统一标准的问题。此外，1933 年的法律要求公司定期披露的财务报告需经独立或注册会计师审计，1934 年的法律则将会计业及其规则制定的管辖权赋予了美国证券交易委员会，后来，证券交易委员会又委托美国注册会计师协会制定行业规则。①

在解决公司与投资者之间信息不对称的问题上侧重于强制披露信息，但对金融机构架构和公司治理方面则采用了更为激进的方法，这样的监管举措显然是由利益寻租集团推动的。在国会听证会上，有人指责全能银行家们向客户出售风险极高的证券、将不良贷款证券化和进行资金池操作，从而利用内部信息私下参与投机，以此方式来利用利益冲突。然而，最近的研究表明，除了少数案例外，这些滥用职权的行为造成的后果非常有限，② 当时一些专家建议采取相对温和的监管措施来阻止利用利益冲突。W. 纳尔逊·皮切（W. Nelson Peach）呼吁将银行高层个人参与其分支机构业务的行为定义为非法。③ 此外，他还倡议对银行及其分支机构进行审慎监管，并由联邦官员定期进行强制性联合检查。

如果不是参议院银行与货币委员会主席卡特·格拉斯（Carter

① Crockett et al. , *Conflicts of Interest*, Chapter 2.

② Crockett et al. , *Conflicts of Interest*, Chapter 4.

③ Peach, *Security Affiliates*.

Glass）阻止了所有不将商业银行和投资银行完全分开的改革方案，商业银行很有可能继续保留其证券子公司。1933 年《银行法》（*the Banking Act of* 1933），即著名的《格拉斯－斯蒂格尔法》（*the Glass－Steagall Act*）第 16 条、第 20 条、第 21 条和第 32 条规定，限制银行交易某些政府证券，禁止银行和银行从业人员从事任何投行业务，同时，投资银行也不允许接受存款。该法案迫使商业银行和投资银行进行实质上的分离。这种解决办法与之前各州处理保险业和投行业利用利益冲突所用的方法一脉相承，也是为了消除利益冲突而放弃了规模经济的好处。总的来说，这项法案还是有利于投资银行的，它们的游说巧妙地将商业银行的证券子公司扫地出门。

银行业的恐慌给了提倡实施存款保险的人们一个机会，即通过支持参议员格拉斯（Glass）商业银行和投资银行完全分离的方案来换取对存款保险制度的支持。[①] 该制度牺牲了大银行的利益来补助小银行，使小的单一制银行获得了联邦保险制度的保护，而不是允许银行拓展分支机构，从而变得更大，业务部门更丰富。因此，大银行中的许多人其实更倾向于采用市场化解决方案，即通过增加分支机构来实现贷款和存款组合多样化。此外，银行准入门槛和存款利率限制让商业银行原本疲弱的盈利能力有所改善。1933 年和 1935 年的《银行法》并没有改变银行业的基本框架，而是组建了一个有进入壁垒和利率管制的松散的卡特尔联盟。一个世纪以来的“自由”进出结束了，银行监管机构有权决定某一地区是否需要一家新的银行。对是否设立分支机构唯一修正的规定是给予了全国性银行与各州银行相同的权利。另外，法案还规定了活期存款没有利息，定期存款利率也受到相应管制。尽管“大萧条”之下小型城市银行千疮百孔，但它们还是有一定的影响力，并且加入了反抗大企业和大银行的行列中。

尽管小银行未能恢复到它们在 20 世纪初享有的显赫地位，但避

---

① Calomiris and White，‘Origins’.

免业务量快速下滑的能力还是有的。股市和经济的崩盘，再加上证券新规，共同导致了证券发行量的下降。承销商不喜欢备案冷静期，这提高了他们销售的风险，发行人反对公开信息，备案的各方害怕承担责任，最终导致私人配售的增加。银行也趁机通过增加长期贷款业务来弥补部分缺口，改变了过去对短期信贷的重视。监管机构也修改了规则，鼓励这种做法。“大萧条”时期产生的金融监管制度是一种经营标准和信息披露要求的混合，旨在提升信息从借款方传导到贷款方的能力，以及促成由金融业寻租部门和真正支持真实票据理论的人设计的金融机构的重组。总的来说，它们代表着想让金融业变得更好的力量，但同时束缚着金融业，直至 20 世纪 70 年代和 80 年代冲击的到来。

高通胀与银行业的进一步衰退

“罗斯福新政”银行体系的缔造者们曾想保留 19 世纪的银行业结构，对于他们来说，第二次世界大战是一场未曾预料到的事件，不过战争刚好也符合他们的利益。1930 年至 1940 年，联邦向个人和金融机构增发大量债务，为政府提供了大量流动性。当金融机构的投资组合中政府债券所占的比例减小时，生产力增长速度已经趋于平稳。在 20 世纪 50 年代和 60 年代没有出现严重宏观经济危机的情况下，受高度管制的金融业表现出色，而且毫无压力。由于进入壁垒高、地域和同类产品竞争限制以及利率管控，支持新政的游说集团获得了巨大利益。尽管随着经济环境的变化，游说集团利益在不断减少，但监管机构还是在尽力调整，以平衡各方的利益，因此也就保留了“新政”的核心特征——反竞争。

从 20 世纪 60 年代中期开始到 70 年代爆发的大通胀（Great Inflation）对金融体系造成了沉重的打击，原因很简单，这套制度鼓励大多数金融机构进行期限错配，但不让它们作出灵活反应。通货膨胀以初级商品价格暴涨开始，最后以暴跌结束，对地区经济造成了巨大的冲击。由于银行系统分散化的特性，那些把大部分贷款都集中在这些地区初级商品的银行最终崩溃。通货膨胀也对进行期限错配的金融机构造成了极大的破坏，情况最为严重的是美国储蓄贷款协会。再加上存款保险带来的道德风险，许多地区性银行和几乎所有的储蓄贷款协会都遭遇了灭顶之灾。史无前例的通胀让各个机构的收益下降到致命的水平，政府试图修正一些条例来保存现有的监管框架，各利益集团对仅存的既得利益疯狂抢夺，这些使监管平衡逐渐趋于竞争平衡，最终导致去监管化。慢慢地，准入门槛、地域限制、产品种类限制和利率管控都淡化了。

虽然 Q 条例规定了活期存款没有利息，对定期存款也设置了最高利率，但它对商业银行不具约束力。直到 20 世纪 60 年代高通胀后，商业银行才开始受到约束。但储贷协会却不受此限制，并且呈扩张趋势，建筑行业游说力量还对其予以保护。所以，商业银行对此进行了游说反击，想让储贷利差维持在较低水平。然而，在非预期的高通胀环境下，不受利率管制的共同基金突然介入，商业银行和储贷协会都面临脱媒的风险。政府只好修改条例，允许银行与共同基金竞争存款，从而打破了监管和竞争之间的平衡，银行业享受的利益随之消失，最终在 1980 年政府完全放弃了对利率的管控。①

1927 年的《麦克法登法》（*The McFadden Act*）规定全国性银行和州立银行在分支机构管理方面拥有同样的权限，从而赋予各州对辖区内银行扩张的控制权。加上 20 世纪中叶联邦层面强有力的反托拉斯法案，以及对市场集中度的定义非常狭隘，这样的监管政策使美国的大型银行很少，但小型城镇银行却非常多。此后一段时期，狭义的银行业持续而缓慢地萎缩。在所有金融中介机构的总资产中，商业银行所占比例从 1950 年的 50.8% 降至 1990 年的 27.0%，互助储蓄银行则从 7.6% 降至 2.1%。在州一级，如果小银行和保险公司相对于大银行来说实力较为强大，那么放松分支机构开设限制

① Peltzman, 'Economic Theory'.

的进程就会遇到阻碍。[①] 自动取款机等类似技术的创新降低了在较远地区开设银行的成本。随着地区性商业银行大规模倒闭和金融业危机爆发，各州都开始寻找“白衣骑士”银行来拯救陷入困境的当地银行，从而降低了开设分支机构的限制，小银行的影响力也逐渐消退。区域性的跨州支行合并加速了这一进程。许多小型城市银行发现自己面临一个两难的决定，要么卖给银行巨头，要么与它们竞争。到20世纪末，开设分支机构和成立全能银行的障碍终于瓦解了。1994年，《里格—尼尔州际银行业务与分支机构效率法》（*the Riegle – Neal Interstate Banking and Branching Efficient Act*）消除了联邦和州层面的所有障碍，到1997年允许银行在全国范围内开设分支机构。[②] 此后，虽然出现了一波合并浪潮，银行业资产变得相当集中，但全美仍存在数千家小型银行。

自1933年设置对全能银行的壁垒以来，参议员格拉斯（Glass）分业经营的精神延续了50多年。为了扩大业务范围，商业银行大力游说，希望提供从个人存款到企业借款的一整套金融服务。然而，它们遭到了受保护行业的激烈反游说。这些行业担心商业银行会因范围经济提供成本更低的服务，所以保险代理机构、小型投资银行和许多其他类型的金融或非金融服务机构都在阻碍商业银行的游说。但即使是这些格拉斯—斯蒂格尔（Glass – Steagall）的支持者们，也随着行业内部竞争的加剧，扩大了业务范围。最终在1987年，美联储允许商业银行通过其控股的子公司进入投行业务，但子公司承销证券的收入不得高于总营收的10%。虽然监管机构对扩展子公司投行业务范围持谨慎态度，但对营收比例的限制逐渐放松，到1996年，营收占比限制扩大到了25%。1999年的《格雷姆－里奇－比利雷－里奇金融服务现代化法》（*The Graham – Leach – Bliley – Leach Financial Services*

① R. S. Kroszner and P. E. Strahan, ‘What Drives Deregulation? Economics and Politics of the Relaxation of Bank Branching Restrictions’, *Quarterly Journal of Economics*, 114, 4 (1999), pp. 1437 – 67.

② White, ‘Banking and Finance’.

Modernization Act）最终废除了金融系统分业经营的限制，一家金融控股公司终于可以同时经营商业银行、投资银行和保险公司的业务。

面对全能银行的再次出现，市场上有着激烈的批评，但此次利用利益冲突为自身牟利的现象却没有随着全能银行一起出现。另外，全能银行的出现带来了许多好处。与专门的投资银行相比，商业银行的投资子公司承销的证券规模相对较小，这让小公司受了益，而且在为公司消除信息不对称方面也有独特作用。[①] 商业银行的子公司能为投资者提供更优质的资产证明，通常银行会通过对该公司贷款来释放积极信号，市场也会给予正面反馈。在这种情况下，相同的证券，如果是银行子公司发行就可以比投资银行发行拥有更低的利率。商业银行重新参与投行业务，使市场集中度下降，利差缩小。20 世纪 20 年代，对子公司另设管理层能有效遏制利用利益冲突牟利的情况，这一管理结构在 90 年代也得到了很好的继承。在充分了解了金融业的早期历史后，我们发现即使是在市场繁荣、利益冲突比比皆是的情况下，这种形式的全能银行也不一定会导致丑闻，进而引出新的监管要求。

这里提出一个有意思的问题供大家思考。假如没有出现高通胀的情况，那么罗斯福新政下的银行体制是否能够持续或持续多久？以及 20 世纪 90 年代末的问题是否还会出现？我们知道，新政银行体系直到 20 世纪 60 年代中期之前几乎没改变过。若没有后来的高通胀情况，可以推测，即使面对 80 年代银行危机，新政银行体系大概率也能勉强支撑过去，最多作出一些较小的改革。那么在 90 年代生产力高涨的情况下，未曾变化的新政体系是否就能够应对当时日益增长的金融需求了？我的答案是，即使没有金融体系的去监管化，同样的问题还是会出现，因为利益冲突的核心主要集中在金融系统中受新政影响最小的部分。

① Crockett et al. , *Conflicts of Interest*, Chapter 2.

第二次生产力高涨及其影响

与20世纪前30年一样，20世纪90年代的社会生产力和经济增长有着明显的提高。虽然经济增长带来了可观的财富，但信息不对称却更为严重，这对去监管化的新金融体系提出了挑战。利用利益冲突牟利的动机一直都有，现在也越发突出。

20世纪90年代生产力的增长带来了大量的IPO，且主要集中在新兴产业，尤其是计算机和信息技术行业。这次市场爆发式增长和20世纪20年代的增长极为相似，[①] 但从很多方面来看，90年代出现的通用技术带来的变化更快。彼得·卢梭（Peter Rousseau）通过对比20世纪前40年的电气化技术和1971年兴起的信息技术[②]发现，尽管使用新型信息技术的家庭增长速度略快于电力，但计算机价格下降得要快得多。此外，专利的增长也更为迅速。由于新技术大都未经检验，存在大量潜在误导，导致信息不对称尤为严重。因为未经检验的技术难以监管，高科技公司的管理层也面临道德风险。20世纪90年代末，蓬勃发展的股市中蕴藏着巨大的获利空间，原本应负责挑选和监督这些公司的把关人（审计师、投资银行家、金融分析师和评级机构）也受到了利用利益冲突的诱惑。

新技术产业在融资时基本上绕过了银行系统，直接采用投资银行承销IPO的方式，把股票卖给公众。20世纪80年代和90年代上半段，在所有IPO中占比分别为26%和23%，1999—2000年则上升到了72%。尽管许多投资银行最初建议谨慎行事，但高科技公司仍推动了IPO市场的繁荣。[③] IPO定价偏低在当时似乎相当普遍，这使得拥有股票分配权的承销商能够偏袒未来有望成为其客户的经理

① E. N. White, ‘The 1990s in the Mirror of the 1920s’, in P. Rhode and G. Toniolo, *The Global Economy in the 1990s. A Long-run Perspective* (Cambridge, 2006), pp. 193-217.

② Rousseau, ‘General-purpose technologies’.

③ Crockett et al., *Conflicts of Interest*, Chapter 2.

人。同时，人们也指责分析师们为了协助承销商发行新股，对于电信、科技和媒体公司的分析评价过于乐观。所幸市场普遍对主要投行分析师给出的积极评价持怀疑态度，相对于独立分析师而言，这些分析师的报告不那么有说服力。有一些令人震惊的案例，有些分析师们，特别是美林证券（Merrill Lynch）和所罗门美邦公司（Salomon Smith Barney）的分析师，一面向客户推销证券，一面又在私下嘲笑客户，还从投资银行家那里拿大量回扣。在分析师和投资银行家之间缺乏“隔离墙”的情况下，分析师与投资银行的激励措施不一致，就为他们利用利益冲突牟利提供了可乘之机。

令人惊讶的是，在 2000 年股市崩盘后，美国证券交易委员会和其他任何市场监管机构都没有意识到这些问题，反而是纽约总检察长艾略特·斯皮策（Eliot Spitzer）发现了。他向公众揭示了相关事件，由此引发了公众的愤怒和争论。同时，他还劝导其他监管机构在 2002 年 12 月采用“全球解决方案”。除了接受罚款，十大投行同意切断研究机构与投行之间的所有联系，并实施严格控制，确保断清关系。所有投行必须公开推荐意见书信息，并额外向客户提供其他独立分析师的报告。斯皮策还为投资银行设计了一整套十分有效的公司内部分隔系统，强制将研究部门和投行部门进行分离，将筛选和监测同一家公司分为买方业务和卖方业务。考虑到分隔设置带来的额外成本和对潜在诉讼的担忧，许多公司减少了为投资客户提供研究的服务。[①]

在 20 世纪 90 年代的繁荣时期，审计师经常未能对高科技公司提供的账目作出独立且真实的评价，其中以安达信会计师事务所和安然公司的丑闻最为出名。大型会计师事务所通过提供税务、管理和咨询等相关配套服务，迅速扩大业务范围，因而有大量机会从中牟利。比如，提供这些综合服务能使它们利用范围经济收集客户公司的信息。但是，没有明显的证据表明这些潜在的冲突是该行业出

① Crockett et al., *Conflicts of Interest*, Chapter 2.

现问题的根源。相反，是不恰当的公司治理结构和激励机制造成了严重的破坏。最严重的问题之一是允许公司高管而不是董事会来挑选审计师，并且审计师可以直接向高管反馈审计报告，这显然产生了非常基本的利益冲突。越来越多的审计人员发现，当他们对账目发表真实意见时，自己可能会被起诉。考虑到诉讼风险，审计师很难真实公正地撰写审计报告，导致审计报告的意义逐渐变小。而整个行业的应对方式则是摒弃对审计规则的自由裁量权，转为采用以通用会计准则（GAAP）为基础的审计规则。也就是说，审计师不再审计公司账目是不是公司经营业绩的“公允列报”或“真实公允地反映”，而是审计账目是否符合 GAAP 会计准则。结果是，以前用巧妙的审计方案美化客户账目的安然公司也完全采用了 GAAP 准则。最后，许多会计师事务所在当地建立了办事处来代替个人合伙人，以解决个人合伙人为留住大客户而不得不出具有利于客户的报告的问题。[①]

2002 年的《萨班斯 - 奥克斯利法案》（*Sarbanes - Oxley Act*）通过了一项补救措施，即成立一个新的监管机构——上市公司会计监督委员会（PCAOB）。这个新的监管机构负责管理注册会计师事务所，并制定审计、道德和独立性规则。其中一个重要的变化是要求审计师向董事会，而不再是向首席执行官或总裁报告，从而消除了一个主要的利益冲突。然而，这并没有从实质上改变依据准则来进行审计的事实（只能减少审计报告提供的内容）。尽管事务所内部各部门的利益冲突并未直接导致审计丑闻，但该法案还是强制要求事务所内部的活动要严格分离，会计师事务所在审计时，不允许对审计对象再提供其他非审计服务。

与 20 世纪 30 年代不同的是，尽管许多高科技公司破产了，纳斯达克也远低于股市崩溃前的最高点，美国经济还是很快就从 2000 年的崩溃中恢复了。因此，受金融业影响的竞争者们几乎没有时间

---

① Crockett et al. , *Conflicts of Interest*, Chapter 3.

推行有寻租机会的立法，另外，2000 年危机过后的应对措施与 1903 年之后的情况非常相似。像罗斯福新政那样，有一些表面上符合公众利益的立法通过了，特别是在促进信息流动方面；一些公司治理方面的问题也得到了解决，比如虽然没有强行拆分公司，但也采取了实质上的分隔措施，在公司内部修建足够厚的“墙”以避免其利用规模经济获取信息优势。然而，更为严重的是，公司治理方面的核心问题仍然没有得到解决。

结语

金融系统在促进经济增长方面发挥着重要作用，同时，它也是受到监管最为严苛的行业之一。本文重点讨论了美国确立世界霸权时期金融监管的缘起。与传统理论不同，与其将监管解释为应对市场恐慌、股市崩盘和经济萧条的产物，我认为生产力的大幅提高才是导致监管的重要原因。新技术产业的诞生让生产力快速提高，扩大了借贷双方的信息差，迫使金融体系进行创新。然而，生产力的提高不仅创造了更多财富和加深了信息不对称，还给那些公司治理和激励一致性存在问题的公司带来了利用利益冲突牟利的机会。股市崩溃和市场恐慌过后，公众普遍会要求政府干预弥补市场缺陷，有时这些要求推动了提高行业标准和改善信息流动性的立法，但有时也会被特殊利益集团利用，通过共同游说政府获得对竞争对手的监管优势，因而为引发新的问题埋下伏笔。

4. 20 世纪的伦敦证券交易所和英国政府①

拉纳德·C. 米奇（Ranald C. Michie）

由于证券市场一直在金融体系中发挥着间接作用，大多数政府官员一度对证券市场扮演的确切角色知之甚少。政府官员们通常认为是银行家们通过直接发放贷款或发行债券的方式向政府提供所需贷款，而证券交易所仅提供了一个后续可以买卖这些证券的市场。此外，那些因过度投机或因专业人士和内部人士偶尔的舞弊行为而蒙受损失的投资者，常常向政府施加压力，要求政府采取行动干预证券交易市场。这意味着，证券交易所总是面临政府干预的威胁，政府干预旨在遏制或控制其活动。② 即便对当时的经济学家来说，证券市场也不值得认真研究，因为其更多的是大众资本主义的象征，而并非复杂金融体系的实质。经济学家也曾认为，经济研究重点应是政府和企业产生、收集、调动和用于生产目的的储蓄过程，而不是对社会没有明显或可衡量收益的金融市场活动。③ 20 世纪六

---

① 本文得益于2006年5月欧洲银行历史协会里斯本会议和2006年7月 Yago Kazuhiko 在东京都市大学举办的研讨会上发表的评论。作者非常感谢收到的建议。伦敦证券交易所的一般历史，参见 R. C Michie, *The London Stock Exchange. A History* (Oxford, 1999)。关于英国政府与伦敦证券交易所是其关键组成部分的金融中心之间的关系，参见 R. C. Michie and P. A. Williamson (eds), *The British Government and the City of London in the Twentieth Century* (Cambridge, 2004)。全球证券市场整体，参见 R. C. Michie, *The Global Securities Market. A History* (Oxford, 2006)。

② J. P. Raines, *Economists and the Stock Market. Speculative Theories of Stock Market Fluctuations* (Cheltenham, 2000), p. 1, cf. pp. 1f, 23, 28, 45, 54 - 7, 69, 73, 92f, 99, 106, 109, 111, 149.

③ R. J. Schiller, *Irrational Exuberance* (New York, 2001), pp. 9, 12, 35, 38, 60f, 182, 188f, 193, 195, 228, 233, 246; P. J. Drake, *Money, Finance and Development* (Oxford, 1980), pp. 34ff, 192f, 215; N. Dimsdale and M. Prevezer (eds), *Capital Markets and Corporate Governance* (Oxford, 1994), pp. 14, 71f, 80, 179 - 83, 191, 295 - 9.

七十年代，毕业于牛津大学的经济学家、时任英国首相哈罗德·威尔逊（Harold Wilson）曾公开谴责伦敦金融城的“赌场心态”，并宣称证券交易所是“肮脏交易的天堂”。[①] 从英国《经济学家》、《金融时报》（*Financial Times*）专栏作家约翰·凯（John Kay）近期发表的一篇受欢迎作品中的评论可以看出，这并非是一位偏左的政治家发动的孤立攻击。哈罗德·威尔逊认为，应当由市场而非政府主导经济，但证券交易所除外，因为证券市场上的大多数交易并非为了分担或分散风险，更像是在投注商店里进行交易，所以对于证券交易所更为贴切的描述是复杂的专业赌场，而不是将承担风险的成本降到最低并在不同业务部门间有效配置资本的机构。最后，在提到互联网投机热潮时，他的结论同样犀利：“谁也不可能在经历过那段时期之后，还能相信证券市场能够有效配置资本。”[②]

无论是民众还是专家，人们都认为政府干预证券市场是必要的，以便通过其传递的有瑕疵的信息和所产生的波动性，纠正证券市场对整体经济造成的损害。[③] 相反，那些证券市场从业人员认为没有必要进行政府干预，他们坚信自我监管是唯一需要的。伦敦政府债券市场经验丰富的经纪商派珀（Gordon Pepper）称，市场本身具备稳定机制，政府控制市场的任何企图都会导致市场变得愈加混乱。[④]

到了 20 世纪初，证券市场在大多数发达经济体的金融体系中发挥着关键作用，并在许多国家确立了特殊地位。反过来，这些市场是以证券交易所的形式存在的，因为证券交易所提供了其所需的组织构架，从而满足众多经纪人开展大规模、多样化交易的需求，而

① B. Pimlot, *Harold Wilson* (London, 1992), pp. 58, 87, 222. A spiv was a person who bent rather than broke the law but was generally untrustworthy.

② J. Kay, *The Truth About Markets* (London, 2004), pp. 10, 223, 249, 268, 335, 337, 339, 353, 357f, 362f, 370, 373.

③ Michie and Williamson, *British Government*, pp. 67ff (Capie), 97 (Whiting), 120 (Peden), 161f, 171 (Green), 174ff, 191 (Tomlinson).

④ G. Pepper, *Official Order – Real Chaos* (London, 1990), p. 2.

经纪人的背后是数量更为庞大的投资者。正如美国经济学家所罗门·休布纳（Huebner）在 1910 年指出：

“公司股票和债券数量庞大，其所有权广泛分布于成千上万的各个阶层人群，人们也越来越倾向于用这些证券作为贷款抵押品，因此每个重要的商业国家都必须建立大量的证券交易所，以保证证券可以以最方便和快捷的方式进行销售。”①

尽管这些证券交易所都履行着提供一个长久且有序的证券买卖市场的基本职能，但其具体作用、与金融体系其他组成部分的关系以及运作方式上确实存在着相当大的差异。

在 1914 年之前造成这些差异的因素有：它们是否位于一个主要的金融中心、银行是不是其成员、是否有一种既定的投资者文化，以及它们各自与国家政府之间关系的性质。各国证券交易所之间也有明显的区别，有的受国家影响较大，有的可以自由管理自身事务。一个极端是英国，其证券交易所完全不受政府监管；另一个极端是德国，其政府监管、监督和税收非常明显。在这两个极端之间存在着许多不同的做法：其中比利时和荷兰相对不受政府干预，法国和西班牙政府只对主要证券交易所进行控制，瑞士则采用区域立法。

在欧洲以外，英国政府不干预的做法较为盛行，不仅其庞大帝国内的澳大利亚、加拿大、印度、新西兰和南非等地，而且日本和美国也进行效仿。在第一次世界大战之前，几乎没有迹象表明各国政府对证券交易所行使越来越大的控制权。即使面对民众的压力，大多数政府也不愿干预，因为正统的经济观念是经济自由主义。人们仍然相信，市场有能力向最多的人提供最大化益处，这一点也延伸到证券市场，这促使了证券市场主要由证券交易所自行监管。②

① S. S. Huebner, ‘The Scope and Functions of the Stock Market’, *Annals of the American Academy of Political and Social Science*, 35 (1910), pp. 1 –23, p. 5.

② Report of the Select Committee on Loans to Foreign States, 1875; Royal Commission on the London Stock Exchange, 1878.

只有在中欧，政府干预才对证券市场的运作产生重大影响。从 19 世纪 90 年代开始，这些国家政府采取的取缔投机和流转税等种种手段，确实扭曲了本国金融体系的发展，比其他国家更依赖银行业，也导致本国投资者趋于通过外国证券交易所进行交易。①

然而自第一次世界大战起，一切都发生了变化。通过对 20 世纪伦敦证券交易所和英国政府间关系的研究，可以追溯所发生的变化及其产生的原因，并确定特定时期政府的立场。在第一次世界大战之前，伦敦证券交易所已经成为全球公司股票和债券市场的核心组成部分，吸引了来自世界各地的投资者、发行人和会员。例如，1853 年英国国债占所有证券名义价值的 70%，而到了 1913 年，这一比例降至 11%，其中铁路类成为最大的类别，占比达 43%。仅美国铁路就占总数的 18%（见表 4.1）。由于英国政府实行平衡预算，坚定地实行金本位制，并将国债管理权和利率制定权下放给私人所有的英格兰银行，因此它几乎没有理由出台经济政策干预证券市场。相反，由于伦敦证券交易所能够在一个没有政府对资本或信贷控制的环境中运作，它也几乎没有理由试图影响政府的政策，特别是它的大部分业务都是国际证券。因此，在第一次世界大战前夕，伦敦证券交易所和英国政府之间几乎没有直接或间接的联系。

表 4.1　英国政府证券和伦敦证券交易所，1853—1990（名义价值）②

年份	英国政府证券面值（单位：亿英镑）	英国政府证券占伦敦证券交易所所有证券报价的比例（单位：%）
1853	8.54	70
1913	10.13	9
1920	54.18	33

① W. J. Greenwood, *American and Foreign Stock Exchange Practice*, *Stock and Bond Trading and the Business Corporation Laws of all Nations* (New York, 1921), pp. 259, 273, 629, 640, 657, 661, 754, 783, 823, 907, 916, 923, 926f, 953; D. Waldenstrom, *A Century of Securities Transaction Taxes. Origins and Effects* (Stockholm, 2000), pp. 1f.

② Michie, *London Stock Exchange*, pp. 88f, 175, 184, 276, 278, 320ff, 360f, 419ff, 440, 473, 521f, 589f.

续表

年份	英国政府证券面值（单位：亿英镑）	英国政府证券占伦敦证券交易所所有证券报价的比例（单位:%）
1939	69.23	35
1945	118.64	54
1950	146.69	64
1960	182.60	58
1970	216.38	46
1980	746.52	60
1990	1288.08	34

进入1914年7月下旬，全球所有证券交易者都意识到战争迫在眉睫，这引起了伦敦证券交易所的恐慌。如此多的买卖都是以国际账户进行的远期交割，而且是以证券作为抵押品的信贷融资，股票价格的突然暴跌，使得伦敦的证券交易既无法偿还银行贷款，也无法交付已售出的证券，交易所成员面临着破产危机。伦敦证券交易所采取的回应是暂时关闭交易场所。该举措确实起到了避免当下危机的作用，因为如果市场不开放，成员就不能被迫付款或交货。由于伦敦证券交易所与英国政府的独立性，关闭交易所的决定没有向英国政府进行咨询或申请。然而，英国政府却采取了一些紧急措施干预伦敦证券交易市场，如英国政府出面阻止银行收回贷款，从而导致了众多股票经纪人和证券交易商的破产。该举措是英国政府一揽子金融计划的一部分，即放弃一部分人的利益来避免普遍的金融崩溃。[①] 这一干预赋予了政府对伦敦证券交易所的权力，因为政府为当前整个金融体系，特别是为股票经纪人提供了偿付能力的最终保证。除了呼吁伦敦证券交易所及其会员的爱国主义情怀支持战争外，政府现在还拥有另一种制裁手段——违背政府意愿都可能导致银行收回贷款。鉴于股票价格普遍低迷，以及从海外获取资金和证券的难度加大，收回贷款的举措

① J. E. Meeker, *Short Selling* (New York, 1932), pp. 107, 112 - 16, 216.

可能会通过互联互通的交易网络给很多会员带来灾难。因此，直到政府认识到恢复正常交易是为战争提供资金的必需条件，加上外部市场的日益活跃，政府才允许伦敦证券交易所重新开放。1915年1月，伦敦证券交易所重新开放。但重新开放又附加了新的限制条件：不得进行远期交易，所有交易都必须是现金交易以限制投机活动；引入了最低价格制度，以保护银行抵押品证券的价值；国际贸易也被禁止，既阻止外国人进入伦敦市场，也阻止英国投资者将资金投向海外。

政府对伦敦证券交易所的控制主要通过由财政大臣领导的财政部和独立运作并行使中央银行职能的英格兰银行实现。在战争的4年中，财政部、银行和证券交易所之间建立了牢固的工作关系。这导致伦敦证券交易所的会员逐渐认识到，他们比以往任何时候都更需要考虑政府的利益和公众的意见。这实际上意味着政府更愿意干预市场，以控制以前被容忍的活动和过度行为。因此，第一次世界大战在伦敦证券交易所留下了控制和谨慎的遗产。战争结束后，这些遗产仍然不会轻易消除。与此同时，由于国债是市场的主导影响力，第一次世界大战增强了政府对伦敦证券交易所的权力。1913年至1920年，伦敦证券交易所交易的国债的票面价值增加了54亿英镑，在所有交易所报价证券中的比例从9%上升到33%（见表4.1）。然而即使是这一数字，也极大低估了政府自身债务在证券交易所的重要性，因为尽管许多外国证券已被出售或拒付，但仍在继续报价。至1919年，英国投资者已经卖出了价值超过10亿英镑的外国证券。①

尽管第一次世界大战已于1918年11月结束，但在此后艰难的货币和金融环境中，伦敦证券交易所是货币和资本市场中的一个过于重要的因素，不能不受监管。然而，即使没有任何法定管理当局

① E. E. Spicer, *The Money Market in relation to Trade and Commerce* (London, 1924), 4th edition, pp. 183, 196f, 202f; C. T. Hallinan, *American Investments in Europe* (London, 1927), p. 12.

或正式控制，伦敦证券交易所及其会员接受了在和平时期维持战时限制，部分原因是出于爱国主义，但更多的因素是他们不愿与政府对抗，不愿挑起强加的直接控制。因此，直到 1922 年底，也就是战争开始的 8 年后，伦敦证券交易所才恢复正常的交易活动。

而即使在那以后，伦敦证券交易所也没有摆脱政府的干预。特别是在 1925 年回归金本位制之前，当时的政府仍然担心投机行为对英镑价值的影响，财政部和英格兰银行在幕后依然通过单独或联合的方式，继续以它们在战争中习惯的方式施加影响。由于外国投资给英镑带来了压力，并减少了可用于购买政府债务的资金，英国政府依靠伦敦证券交易所对其会员资格的绝对权力对外国投资采取了限制。伦敦证券交易所采取的方式是降低国内市场对外国发行股票和债券的吸引力，然而这种合作方式却几乎没有让伦敦证券交易所从政府得到任何特权。与此同时，由于急需财政收入以支付巨额的战争债务利息，英国政府在 20 世纪 20 年代对证券交易所征收交易额税赋，并忽视了此举可能导致业务外流的后果。因此在 20 世纪 20 年代，伦敦证券交易所因为与政府的合作而遭受了损失。一些业务被转至不受伦敦证券交易所甚至国外证券交易所规则和条例约束的主体手中。

然而，伦敦证券交易所及其成员愿意接受政府施加的限制和不利条件，主要由于他们还拥有自由管理自身事务和按自己意愿运作的权利，这在 1925 年恢复金本位制之后变得很有价值。随着货币形势的稳定和政府预算的平衡，证券交易市场或在某种程度上恢复到 20 世纪 20 年代末战前的情况。尽管失去了许多国际业务，美元证券市场一去不复返，但其他的国际机会再次出现。比如，为整个帝国甚至中欧的股票和债券提供一个市场，以恢复那里因为恶性通货膨胀而摧毁的储蓄机构。与此同时，由于购买战争贷款，国内大众投资者群体得到极大扩张，推动国内公司证券市场不断扩大，英国企业也因此在高个人所得税时代寻求到新的融资渠道。在这样的条件下，伦敦证券交易所认为政府施加的限制和税收既不是特别繁重，也并无侵扰性。然而，这种情况在 1931 年又发生了改变。

当英国于 1931 年 9 月 20 日脱离金本位制时，伦敦证券交易所征求了英格兰银行副行长的意见，并打算在宣布脱离金本位制当天继续营业。然而伦敦证券交易所却短暂地关闭了一段时间，直至 1931 年 9 月 24 日才重新开放，并且在政府限制投机活动的压力下，将证券交易仅限于现金，不允许开展远期市场运作。远期市场交易直到 11 月 16 日才恢复，期权交易于 1931 年 12 月 18 日重新开始。即便如此，由于英镑疲软，伦敦证券交易所仍面临政府的压力，不得不控制外国证券的交易活动，从而限制自身会员在该领域开展业务。因此，20 世纪 30 年代，伦敦的外国证券交易越来越多地落入伦敦证券交易所非会员的手中，特别是国际网络发达的大型银行。在资本流动受到外汇管制的条件下，他们仍然能够从强监管市场中获利。他们可以培训工作人员，使其更好地理解条例，并将业务纳入其分支机构网络。因此，20 世纪 30 年代，伦敦证券交易所的成员只能越来越多地转向国内证券。

然而即使在国内市场，伦敦证券交易所也受到来自政府越来越大的压力，从而被迫改变了运作方式。导火索是 20 世纪 20 年代末，伦敦证券交易所发生的一系列涉及新股发行的丑闻。随之而来的是在 30 年代中期，一些股票经纪人采用了高压销售的技术，这些事情让伦敦证券交易所成为不良媒体关注的焦点。随着政府立法遏制滥用职权，伦敦证券交易所被迫进一步收紧对新股交易的监管。这使得它对较小的英国公司、矿业企业和新企业的股票吸引力降低，这些公司的股票被吸引到其他市场，比如许多省级证券交易所提供的市场。所幸伦敦证券交易所通过证明自己对公众舆论的反应和与国家当局的合作，逃脱了完全关闭、政府直接控制或遭受法定机构密切监督等命运。以上后果曾在 20 世纪 30 年代的其他国家发生过，比如 1934 年美国成立了证券交易委员会管辖国内证券交易所。伦敦证券交易所则成为一家能够代表政府对证券和投资实施某种控制的机构。与另一家以公共利益为出发点的私人金融机构英格兰银行一样，伦敦证券交易所在20世纪30年代末开始占据证券市场监管机构的半官方地位，这对其运作方式产生了影响，因为它不再仅仅满足证券市场的需求，而更多的是为满足政府的意愿。尽管如此，在第二次世界大战之前，伦敦证券交易所的主要作用仍然是代表其成员提供和运作一个有序的证券市场，即使这个市场中，英国政府的证券非常重要，约占总价值的三分之一（见表4.1）。

与第一次世界大战不同的是，第二次世界大战早在预料之中。在战争最终爆发的前几年，伦敦证券交易所就开始了应对冲突的准备工作。伦敦证券交易所制订了一套与财政部和英格兰银行达成一致的计划，涵盖了对机构的安排以及会员的活动。因此，当1939年英国和德国之间爆发战争时，英国民众并没有恐慌。1939年9月1日，伦敦证券交易所因宣战而关闭，但一周后，即9月7日重新开放。此时，政府债券和相关股票受到最低价格限制而稳定自身价值，交易方式仅仅接受现金交易，并要求立即交割，不允许期权交易。这意味着，英国政府宁愿让证券交易所开放并在其监督下运作，也不愿意接受一个不受控制的外部市场。由于伦敦证券交易所及其会员的首要任务是保持市场开放，从而为企业提供服务，因此他们愿意接受政府施加的条件，即使是那些超出规范交易措施范畴和市场准入限制的条件。从重新开放之初，伦敦证券交易所就推出了一项规定，即如果财政部反对任何新发行的股票上市，那么证交所就不会进行此类交易。这意味着，伦敦证券交易所自愿将最终权力移交给财政部，确保了政府能够防止任何严重的国内储蓄竞争影响到国内贷款，并控制了所有国内资金流入外国证券的可能性。其结果是，伦敦证券交易所提供的证券市场越来越受英国政府债务的支配，到1945年，英国政府债务占总债务价值的54%（见表4.1）。

作为全面合作的回报，伦敦证券交易所希望得到政府的认可，即在法律上承认其本身就是英国证券市场。政府却不愿承认这一点，因为伦敦证券交易所仍然作为一个私人机构在运行。然而在战争期间，政府日益意识到需要加强伦敦证券交易所的权威。最终在 1944 年，随着保护投资者的《防欺诈（投资者）法》[*Prevention of Fraud* (*Investors*) *Act*] 的通过，伦敦证券交易所获得了一定程度的官方认可，因为法律中限制了除伦敦证券交易所成员以外的证券经纪人的活动。从第一次世界大战开始到第二次世界大战结束，英国政府与伦敦证券交易所达成了一项隐秘协议：作为维持证券市场秩序和支持国家政策的回报，虽然政府不会出具官方认可，但政府将竭尽所能加强和扩大伦敦证券交易所对证券市场的影响力。这种认可只有在拥有国家所有权的情况下才有可能实现，比如像 1946 年的英格兰银行那样。伦敦证券交易所制定出的一系列规则和条例，可以强制其成员遵守，但并不适用于非成员。因此，只要在英国买卖证券的大部分机构都属于伦敦证券交易所（尤其是国内股票和债券），它的权威就会相当有效。《防欺诈（投资者）法》确实强化了其权威，然而这却使非成员的证券经纪人难以经营。

最后的结果是伦敦证券交易所在战争期间及之后更加专注于国内市场，特别是在其他国家（例如阿根廷、加拿大和印度）已经证明了进行外国证券的收购或出售交易可能会破坏国内市场后。因此，对国内市场的严重依赖使伦敦证券交易所更容易受到政府的影响。到 1945 年，仅国债一项的占比就已上升至有价证券市值的 49%，而这一比例在 1939 年仅为 36%。同时在第二次世界大战期间，这一比例并未减少。而在此之后，工党政府更是将大部分经济（包括整个铁路系统）国有化，并进一步发行政府债券来补偿投资者。投资者虽然尝试多元化投资英国工商公司的股票，但这些股票的发行仍是由财政部控制的，相当于财政部是在利用其职权支持其自身的融资业务。同时，这些国有公司的前景及其产生的回报均受政府经济和财政政策的重要影响。因此，伦敦证券交易所提供的证券市场目前由英国政府证券主导，已达到总面值的 64%（见表 4.1）。

尽管伦敦证券交易所在战争结束后保留了名义上的独立性，但鉴于政府以各种不同的方式获得了控制权，因此这种独立只是一种错觉。战后，伦敦证券交易所没有能够迅速恢复其和平时期的运作模式并开发新市场，而其进行的每一步决策都必须与财政部或英格兰银行进行磋商。同时，由于政府对不受控制的市场运作充满着敌对情绪，伦敦证券交易所一直面临着政府的怀疑。英国人一直担心，投机活动可能会对脆弱的外汇状况和维持国内低利率体系的制度造成破坏性影响。作为战后工党政府的经济顾问，罗伯特·霍尔（Robert Hall）在其1949年的日记中写道，“（伦敦）证券交易所无论如何都是终究疯了，我不认为政府应该关注他们”。[①] 直到1946年12月，伦敦证券交易所才恢复了正常交易，即便在当时依然禁止期权等活动。此外，直到1959年，英国政府依然有权监督和禁止发行新的债券，并在1979年之前控制着外部资本流动，因为这些活动均可能干扰英国的融资运作以及币值稳定。[②]

因此，英国政府无须出台法律或行政指令，便能够干预1945年后的伦敦证券交易所的运作。相反，英国政府通过非正式和无记录会议采取行动，暗示伦敦证券交易所如果不合作，两者将建立法定且正式的关系。尽管这种非正式控制相比法律的直接干预似乎更为灵活，但也存在一些重要弊端，其中之一便是激励了过度的谨慎经营。英格兰银行无论是代表财政部还是自身单独行动，其最轻微的否定意向便足以阻止伦敦证券交易所推进任何经过深思熟虑的改革。伦敦证券交易所比以往任何时候都更加保守，因为保守被认为是维持其生存的最佳方式。为了能与英格兰银行行长直接接触，伦敦证券交易所需要以政府认可的方式运作，并且以符合金融和货币政策的方式经营。政府通过直接对英格兰银行施加影响从而决定伦敦证券交易所的行为，而不是利用不断演变的客观市场需求以及政府维护有规则的交易环境的主观愿景来驱动。所以，在经历了持续

---

① Sir Robert Hall, 16 November 1949, in A. Cairncross (ed.), *The Robert Hall Diaries* (London, 1989), p. 96.

② Michie and Williamson, *British Government*, pp. 322 (Schenk), 369 (Goodhart).

六年的第二次世界大战之后，英国经济变得羸弱且贫瘠，国际局势变得混乱和动荡。起码从短期来看，伦敦证券交易所及其成员除了接受自身当下定位之外，也很难改变现状。

到了 20 世纪 50 年代，英国经济从战后逐步复苏，国际局势趋于稳定，左翼工党政府被右翼保守党政府取代。然而对于伦敦证券交易所来说，几乎鲜有改变。除了钢铁业，多数行业依然被列为公有制经济，因此伦敦证券交易所也不再经营铁路证券等曾经交易活跃的国内证券。并且，由于历届政府均持续担心英镑作为国际货币的实力，外汇管制依然存在，这使得伦敦证券交易所重新建立外国证券市场变得尤为困难。然而伦敦证券交易所的历任主席都对自己所拥有的权力津津乐道，而且纷纷扮演着政府官员的角色。他们意识到了伦敦证券交易所对于政府的依赖，特别是对于维系国债市场的重要性，这也影响了他们的行为。其结果是，尽管证券市场出现了欧洲债券快速发展等一系列新的机遇，伦敦证券交易所依然与变革和创新绝缘。但是伦敦证券交易所并不能完全垄断本国证券市场，英国还有着其他位于主要省级城市的证券交易所，其成员不受伦敦证券交易所规则的约束。随着电话通信的发展，这些省级经纪商可以在某些类别的行业证券中提供一个与伦敦证券交易所竞争的全国性市场。

更为重要的是，伦敦证券交易所由于自身的规则限制，将银行和外国经纪商排除在其成员之外，而第二次世界大战后这些机构往往更适合在更为多元化的环境中从事证券的交易和销售。特别是鉴于外汇管制的持续，外国证券交易尤为依赖银行和外国经纪商。1950 年以后，随着伦敦证券交易所强化在管理证券市场方面的作用，其对证券市场的控制权被外部竞争所逐渐削弱。这也是伦敦证券交易所不再代表市场参与者管理证券市场，而是成为英国政府无偿代理人的必然结果。即便伦敦证券交易所正处于强势地位，其他竞争者难以发展，但如果没有法定机构的授权，伦敦证券交易所也不能免受竞争的影响。

除了能够提前获取政府提供的信息外，伦敦证券交易所得到的回报似乎微乎其微。1947 年，战后工党政府将证券转让税提高至 2%，直至 1963 年 8 月才再次降低至 1%，此次减税与 1964 年开始征收证券增值税有关。特别是在 1982 年前还尚未引入通胀准备金的情况下，证券交易所对证券转让税非常不满，因为相对于其他投资，该税种抑制了市场对证券的需求。但是，1% 的转让税依然推动了海外交易，尤其是无记名债券的交易，因为这些债券控制着国际市场。1974 年，新工党政府再次将转让税提高了一倍至 2%，直到 1984 年才再次降至 1%。尽管在 1986 年转让税进一步降至 0.5%，但英国依然没有像其他很多国家一样废除了该项税种。①

然而，自 1950 年以来，随着英国政府证券票面价值的稳步增长，其对伦敦证券交易所的重要性明显提升。1950 年至 1990 年，英国政府债券从 1950 年的 147 亿英镑攀升至 1288 亿英镑，其中在 70 年代增长迅速。到了 1980 年，该政府债券占伦敦证券交易所所有证券票面价值的 60%，又随着政府借款的减少而下降（见表 4.1）。这表明，伦敦证券交易所和政府之间的相互依赖性越来越大，但在考察市场价值时这种趋势却是相反的。通胀率的持续上升影响了固定利率证券的实际价值。相比之下，公司类股票更具增值潜力，投资者也逐渐将目光从政府债务转向公司股票。因此，英国政府债券的实际价值不断受到通货膨胀的侵蚀，大大降低了其在市场中的重要性。1950 年，英国国债占上市证券市场价值的 55%，到 1980 年该比例降至 22%，到 1990 年进一步降至 6%（见表 4.2）。与此同时，伦敦证券交易所日益成为英国公司发行股票的市场。

① Michie and Williamson, *British Government*, p. 295 (Thomas).

表 4.2　英国政府证券和伦敦证券交易所，1939—1990（市场价值）①

年份	英国政府证券市值（单位：亿英镑）	英国政府证券占伦敦证券交易所所有证券报价的比重（单位：%）
1939	65.98	36
1945	121.68	49
1950	137.58	55
1960	43.53	32
1970	161.01	15
1980	607.80	22
1990	1241.73	6

以往许多英国公司股票都是在省级证券交易所而非伦敦上市的，这些股票大部分由公司业务所在地及其周边的专业投资者持有。1950 年后的几年中，这类公司越来越多地被吸引全国投资者的国内企业所取代。诸如高额的个人所得税和限制股息支付等政策加之资本利得的税率要远低于所得税税率，鼓励了大型国有公司通过兼并和收购等方式持续发展。同时，战后的税收制度还激励了通过养老金和保险等方式开展的集体投资，而非个人股票投资。因此，自 20 世纪 50 年代末起，英国证券市场逐渐变为主要由基金经理（主要集中在伦敦）进行的对大型国有公司的股票交易。由于伦敦证券交易所为英国证券提供了最深、最广的交易市场，证券交易业务从曾经辉煌的省级证交所不断向伦敦证券交易所转移。1950 年，英国国内工商类股票占上市证券总市值的 21%，到 1980 年这一比例达到了 47%。在这一时期，金融类股票占比从 7% 增长到 13%，矿业和石油类股票从 8% 增长到 16%，促使了 1973 年伦敦证券交易所与省级证交所的合并，伦敦证券交易所实质上已经垄断了英国国债和公司股票的国内市场，这在一定程度上是政府政策的间接和偶然产物。

最终，由于外汇管制打压了伦敦证券交易所的外国证券业务，

① Michie, *London Stock Exchange*, pp. 320ff, 360f, 419ff, 440, 473, 521f, 589f.

使得外国证券交易所很难竞争到英国投资者的业务。与此同时，伦敦证券交易所获得了英格兰银行的支持，使其国内证券市场监管能力得以增强，这意味着伦敦证券交易所在国内几乎鲜有竞争对手。政府政策所引发的证券市场集中化对伦敦证券交易所非常有利，但这并非是政府政策的直接目的，而是一个偶然结果。上述现象不仅存在于 1951—1964 年和 1970—1974 年的右翼保守党执政时期，也存在于 1964—1970 年和 1974—1979 年的左翼工党执政时期。直至玛格丽特·撒切尔夫人为首的保守党在 1979 年废止了外汇管制，才打破了伦敦证券交易所一直享有的免受竞争保护。尽管遭到伦敦证券交易所及其会员的强烈反对，其中许多人也曾积极支持保守党参选，但本届政府仍继续在国内证券市场中引入更大程度的竞争。

直到 20 世纪 80 年代，伦敦证券交易所仍接受政府施加的限制和税负，因为证交所及其会员依然通过垄断国内证券市场获取利益。但并不意味着证交所及其成员乐于接受这种关系，只是他们认为相对于更严苛的管制，这种关系更容易被接受。1962 年，在亲商的保守党执政时期，伦敦证券交易所的 300 名成员曾签署了一份请愿书，指出“我们从现任政府那里只会得到阻碍，而不是帮助”。[①] 在 20 世纪 70 年代中期，由哈罗德·威尔逊（Harold Wilson）领导的社会主义政党执政时，人们对政府的政策更不抱有希望了。在 1975 年，伦敦证券交易所理事会得出一个结论：

没有一个工业国家，在短短的几年之内经历过类似无休止的一连串临时性现象：国有化、非国有化、再国有化、税率变动、税收结构改变、引进和废除了投资津贴、初始津贴、资本津贴、发展津贴、自由折旧、工业重整公司法、有附加条件的《工业法》和无附加条件的《工业法》、国家企业局、股息控制、价格管制、工资控制以及其他类似的短暂政策。[②]

尽管如此，伦敦证券交易所仍继续与政府保持合作，监管着国

① London Stock Exchange, Council Minutes 24 December 1962.

② London Stock Exchange, Council Minutes 1 July 1975.

内证券市场。反过来，政府也乐于接受现状，因为这样为控制和监管国内证券市场提供了合理且有效的机制。然而，这的确意味着，以欧洲债券形式出现的新兴国际证券市场游离于伦敦证券交易所之外，主要由银行进行交易。此外，对于英国的新兴公司和小型公司而言，如那些从事石油勘探或新技术的公司，伦敦证券交易所是一个糟糕的市场。这类公司对投资者来说风险较高，一旦亏损，可能会导致舆论哗然和政府干预。因此对于伦敦证券交易所来说，更简单的做法是忽略这些公司，只专注于为政府债券和老牌英国公司的股票提供市场，来为伦敦证券交易所及其成员带来低风险的业务。

基本上，在 20 世纪 80 年代以前，伦敦证券交易所通常能够利用其半官方的地位和对国内证券市场垄断优势，对客户采取固定收费制度和一系列反竞争举措，从而为其会员谋取利益，例如，将银行和外国经纪人排除在会员之外，拒绝机构投资者直接进入市场。政府的垄断委员会和公平交易办公室很清楚这一情况，但很难对此进行干预。但是到了 80 年代，这一切都改变了。

在伦敦证券交易所的历史上，没有任何事件比 1986 年“金融大爆炸”更能吸引媒体的关注。1986 年 10 月 27 日，伦敦证券交易所向银行和外国经纪人开放了会员资格，放弃了固定佣金制度，允许做市商直接与投资者交易，并且将证券买卖变成了电话交易市场。政府直接参与了这一引发深刻变革的谈判，且伦敦证券交易所仅仅被告知有关情况，并没有被征求意见。管制模式的消亡结束了伦敦证券交易所垄断国内市场的时代，并终结了将其自身的制度强加给交易者的能力。在 20 世纪 80 年代早期，伦敦证券交易所的管理者（尽管不是所有的成员）也认识到了由于垄断地位不复存在，排挤竞争对手和征收固定费用的行为毫无意义。在没有外汇管制的情况下，大型机构投资者可以通过外国证券交易所进行买卖，特别是通过 1975 年放弃固定佣金的纽约证券交易所。大量的外国银行家和经纪人进驻伦敦，加上电信业的发展，使得交易变得更为简单且便宜。英国最大公司国际化的本质已经为其证券创造了一个外部市场。

在这种情况下，伦敦证券交易所理事会于1983年与政府达成了协议，作为对免除潜在反竞争措施的回报，交易所将于1986年之前放弃固定收费制度。与过去一样，伦敦证券交易所的观点是，几乎任何措施都将比政府直接干预市场更可取。正如伦敦证券交易所理事会在1983年7月指出，“让英国政府成为我们命运的掌控者是有风险的，政治家常常都是摇摆不定的人”。[①] 在这一时期，伦敦证券交易所和英国政府都没有充分认识到它们所达成协议的深刻意义。

一旦固定收费制度取消，伦敦证券交易所就不可能阻止做市商和大型外部投资者之间的直接交易，因为此类交易始终可以通过经纪商作为中介来开展。这将损害经纪商的利益，尤其是在与大型机构投资者的交易中。反过来，如果伦敦证券交易所仅对经纪商成员收取费用并施加限制，但没有让其享有不同于非会员的好处，这些经纪商将不再愿意继续成为会员。一旦结果显而易见，伦敦证券交易所将别无选择，只能接受其规则和条例的全盘改变。这其中包括将会员资格扩大到所有证券交易参与者，包括银行以及海外经纪商，并新建一个电子化市场，使会员彼此间的交易场所联系起来，从而替代交易大厅。除非伦敦证券交易所能够说服那些在伦敦的证券交易者加入，否则它将难以生存下去。要做到这一点，就必须彻底改变方向。伦敦证券交易所必须破除对其会员不利的规则和条例，并以具有吸引力的价格和高水平的服务提供交易场所和便利。然而这一根本性的变化，意味着伦敦证券交易所对整个证券市场的监管权力将被削弱。当前它的生存已不取决于是否符合英国政府的意愿，而是取决于是否能满足国际知名的大型银行和经纪公司与日俱增的需求。只要这些公司愿意，它们就可以在其他地方进行交易。因此伦敦证券交易所无法像过去一样，默许英国政府提出的与交易所主要客户利益相冲突的要求。

英国政府花了相当长的时间才意识到，结束外汇管制并放弃固

① London Stock Exchange, Council Minutes 21 - 22 July 1983.

定佣金的行为，摧毁了自第二次世界大战后建立起来的控制和监管国内证券市场制度的基础。伦敦证券交易所不再拥有监管国内证券市场和制定规章制度的权力。因此，英国政府于 1986 年成立了一个独立机构，即证券投资委员会，负责监管整个证券市场。尽管伦敦证券交易所还掌握着其他权力，但其半官方地位正在迅速消退，甚至连经营国债的权力也没有了，因为这是英格兰银行和财政部控制的。这使得伦敦证券交易所成为专门交易公司股票的专业市场，吸引了包括英国投资者在内的全球投资者。

事实证明，伦敦证券交易所实行的证券市场自由化吸引了那些仍然实行管制的国家的证券交易，它们的业务转移到了伦敦。反过来，这又将伦敦证券交易所的运营从国内证券市场（特别是英国政府债务市场）引向了全球证券市场。因此，在 20 世纪 80 年代，英国政府和伦敦证券交易所之间的关系发生了根本性改变。英国政府建立了一个正式的机构来管理证券市场，而非通过伦敦证券交易所来运作。该机构于 1997 年并入新成立的金融服务监管局，这反映了当时银行和经纪机构的集中本质。在这一过程中，伦敦证券交易所逐渐失去了它曾经履行的许多监管职能。在 1988 年，它失去了对经纪人/客户关系进行监管的职能，在 2000 年，失去了审查英国所有新公司发行以及公开披露价格敏感信息的职能。取而代之的是，伦敦证券交易所更注重提供一个对国内外发行人、用户和投资者具有同等吸引力的证券市场。

自 2000 年伦敦证券交易所转型为上市公司后，这种变化更为明显，其结果是伦敦证券交易所仅对其股东和用户负责。由于股东和用户的国际性日益增强，对伦敦证券交易所来说，更重要的是其所能提供的回报和服务。在这种情况下，伦敦证券交易所不再有充当英国政府的无偿代理人、回应政府意向的意愿和自由了。事实上，随着欧盟颁布越来越多影响伦敦证券交易所及其用户的法律，英国政府自身意愿的重要性也在逐渐减弱。然而，法定且独立的金融服务监管局与伦敦证券交易所的监管关系一直存在，且越来越强。

通过研究伦敦证券交易所和英国政府之间的相互关系，可以发现20世纪金融市场和国家之间复杂多变的关系。在第一次世界大战后的几年里，世界各国政府对证券交易所的影响力越来越大。许多证券交易所被废除，而幸存者也受到了各种类型和不同程度的控制。即便在貌似没有任何变化的英国，伦敦证券交易所也转变为负责监管证券市场的半官方政府部门。特别是在第二次世界大战后，伦敦证券交易所虽然在名义上是独立的，但它与央行之间的工作联系非常密切，因而政府没有必要直接干预证券市场。直至1979年外汇管制结束，随着英国国内证券市场垄断的崩溃，这种情况才告一段落。

然而，伦敦证券交易所和英国政府之间的关系并未恢复到1914年前的水平。取而代之的是一个美国式的监管机构负责全面监管国内证券市场，这也是全球各国证券监管的普遍趋势。第一次世界大战爆发以来发生的种种事件，使得包括英国在内的许多国家政府无法放弃维持证券市场稳定和平稳运作的职责。政府不仅承担着巨大的经济和金融责任，而且1929年华尔街大崩溃让人们相信，政府干预对于金融稳定至关重要。[①] 与此同时，当前证券交易所的经营环境已经截然不同了。证券交易所中实体交易场所已不再是证券市场的中心，证券交易所也不再享有以往对会员拥有的大部分权力。通信和计算技术的变革，使得建立直连全球证券参与者的电子市场成为可能。其结果是，拥有全球化网络的大型银行能够行使曾经证券交易所的职能。因此，证券交易所的运营甚至所有权逐渐国际化，使其不再单独以本国为基础运作。证券交易所的存在更多是为了服务其所有者和用户，而这些所有者和用户正日益变成全球银行、国际基金经理和跨国公司。在这种情况下，证券交易所和各国政府之间建立了新的关系，这表明更深层次的全球化正成为可能。

---

① R. G. Rajan and L. Zingales, *The Great Reversals. The Politics of Financial Development in the Twentieth Century* (Paris, 2000); E. Dimson, P. Marsh and M. Staunton, *Triumph of the Optimists. 101 years of Global Investment Returns* (Princeton, 2002).

1914 年以前，绝大多数国家的政府与证券交易所基本没有关联，之后各国政府很大程度上通过控制证券交易所从而影响国家证券市场。到了 20 世纪末，人们普遍认为，在充分认识到过度干预和收费将刺激交易活动转移他地的情况下，政府除了干预国内证券市场外，其他可行的干预并不多。在新形势下，证券交易所和政府都失去了它们曾经拥有的权力，因此两者间的关系就不那么重要了。取而代之的是一批规模庞大、触角遍布各个行业的金融企业，其重要性已经超越了证券交易所和管理它们的政府。正如 1914 年以前的证券交易所一样，那些经营企业的人所希望能够在不受政府控制和限制的情况下开展日常经营。无论执政党的政治主张如何，它们都不想影响政府决策，只希望政府政策不会影响其经营。在这一方面一切都没有改变，似乎回到了 20 世纪初的状况。然而在这些年，政府干预引起的各个方面的变革都留下了不可磨灭的痕迹。

5. 20世纪法国金融体系中国家的作用：一个特殊的例子？①

劳伦·昆努埃尔－科尔（Laure Quennouëlle－Corre）
安德烈·斯特劳斯（André Straus）

简介

目前，经济学家们用于研究金融体系的新方法已发展成熟，但某些实证估计方法仍有待完善。时至今日，“市场视角与银行视角”“法律与金融”“政治与金融”等方法仍然是进行深入历史分析的有效工具。经长期论证，法国案例很好地体现了上述研究方法的相关性。本文的分析包含一些细微的差别，同时也进行了一些概括总结，尽管有些部分可能论述得过于简略，例如在两次世界大战期间，国家在金融体系中的重要性提高并发挥主要作用（即“大逆转”②）。法国与其他地方一样，在“大萧条”后增强了国家对经济和金融体系的干预。但是这种干预并不新鲜，并在两次世界大战和战后经历了多个加速时期。

研究国家在金融体系中作用的方法有许多种。第一，研究其作为金融市场和银行体系的立法者和监管者的行为演变；第二，考虑其在整个系统中的“财务权重”；第三，研究国家对金融机构的所有权是否可以成为影响信贷分配的一种方式；第四，必须考虑直接的国家筹资作为重要干预工具的情况。这些现象之间存在联系，但

① 感谢斯特凡诺·巴蒂洛西和杰米·瑞斯的认真校阅，以及匿名校稿人的宝贵意见。

② R. G. Rajan and L. Zingales, The Great Reversals. The Politics of Financial Development in the 20th Century, Working Paper, University of Chicago, 2000.

未成系统。法国金融业与其他地方一样，在20世纪发生了巨大变化。同时，法国在国家与金融体系之间的关系上存在着一些长期、牢固的取向：公共债务发挥了巨大作用，在债券市场处于主导地位；国家和银行之间长期存在既相互支持又相互竞争的关系；国家在金融领域进行各种干预，有时采取相对间接和审慎的方式，如"减少财政补贴"等；市场上的不公平竞争（如对公共金融产品免予征税、财务利息分红等）；与目前在银行工作的前高级公务员建立非正式的联系网络，以便向金融部门宣传政府立场。

我们建议通过从历史的角度定义这种干预"潮起潮落"的特征，来研究20世纪国家干预的演变历程。

在19世纪下半叶，法国的经济行为与英国一样，是典型的"古代"资本主义国家的行为，难以适应第二次工业化的新技术带来的所有机遇。[①] 自19世纪60年代至90年代中期的"长期停滞"后，到第一次世界大战止，法国处于经济恢复阶段。但是，尽管法国年经济增长率可与英国比肩，但在国际贸易中的各个领域仍表现出停滞时期的痕迹，并且没有像德国这样的新兴经济大国那么活跃，从金融角度来看，19世纪末的法国经济是以市场为基础的经济。[②] 尽管家庭储蓄的重要性不像历史学家过去所说的那样，[③] 但它们允许国家和企业首先通过累积的储蓄获得融资。其实，法国公司

---

① A. Gerschenkron, *Economic Backwardness in Historical Perspective* (Cambridge MA, 1966).

② 20年来，大量的学术文献探讨了相关问题，主要是经济学、政治学和社会学，其研究重点是金融与增长之间的关系以及金融领域的功能，但历史文献较少。重要的著作包括：R. Levine, 'Financial Development and Economic Growth. Views and Agenda', *Journal of Economic Literature*, 35, 2 (1977), pp. 688 – 726; F. Allen and D. Gale, *Comparing Financial Systems* (Cambridge, MA, 2000); R. Levine, 'Finance and Growth. Theory, Mechanisms and Evidence', in P. Aghion and S. N. Durlauf (eds), *Handbook of Economic Growth* (Amsterdam, 2005). We must also mention the numerous papers from the team of R. Laporta, Lopez – de – Silanes, A. Shleifer, R. W. Vishny on the topic of 'Law and Finance' and many works of political economists like M. Loriaux which attempt to characterize the French case as the well – known 'debt economy' model, like those of J. Zysman, S. S. Cohen or D. Verdier。

③ J. Bouvier, 'L'extension des réseaux de circulation de la monnaie et de l'épargne', in F. Braudel and E. Labrousse (eds), *Histoire économique et sociale de la France*, vol. 4, 1 (Paris, 1979), pp. 197f.

主要是靠自己的利润筹集资金，它们对外部资金需求普遍较低。此外，由于传统税制的影响，公共开支经常超过税收，国家不得不利用金融市场。对于大公司（至少是最大的公司）而言，需要外部融资来开展其投资时，也依赖金融市场。①

19世纪80年代到第一次世界大战期间的金融市场和国家控制

1880年至1913年，巴黎证券交易所②的股票市值从600亿金法郎增至1160亿金法郎，翻了一番，年均增长率为2%。1913年活期账户和存款账户的比率至少为1∶6。在1913年，股票市值比国民收入高2.8倍（1966年只高0.4倍）。就发行证券的总价值与国内生产总值的比值而言，该比率从1896年的4%增至1913年的9.2%（第二次世界大战后，该比率保持在2%～3.7%）。在巴黎房地产业，股票所占比例从1847年的16.6%上升到1911年的51.4%。另一个问题是对外国证券的投资量。在19世纪末，法国是仅次于英国的世界第二大银行国，但远远落后于英国。③ 虽然法国经济在铁路建设之初不得不依赖英国的资本，但是，到法兰西第二帝国时期，国内资本第一次大量投向国外，即对邻国特别是地中海国家进行了大量的直接投资。④ 从1866年到1895年，这一现象有所放缓，资本输出平均每年下降到GDP的2%以下。随着19世纪末经济增长的恢复，法国资本输出出现了新的增长，占GDP的比重上升到3.5%，

---

① 有关19世纪法国资本市场的内容，参见P. -C. Hautcoeur and G. Gallais - Hamonno (eds), *Le marché financier français au XIXe siècle*, 2 vols (Paris, 2007)。

② e. Vidal, *The History and Methods of the Paris Bourse* (Washington, 1910); W. Parker, *The Paris Bourse and French Finance* (New York, 1920); W. Parker, *The Paris Bourse* (Washington, 1930); R. Michie, 'Different in Name only? The London Stock Exchange and Foreign Bourses 1850 - 1914', *Business History*, 30, 1 (1988), pp. 46 - 68.

③ Y. Cassis, *Capitals of Capital* (Geneva, 2005) 中又强调了相同的表述。

④ M. Lévy - Leboyer (ed.), *La position internationale de la France. Aspects économiques et financiers XIXe - XXe siècles* (Paris, 1977).

占总投资的28%，并且在1905 年至1913 年出现了更大幅度的增长。这占据了法国金融市场上全部证券发行量的三分之一，直到今天，这个水平都远高于其他任何时候。大型银行的利润最大化政策和储户的偏好都是资本输出蓬勃发展的原因。存款银行自 19 世纪 70 年代以来一直不热衷于支持工业化发展，其利润的很大一部分来自从外国证券投资中扣除的佣金。存款银行很早就朝这个方向开展业务，它们开拓了国外市场并开设了代理商。例如，法国里昂信贷银行早在 19 世纪 70 年代就对俄罗斯市场感兴趣。① 储户倾向于购买这些证券，因为其收益率高于法国债券的收益率。此外，大多数法国储户都喜欢固定收益股票。但是在 19 世纪 90 年代以后，法国政府和地方社区的借款较以前减少了，相反通过支付利息和分期还款向市场提供流动性②。因此，巴黎金融市场比伦敦或柏林金融市场更加偏好债券。

20 世纪初在新闻工作者 "Lysis" 和银行家 "Testis" 之间有一个著名争论，即关于法国资本输出是否对经济增长和贸易具有正向的经济影响。但是，真正的问题是国家影响资本流动的能力。从 19 世纪初开始，国家就在金融市场上拥有一定权力。法国的股票经纪人是由财政部提名的。法律明确规定了股票经纪人数量，股票经纪人垄断了股票市场上的交易。而且，股票经纪人不可同时从事银行家或商人工作（股票经纪人被禁止在市场上任职），因此他们从未担任过伦敦股票经纪人所担任的职务。政府密切监督巴黎证券交易所，控制经纪人的行为，审查证券的报价。政府有权允许或禁止外国证券的发行及其在证券交易所的报价。金融市场上的贸易自由受

① J. Bouvier, *Le Crédit Lyonnais de* 1863 *à* 1882. *Les années de formation d'une banque de dépôts* (Paris, 1961); M. Lévy - Leboyer, 'La spécialisation des établissements bancaires', in F. Braudel and E. Labrousse (eds), *Histoire économique et sociale de la France*, vol. 3, 1 (Paris, 1976), pp. 431 - 71; B. Desjardins, M. Lescure, R. Nougaret, A. Plessis, A. Straus (eds), *Le Crédit Lyonnais* (Geneva, 2003).

② A. Straus, 'Trésor public et marché financier', Revue Historique, 106 (1982), pp. 65 - 112; and P. Verley, Nouvelle histoire économique de la France contemporaine, vol. 2, L'industrialisation, 1830 - 1914 (Paris, 1989).

到严重限制。尽管如此，金融市场在 19 世纪末和第一次世界大战前的几年里蓬勃发展。实际上，从一开始就是市场的力量和国家财政需求的共同作用，促进了市场的自由发展。的确，官方中介机构的数量很快就无法满足业务规模的需要。1870 年至 1905 年，伦敦股票交易所的会员从 1406 位增加到 5567 位，而在巴黎，会员资格由政府设定，处于较低水平，仅从 1898 年的 60 位增加到 70 位。这导致了另一个名为“场外经纪人”（coulisse）的自由、非正式的市场在 19 世纪初出现并开始发展。另外，政府为了放贷，要求交易对手方能够持有贷款直至储户能够购买付息政府债券。因此，两个市场与国家之间的关系是一个关于“场外经纪人”市场的试行、关停和重启的漫长故事。在 19 世纪末，法国通过对“所有经常参与证券交易方”征税解决了这一问题，这意味着官方股票经纪人与“场外经纪人”实现并存。从理论上讲，若银行集团、股票经纪人联合会和最大的“场外经纪人”公司均听从政府建议，那么法国政府可以允许或禁止外国证券的发行。实际操作中，政府要阻止大型存款银行出售未经授权的债券（被称为“壁炉架下散逸出的贷款”）是很难的。[①] 在这里，国家与银行集团之间的勾结远没有德国强。从 1900 年到 1910 年，包括股票市场证券在内的资产比例从 7% 上升到 10%。[②] 这代表了长期储蓄投向的转变。1851—1855 年，房地产遗产的占比大约为三分之二，而在第一次世界大战前还不到 44%。国家在股票市场投资日益增长的重要性可以通过比较未经国家担保的可变利率股票与固定收益股票或国家倡导的股票（信用债券、付息政府债券、外国证券）进行评估。从 1880 年到 1895 年，“保证存款”在股票市场资本中所占的比例从 53.3% 增长到 63%。但是在 1895 年之后出现了一次回撤，在 1905 年以后回撤更为严重，该比

① R. Girault, *Emprunts russes et investissements français en Russie*, 1887 - 1914 (reprinted, Paris, 1999).

② A. Gueslin, 'Banks and State in France from the 1880s to the 1930s. The Impossible Advance of the Banks', in Y. Cassis (ed.), *Finance and Financiers in European History*, 1880 - 1960 (paris and Cambridge, 1992).

例在1913年下降到不足49%。从第一次世界大战开始，到股票交易所关闭一段时间后，政府于1916年禁止外国发行证券。事实上直到1926年、法律上到1928年[①]法郎稳定之前，巴黎金融市场作为国际金融中心的地位有所削弱，主要是由于法国经济疲软（大部分生产潜力遭到破坏，相当一部分外国资产被抛售，高通胀和法郎贬值）。

商业银行，公共或准公共银行和政府

在1914年之前，最受欢迎的储蓄类型是金融投资，但这并没有增加银行的资源，因为银行纯粹是充当中间人的角色。银行靠自身资本、准备金尤其是存款（对于存款银行而言）来维持银行的财务状况。两次世界大战之间银行体系的重大问题之一是私营银行和公共或准公共银行之间的竞争。[②]

将公共银行获得储蓄的能力与私营银行获得储蓄的能力进行比较并不容易，特别是在银行的资产负债表中，活期账户通常与存款账户混为一谈。但是，在1891年很明显的是公共渠道［指法兰西银行（Banque de France）和储蓄银行存款，其他存款和法国存托银行（Caisse des Dépôts）］在获取流动性方面处于领先地位。这种不平衡是由19世纪80年代初期金融和银行业危机所引起的。1880年至1885年，活期存款总额从19亿法郎下降至17亿法郎，而储蓄银行存款总额从12亿法郎增长至23亿法郎。公共渠道早期的兴起主要是由于储蓄银行所持有资金的重要性，特别是国家与私人网络一起

① A. Plessis, 'When Paris Dreamed of Competing with the City…', in Y. Cassis and E. Bussière (eds), *London and Paris as International Financial Centres in the Twentieth Century* (Oxford, 2005).

② 韦迪耶（D. Verdier）对“公共银行”发展的解释主要是政治上的：它以“三波浪潮”出现，第一波针对农民，第二波针对小型公司，第三波针对传统部门。见D. Verdier, 'The Rise and Fall of State Banking in OECD Countries', *Comparative Political Studies*, 33, 3 (2000), pp. 283-318。

建立了邮政储蓄银行网络。这产生了两个后果：首先，在以较低的成本服务个人和小企业的潜在市场方面，邮局比银行更为成功；其次，由于存款被法国存托银行用来投资付息政府债券，储蓄银行给予的利息大大高于私人银行给予的利息（1913 年分别为 2.75% 和 1.50%）。在法国民众对银行运作方式了解甚少的时候，正是国家担保加速了行业发展。主要的问题是投资于储蓄银行的存款具有金额上限。在 1881 年，这一限额从 1000 法郎翻倍至 2000 法郎，在 1895 年又降低到 1500 法郎。但是，很明显，国家越来越依赖其金融需求水平来管理银行和金融市场。尽管如此，储蓄银行存折开始渗透整个法国社会。1913 年，有 1510 万存折持有人，而当时仅有 1200 万个家庭。

在两次世界大战之间，吸收存款的变化情况没有准确数据。存款统计数字[①]清楚地显示了私人银行存款的货币或准货币特征不同于储蓄银行存款，后者的流动性通常较低。

存款的变化情况反映了通货膨胀的影响。20 世纪 20 年代的变化有利于私人银行存款，并一直持续到 30 年代，而储蓄银行遭受战时政治不确定性的困扰，私人银行存款的数量从 1913 年的 9550 增加到 1920 年的 30480 和 1930 年的 89530，但在 1937 年跌至 67443（译者注：银行存款数字，原文无单位）。在 1926 年（即庞加莱执政时法郎稳定之日）之后，私人银行的优势由于外部流动资本的涌入而进一步得到加强。

第一次世界大战是银行机构诞生的决定因素。从 1917 年到 1938 年，“公共银行资本主义”逐步发展，这一过程中并没有总体的规划，每个新机构都因某种具体情况诞生：法国农业信贷银行（Crédit agricole），法国大众银行（Banques populaires）和邮政局（1917—1918 年），法国国家信贷银行（Crédit national，1919 年），

① 在所有主要国家中，没有其他国家在经济数据的构建方面存在同样的困难。直到最近，都没有官方或其他渠道的金融资产存量估计值。第一次世界大战之前，存在大量的估计数据，其差异通常很大，且缺少合理解释。

法国酒店信贷银行（Crédit hôtelier，1923 年），法国海事信贷银行（Crédit maritime，1928 年），法国部门和城市信用合作社（Caisse de crédit aux départements et aux communes，1931 年），国家国有市场基金（Caisse des marchés de l'Etat）和法国政府严格控制下的法兰西银行（1936），法国中央合作信用社（Caisse centrale de crédit coopératif，1938）。这些新机构被加到较早的公共或半公共机构中，如法国存托银行，该银行除了自身资源外，还集中了储蓄银行、社会保险和法国土地信贷银行的资金。

经济危机：银行业监管的转折点？

实际上，经济危机是银行业监管的转折点。正是 20 世纪 30 年代的危机确立了国家在吸收存款渠道中的主导地位。由于代表着社会保险基金的存款快速增长，使法国存托银行获得了最高的相对增长率。但是增长的动力首先来自储蓄银行，其存款量从 1913 年的 58. 29 亿法郎增长到 1920 年的 81. 00 亿法郎、1930 年的 387. 63 亿法郎乃至 1937 年的 616. 38 亿法郎。根据劳芬堡（H. Laufenburger）的研究，[①] 存款和债权人活期存款账户总额如下：

银行类型	1913 年	1938 年
私营银行 （根据银行公开发布的资产负债表）	477. 80 亿法郎（1928）	602. 98 亿法郎（1928）
公共银行	481. 40 亿法郎（1928）	1092. 29 亿法郎（1928）

1929 年至 1931 年经济危机期间，由于存款利率越来越优惠的国家政策，储蓄银行在相对增长率方面再次赶上了私人银行。1927 年至 1931 年 1 月，尽管私人银行的利率从 3% ~4% 降至 1%，但储蓄银行的利率仍维持在 3. 5%。储蓄银行还受益于其他特权，例如被免予征收新的直接税，无需佣金即可转换国家债券，以及存款上

① H. laufenburger, *Les banques françaises depuis* 1914（Paris，1940）.

限的增加（从 1913 年的 1500 法郎增加到 1925 年 4 月的 7500 法郎，乃至 1931 年 3 月的 20000 法郎）。结果，储蓄银行越来越倾向于接受中小企业的交易资金，这使私人银行受到了极大冲击，但 1936 年的政治局势而非经济危机导致了储蓄银行增长的停滞。

经济危机导致的破产潮和公众恐慌，尤其是在 1932 年至 1935 年，造成了存款的大幅减少和转移。提款的增加使交易不活跃的黄金和银行券形式的现金储备激增。银行业危机首先影响的是中小型机构（大约 600 家银行未公布资产负债表，其中一半在巴黎，其他则在地方①），这使得大银行得以提高行业的集中度。②

经政府同意，事实上在其压力下，类似接管了南希公司（Société Nancéienne）的法国工商信贷银行（CIC）等大型银行，又接手了雷诺银行（Banque Renauld）等已停止经营的银行的客户。一些提款加剧了公共机构的问题，另一些提款流入了开立在法兰西银行的个人账户。20 世纪 30 年代的经济危机破坏了银行经营活动的平衡，确保了国家银行的统治地位。但是与美国（1933—1934 年）或比利时（1935 年）以及意大利、德国的情况相反，法国银行业危机并未导致金融体系的广泛改革。货币当局没有能够抓住危机带来的机会使法兰西银行的政策适应新需求。文森特·奥里奥（Vincent Auriol）、莱昂·布鲁姆（Léon Blum）或新任行长拉贝利（Labeyrie）都未能利用当时法兰西银行体制改革的时机，采取适应形势要求的货币政策和银行监管政策。这本来意味着能够取消法兰西银行的“摄政人”角色，实现其在国家层面对银行的完全控制，而该银行的资本仍掌握在私人手中。③ 尽管受到了盎格鲁－撒克逊式人民阵线（Popular Front）经济政策的启发，但法国仍未能解决

① H. laufenburger, *Les banques françaises*.

② A. Straus, 'La politique des banques régionales dans l'entre－deux－guerres. Entre croissance et rationalisation', in M. Lescure and A. Plessis (eds), *Les banques locales et régionales en Europe au XXe siècle* (*Paris*, 2004).

③ J. Bouvier, *Un siècle de banque française. Les contraintes de l'Etat et les incertitudes des marchés* (Paris, 1973).

直接贴现的问题；中央银行干预货币市场的新途径中不可或缺的工具（即公开市场政策）也没有建立起来。

公开市场政策在 1938 年春季才制定出来，其目标是巩固财政部的状况。在同一年，法兰西银行对银行的控制问题被提出讨论，但徒劳无功，而第一部银行法在维希（Vichy）政府时期才颁布。在两次世界大战的间隔期，法国政府通过法律法规对金融体系施加的影响要弱于其他地方，除了对公共渠道的影响外，它的影响力还不那么正式。

在这里必须强调法国财政检查员（Inspecteurs des finances）的作用。早在 19 世纪初，其就开始在推行金融领域的国家干预主义方面发挥了极其重要的作用。例如，财政检查员奥克塔夫·洪贝格（Octave Homberg）曾是法国兴业银行（Société Générale）的总经理、法兰西银行的审计师、法国跨大西洋公司（Compagnie Générale Transatlantique，1928—1931 年）等多家公司的董事，甚至是巴黎证券交易所（Paris Bourse）的专家。另一位财政检查员弗朗索瓦·皮埃特里（François Piétri）的职级逐步晋升，最终在 1917 年至 1924 年担任了摩洛哥财务总监（译者注：此时摩洛哥为法国殖民地）。他于 1924 年成为国会议员和政府部长。他将“商业金融”视为“在银行和交易所中存在、扰动和变化的一切事物的总和”。[①] 另外两个例子：法兰西银行行长埃米尔·莫罗（Emile Moreau）成为巴黎荷兰银行（Banque de Paris et des Pays – Bas）的总经理；1930 年，巴黎自由政治科学学校（Ecole libre des Sciences politiques）的校友会组织了关于“信用问题”的年度系列讲座，邀请了里昂信贷银行（Crédit Lyonnais）的董事奥利维尔·莫罗 – 内雷特（Olivier Moreau – Néret）和法国兴业银行的莫里斯·洛雷恩（Maurice Lorain），他们都是前财政检查员。[②]

---

① A. Plessis, 'Bankers in French Society, 1860s – 1960s', in Y. Cassis (ed.), *Finance and Financiers in European History*, 1880 – 1960 (Paris and Cambridge, 1992).

② J. Bouvier, 'Les banques', in A. Sauvy, *Histoire économique de la France entre les deux guerres, divers sujets* (Paris, 1972).

商业银行在企业融资中的缺点

两次世界大战期间，银行在商业融资中的作用受到金融市场经济环境和专门的国家渠道的影响。1880 年至 1913 年，银行授予非银行代理机构的信贷总额占 GDP 的比例从 7% 猛增至 40% 以上。因 19 世纪 70 年代和 80 年代初期存款银行带来的问题所产生的正统金融观念鼓励短期信贷（主要是通过利率贴现，表现为“银行之本”“银行的面包”），即流动资本的融资，即便一些重复续展的透支或预付款掩盖了固定资本的融资。

法兰西银行的监管基于单一利率和三项审批签字，这为存款银行创造了一个垄断市场，而在英国或德国则不然。尽管这些规则在世纪末被削弱，存款银行持有的私人票据的扩张却推进了信用货币和银行存款的产生。

法国的主要问题是投资的资金来源。正如我们已经看到的，始于 19 世纪 80 年代的紧张局势导致存款银行陷入“工业脱离”。1913 年之前，投资仍主要来自自筹资金和未分配利润。

但是外部融资的来源正在改变。各种债务的比例下降，来自匿名合伙人的资本仍然极少，并肯定低于其他来源。当可转让证券市场允许扩大投资时，其发展进入了一个新阶段。因此，市场的方向或许可以解释自筹资金的重要性。许多分析师对储蓄从生产部门转向对外国证券或付息政府债券以及财政部经常账户的投资提出了严厉批评。大型银行也因没有尽力帮助新兴产业或中小型企业而受到批评。

综上所述，可以得出三个结论。第一，通过公共渠道筹集的储蓄资金整体上并不是没有生产力。它们部分被用于基础设施和设备的支出。存款银行不仅为政府赤字提供融资，而且还向市政当局以及铁路公司等公共、准公共企业提供垫款。第二，过于聚焦发展大型银行，损害了地方性和区域性银行。当然，大银行的业务占银行业务总量的一半至三分之二，并且强烈倾向于向公共领域投资，但其下是数以百计的其他银行。在一些工业区，存在着依赖法兰西银行分支机构的本地银行系统，并很好地适应了工业区的需求。法国北部（纺织品和煤炭行业）、东部（重工业区）和阿尔卑斯山区（水力发电）都是这种情况。① 第三，1900 年至 1913 年，金融市场的前景发生了变化，金融储蓄对法国商业融资的净贡献从 3.25 亿法郎增至 15 亿法郎。尽管如此，银行在整体融资规模中的占比仍然较小。

两次世界大战之间，国家不断增长的需求对商业融资产生了直接影响。银行适应商业需求所做的尝试仍处于萌芽状态（通过完善法国存托银行的中型资产再贴现程序，成立专门向 UBR、UCINA 或 CALIF 等公司提供中期贷款的私人银行），并且银行有关贴现与预付款的策略与战前相比几乎没有改变。总体而言，商业银行对经济的贡献比以前要少。公共银行部门的贡献仍然很薄弱，特别是“国家银行”［使用丹尼尔·韦迪耶（Daniel Verdier）的术语］的贡献较少，主要是因为资源的匮乏［从 1919 年到 1936 年，法国国家信贷银行和法国土地信贷银行（Crédit foncier）的信贷发放量仅占市场总信贷发放量的不到 2%］以及对资金安全的追求（例如，1924 年，法国国家信贷银行以公共债券为担保的贷款达 83%）②。

国家对银行的需求不断增加是战争的结果，并且与福利国家的诞生有关。1913 年，法国国债占 GDP 的 10%，在第一次世界大战结束时升至 20%，1929 年降至 14%，但在经济危机期间再次升至 20%。银行习惯于在其投资组合中包含很大一部分“国防债券”。因此，在 20 世纪 20 年代初期和 1937—1938 年的大规模信贷发放中，自筹资金的水平有所提高，但银行干预的实际规模却下降了。

① M. Lescure and A. Plessis (eds), *Banques locales et banques régionales en France au XIXe siècle* (Paris, 1999).

② A. Gueslin and M. Lescure, 'Les banques publiques parapubliques et coopératives françaises (vers 1920 – vers 1960)' in M. Lévy – Leboyer (ed.), *Les banques en Europe de l'Ouest de 1920 à nos jours* (Paris, 1995).

与前一时期相反，在经济危机时期，挤出效应开始发挥作用，特别是在贴现和公共资产之间。例如，在 1934 年，5 家大型存款银行的商业投资组合收缩，这有利于法兰西银行，而短期国债的投资组合则保持不变。

但是，银行投资组合的变化并不足以解释对实体经济信贷的减少。它反映出银行自身资源的减少以及对资金安全的追求：在同一时期，由于鼓励公共融资渠道（如法国国家信贷银行、法国大众银行、法国农业信贷银行），银行的重要性有所下降。不应被忘记的是，由于市场预期低下导致投资疲软，在 20 世纪 30 年代，企业对资金的需求很低。总而言之，法国的崛起在两次世界大战期间得以巩固，考虑到银行拥有的工业证券的价值下降，银行系统对国家经济生活的贡献有所降低，特别是与其他国家相比。

关于银行的渗透率，我们可以与盎格鲁－撒克逊国家和欧洲大陆国家进行比较。在欧洲大陆上，德国而非法国拥有的银行体系最小。这可以用储蓄银行的盛行，特别是广泛的合作银行（莱夫艾森银行、大众银行）来解释。法国银行体系拥有 9000 家网点，规模处于平均水平；这主要是由于公共及准公共机构（普通储蓄银行、法国农业信贷银行、法国大众银行、法兰西银行共拥有 10200 个网点）和 16800 个邮局（发行邮储支票等产品并提供国家储蓄银行的服务）的激烈竞争。

另外，盎格鲁－撒克逊国家与瑞士之间，以及与其他欧洲大陆国家之间存在着差异，特别是在存款方面：英格兰居民人均持有 10100 法郎的存款，而法国为 1700 法郎。法国在第二次世界大战之前的这种“落后”可以用存在金融储蓄渠道、储蓄银行的竞争以及该国基本上仍是农业国来解释。银行参与经济生活的另一个障碍是缺乏可靠的银行间组织：正如我们已经看到的那样，在 1938 年之前就没有真正的货币市场。法兰西银行的法规禁止其开展公开市场操作。由于其处在与大型商业银行的竞争中，大型商业银行不与其开展任何再贴现业务，并且银行之间的双边联系无法弥补银行间市场的缺位。银行业缺乏必要的组织，使得始于 19 世纪的国家干预得以巩固。

第二次世界大战——国家监管的决定性时期

在 1939—1945 年战争期间，法国金融业发生了深刻变化，主要有以下三个原因。第一，由于战争造成的物资稀缺和经济损失，国家不得不对经济和金融进行越来越多的干预。当时价格和利率处于政府的管制之下，因此交易、资本流动、外国账户等都受到了严格控制。当然，在其他西方国家也成立了同样的战时经济组织，但是法国的情况比较特殊，由于被德国占领了 4 年，这为其带来了稳定的监管经验。第二，由于“大萧条”之后对银行体系和资本市场的监管被延迟，维希政府在这方面和其他领域一样，制定了重要的法律来监管银行体系近 25 年。1941 年法国《银行法》要求商业银行在开设新的分支机构时需提交申请；商业银行被区分为存款银行和投资银行。该法案创建了一个监管机构，即法国银行监督委员会（Commission de contrôle des banques），负责监管存款银行和投资银行，并负责审批新建银行。然而，准公共银行或合作银行（如法国农业信贷银行）、储蓄银行仍由财政部直接监管。1941 年《银行法》在战后得到确认，并且甚至因国家信贷委员会（Conseil national du crédit）的建立而得到加强，该委员会与法兰西银行有联系。第三，法国被德国占领时，不得不每天向德国支付 4 亿法郎，为期四年。由于良好的价格政策，通货膨胀虽受到控制，但政府债务大幅增加，这成为金融市场必须承担的负担。当时，利率由政府规定，在股票市场发行新股必须获得财政部的批准。相比之下，战争期间，英国政府与伦敦金融城之间的关系并没有如此受限制：无论是在股票交易所还是在银行，财政部都依赖与有关机构的合作，而不是施加严格监管①。

因此，为了向公共赤字支出提供融资，法国财政部通过成立国

① G. C. Peden, ‘The Treasury and the City’, in R. C. Michie and P. A. Williamson (eds), *The British Government and the City in the Twentieth Century* (Cambridge, 2005) .

库署，在中央银行货币体系之外设立了平行的货币流通体系，吸收了大部分专门金融机构的资金。若非如此，这些机构将会通过政府补贴贷款向企业提供融资。[①] 最后，为保证流动资金需求，财政部发行了新的短期证券，如短期国债，因其高度的流动性而受到法国储户和银行的青睐。英国和美国在战争期间政府债务也急剧增加。到 1943 年，政府证券（短期国债、战争贷款、美国战争债券）已占美国银行资产的 71%。[②] 在 1945 年的法国，银行投资的三分之二仍流向了短期国债，而英美银行没有将政府证券保留在其投资组合中，而是在 1946 年以后重新向私营公司的投资提供融资。与之相反的是，与战前时期相比，1948 年 1 月之后，规则要求法国的银行必须以短期国债形式保留一定比例的准备金。为此，第二次世界大战后，法国政府建立了若干程序和机构，并维持了约 40 年。

战后经济——国家直接融资的重点

1945 年之后，与优先考虑货币政策的德国和英国不同，[③] 法国认为经济增长优先于货币政策。法国的政治选择在 1949 年至 1973 年（所谓的“光辉的三十年”时期）带来了 5% 的经济增长，并使得法国经济逐渐国际化。[④] 自 1945 年以来的持续激烈的开放过程主

---

① 这些机构通常称为“国家信贷银行”，已在战前就处于政府控制之下，政府指导在战时和战后进一步增强。见 D. Verdier in *Moving Money. Banking and Finance in the Industrialized World* (Cambridge, 2002)。

② H. laufenburger, *Traité d'économie et de législation financière. Dette publique et richesse privée* (Paris, 1948).

③ 但他们的理由却大不相同。前者受到两个通胀时期影响，聚焦于保持货币稳定。在英国，维持英镑国际地位和伦敦金融中心地位的货币政策关系到财政部和英国央行官员，尽管他们之间的联系在 20 世纪 60 年代后开始松动。见 C. Schenk, 'The New City and the State in the 1960s', in R. C. Michie and P. A. Williamson (eds), *The British Government and the City of London in the Twentieth Century* (Cambridge, 2004)。

④ J. C. Asselain and B. Blancheton's recent work, 'L' ouverture internationale en perspective historique. Statut analytique du coefficient d'ouverture et application au cas de la France', *Cahiers du GRES*, no. 2006–09 (mars 2006).

要与制造业相关，但同时，直到 20 世纪 80 年代，国际和国内资本流动仍受到控制。在这方面，国家金融监管的各个方面形成了复杂而重要的模式。通过一些措施，国家获得了这种影响力。

首先，国际社会在第二次世界大战之后达成了共识，即为了在 1945—1946 年重建现代化经济，国家应有强有力的干预手段，包括：成立法国计划总署；将巴黎证券交易所、4 家主要存款银行和保险公司三分之二的资本国有化；建立国民健康服务体系，但这阻碍了养老基金的发展。

1948 年的马歇尔计划或欧洲复兴计划（ERP）是一个转折点，尤其是在法国，因为它允许财政部履行银行机构提供贷款和接受资金的职能。即使在马歇尔计划（1952 年）结束之后，财政部仍继续通过直接补贴及专门金融机构（准公共银行/合作银行）的渠道为企业提供信贷。因此，第二次世界大战之前建立、已经发展了几十年的工具，即是法国与大多数其他西方国家之间的主要区别。从数量上看，1949 年国家投资占总投资的比重在英国为 30%、意大利为 40%、比利时为 50%、法国为 80%（见图 5.1）。1945 年后，德国和英国都尝试了新的指导工具来规范融资。1946 年，在英国，战时资本发行委员会等机构被永久化，国家投资委员会成立；在德国，复兴信贷银行（国有银行）成立于 1948 年，四年后成立了一家私营投资机构：德国工业信贷银行。[①] 尽管如此，这些金融机构仅是咨询性质的，而法国的金融机构却仍能保有权力并与政府关系密切。

其次，不同于其他西方国家，法国的信贷和货币政策被严格管控，利率在 70 年代前都由政府决定。银行业委员会也受到严格监管，这一规定比 1945 年确立的国家所有权制更具约束力。[②] 政府这样做，是为了以最低成本向企业提供资金，并决定优先补贴哪些行业（例如农业贷款、房贷、出口发展贷款）。法国财政部在那时扮演着银行的

① 而且，相较于法国，德国更早将税收政策作为政府调控工具，对支持证券的财政激励，特别是对债券的激励，在 1952 年和 1955 年就已出台。

② 国家与国有银行间的影响问题是很模糊的。见下文。

角色：一方面吸收资金，另一方面发放和担保信贷，其配置资金的规模在50年代已与整个银行系统规模大致相当（法国财政部吸收6950亿元、银行系统吸收6170亿元；法国财政部提供信贷7830亿元、银行系统提供信贷7150亿元）。[①] 在这几十年中，财政部几乎是能够将短期资金转化为长期投资的主要金融机构。然而，40年代起逐渐发展起来的中期信贷再贴现允许商业银行向企业提供长期信贷。中期信贷可以在中央银行进行再贴现，所以提供信贷的银行能够提早收回贷款资金。这一系统的建立得益于中央银行承担着最终贷款人的角色。

法国政府建立的这种金融系统是以将金融机构划分为短期、中期、长期为基础的。游离于银行系统之外，但同时又能够与银行系统竞争，财政部也能发挥银行的职能——能够在国内经济市场组织资本流动和转型。从金融角度看，这种分类比基于公共—私有或盈利—非盈利的分类更贴合实际。[②]

强监管下的资本市场

除在信贷和货币政策上的强监管，政府还对资本市场进行全面控制，要求所有超过25万法郎（随着资本市场的发展这一门槛也在提高）的证券发行（债券或股票）都要由政府审批。此外，发行委员会也由国家控制。因此，公共证券发行优先于私人证券发行，并在额度和利率方面也占有优势。债券市场上的优先顺序是国债、国有企业债券、地方政府债券、私人企业债券。只有少数企业能够进入法国金融市场，在20世纪70年代以前境外发行是被禁止的。

为了吸引消费者购买国债，政策制定者为公共债券制定了新的税收激励政策。法国政府毫不犹豫地采取多种对抗竞争措施来维护自己的资金来源，例如财政优势、提供更高利率等。这种情况在英

① 有关财政部的作用，可见 L. Quennouëlle - Corre, *La direction du Trésor* 1947 - 1967. *L'Etat - banquier et la croissance* (Paris, 2000)。

② 出自 Verdier, 'The rise and fall'。

国是不可能出现的，虽然伦敦金融城被看作是有能力影响政府政策制定的国家机构。1949 年，德国设立了金融交易中央委员会，用于指导欧洲复兴计划中的资金流动，并监管工业和抵押债券。但因为这有利于政府债券的发行，遭到了工业企业一致抵制，1954 年后这一机构就消失了。

随着投资的增加，到 20 世纪 60 年代末政府直接或间接控制的投资已占投资总规模的 50% 左右。从这个角度看，可以说国家所有制不是政府调控金融的主要工具，而货币、财政、信贷政策在政府调控金融和银行系统上更高效。

相对地，德国和英国的情况看起来就要自由得多。虽然如此，1959 年《拉德克利夫报告》（*Radcliffe Report*）出台后，英国开始将经济增长与币值稳定放在同等重要的位置，并认识到英镑贬值并不一定会损害伦敦金融城的发展。政府在 20 世纪 60 年代进行了规划，但是并未取得任何成效。综上所述，可以说德国和英国相较于严苛的法律更倾向选择道义劝告、协商、合作等。这也是法国在政策制定方面与其邻国的不同之处。

第五共和国带来的变化：去监管的开始？

1958 年戴高乐（General de Gaulle）重掌政权后，金融似乎开始回归正统。国际形势的变化在自由化过程中扮演了重要角色：1958 年建立的欧洲经济共同体和国际贸易的增长迫使法国开始缓慢进行开放。为了使法国企业更具竞争性，扩大资本市场、升级信贷技术和提升银行吸引存款的能力变得迫在眉睫。

政策制定者在 1965 年至 1967 年通过一系列措施开始对银行和信贷系统放松监管。银行可以不通过政府审批就设立分支机构。鼓励银行增加存款和资产储备，通过改革消除银行的专门化。银行间及保险公司间可以进行兼并（政府批准后）。金融和财政激励不断出台以增加长期储蓄账户数量。财政部决定帮助股票市场恢复活力，设立独立的金融监管机构（法国证券交易监督委员会，COB）、逐步向外国公司开放巴黎证券交易所。1958 年后，政府决定不再通过债券市场发行大额国债（见图 5.2）。但是财政部依旧可以决定债券市场的发行安排、限定债券利率水平，法国证券交易监督委员会在 70 年代末前都不能强制执行 1967 年内幕交易法。

但这种专家治国体系并不是真的放弃对资本市场的影响力，因为政府惧怕货币自由汇兑、通货膨胀、财政赤字带来的不利影响。所以，政府出现一种模棱两可的态度：一方面通过多种改革措施促进市场开放；另一方面又不想放弃自身控制货币和金融工具的权力。

最终，到 60 年代末金融系统并未完全改革。当 60 年代政府直接融资减少时，并不意味着政府影响也降低了，财政当局持续对公共机构施加压力并实行同样的信贷政策，以维持其对工业投资的影响。从这点看，私人银行和国有银行都被迫遵从政府的调控。

例如，货币政策并没有发生变化。1971 年前所有的利率都由国债利率决定（在货币市场改革后，利率由中央银行决定）。有趣的是，中央银行并不能决定信贷系统，而是由政府继续控制。1971 年后，市场对外开放；1973 年，中央银行开始改革；而法兰西银行直到 1993 年才正式独立出来。

再例如，随着政府不再直接管理经济活动，专业金融机构数量不断增加。[①] 每一个专业信贷机构都致力于某一领域：农业、航运、旅游等。专业信贷机构和长期信贷机构仍然是法国金融市场的核心特征。它们掌握了近三分之一的资金。[②] 即使进行了改革，始现于 20 世纪初并在 1945 年后得到加强的法国金融核心特征，在 1973 年的石油危机后依然存在。1973 年的石油危机使政府再次通过强力干预经济帮助企业，并通过加重信贷监管来缓解通货膨胀。

---

① 我们并不认同 Verdier 在 *Moving Money* 中第 131 页的观点，他认为法国的“国家信贷银行”从 20 世纪 60 年代开始就已经衰退。当国家机构从直接融资（debudgétisation）中退出时，这些机构相应增加了各自的比重。

② 这里我们必须指出存款基金（Caisses des dépôts）发挥了重要的作用，一是作为债券市场主要的利益相关人；二是作为政府在货币市场上重要的代理人。

政府监管和大型银行的进一步发展

关于战后时期，一位巴黎银行高层曾说过："政府无处不在，没有政府一切都不可能。"这种政府支配的情况部分源于财政部与银行在两方面的直接联系，即机构关联和个人关联。

1. 银行在政府的帮助下成为最重要的金融中介。在这一时期，法国资本市场在西方各国中是规模最小的。这种不良情况的形成有通货膨胀不利于储蓄的因素，有国有化抽走了三分之二的股票市场市值的因素，还有法国储蓄具有高度流动性的因素。例如，1965年，法国人有45%的资金是投向活期存款和票据的（在美国，这一比例仅为2%；在德国，为15%）。财政政策也削弱了资本收益率，这一情况一直持续到1965年。

尽管面对这种情况，企业仍试图在市场上寻求资金支持。银行和政府间有关债券发行的协商很艰难，这要求银行业成为重要的中介，因为银行是唯一被允许与政府进行协商的。政府需要银行提供金融支持，而银行需要政府的保护和同意其发放贷款以及开展其他金融活动。

60年代改革后又发生了什么？由于企业只能向银行申请贷款，银行的规模日益扩展并更有影响力。1967年至1973年银行的国内分支机构增长了3倍（1980年银行柜员数量为20390人），而银行的国外分支机构增长得更快，尽管政府并不愿意输出法郎。[①]

1975年，高达75%的企业融资由银行提供（而在美国，这一比例为51%）。因此，无论是贷款还是发行债券，企业都比以往更依赖银行系统。因为机构投资者在资本市场上并不活跃，债券发行方需要通过银行在当地的分支机构去接触数量众多的储户。因此，在

① E. Bussière, 'French Banks and the Euro-bonds Issue Market during the 1960s', in Y. Cassis and E. Bussière (eds), *London and Paris as International Financial Centres in the Twentieth Century* (Oxford, 2005).

70 年代中期相对于其他西方国家，金融中介在法国占据更重要的地位。

由于银行与政府间的卡特尔联盟，发行费用始终居高不下。政府帮助“四大”储蓄银行[①]成为主要的金融中介机构。它们变成了金融组织架构的中心：它们吸收存款并配置资金，还是股票市场主要的中间商。而且，金融市场的集中导致在大型银行间出现了卡特尔组织［三四家储蓄银行和私人投资银行“法国领先投资银行（Banque de Paris et des Pays – Bas）］，这能使银行在与政府的协商中处于优势地位。[②]

2. 金融、政府和公司治理问题：财政部官员参与金融和工业领域管理。相对于其他国家，法国银行业从外部招募的人员类型更为明确。从 19 世纪末起，高层管理者主要来自高层级的政府公务人员。他们中包括政府精英，即法语中的“财政检查员”（Inspecteurs des Finances）。

从第二次世界大战起，西方国家中金融分支机构的扩张造成了对银行业专家的需求，并为年轻的研究生提供了工作岗位。在法国，管理者来自以下几种外部招募：财政部的公务人员，巴黎综合理工大学的工程师，来自 HEC 等商学院的毕业生，来自政治研究所（例如巴黎政治学院）的毕业生以及法学院毕业生。1960 年至 1990 年，大约有 650 家银行业机构聘用了高层级的政府公务人员。在所有聘用了“财政检查员”的行业中，银行业位居首位，提供了 50% 的非政务职位。法国银行系统的这种趋势始于 19 世纪末，在第二次世界大战期间得到强化，这一时期国有银行业、准公共银行业快速发展、政府干预持续发生，三分之二的股票市场被国有化。尽管如此，除小型私人商人银行外，所有银行都聘有前政府公务人员。6 家主要银行的高层中“财政检查员”的总数在 1950 年是 8 人，1960

① 在 1966 年 CNEP 和 BNCI 合并后，只剩下三大储蓄银行。

② L. Quennouëlle – Corre, ‘The State, Banks and Financing for Investments in France from World War II to the1970s’, *Financial History Review*, 12, 1 (2005), pp. 63 – 86.

年是 13 人，1970 年是 16 人，1980 年是 14 人。在银行业中，大型银行是聘用政府公务人员的最大受益者。由于政府与银行业间不时出现矛盾，“财政检查员”似乎能够缓和二者间的关系，因此，在 20 世纪法国能够维持金融系统的稳定。相反，政府凭借其在金融领域任命和授权的权力较好地履行了职责。政府在这一领域的主要权力掌握在财政部特别是国库署手中。

另外，聘用政府公务员维持了以银行为基础的金融体系现状，使变革变得更加困难。此外，由于高层管理者习惯了国内市场和政府干预，法国金融系统的国际化进程因此被推迟。[①]

80 年代——金融去监管化和政府退出？

从某种角度看，1973 年爆发的经济危机在法国以及其他国家引致了金融去监管化的开始，同时也加重了政府对工业的直接补贴。政府采用了之前的办法，通过加强直接干预来帮助企业渡过难关。根据 J. 齐斯曼（J. Zysman）的观点，[②] 法国在 20 世纪 70 年代保持着与日本类似的“基于政府调控的系统”，而这与德国、英国、美国截然不同。

由于财政赤字的增加，国家终于意识到推动资本市场自由化对满足企业和国家融资需求的重要性。一个强有力的投资动机［1978 年的《莫诺里法》（*Monory Act*）提出的税收返还政策鼓励储蓄资金流向金融业］和长期利率的增长共同成功推动债券市场的快速发展。1979—1984 年，公开发行股票或参与分红股规模增长了四倍。由于政府和银行主要转向债券市场，债券市场发展迅猛。1981—1984 年股价也增长了四倍。

---

① 例如，除巴黎银行（哈佛商学院）外，银行业第一次进行国际化管理者招聘仅发生在 80 年代。在 80 年代至 90 年代的法国金融自由化后，即使 Crédit Lyonnais 丑闻凸显了“财政检查员”的失败和失控，高层级政府公务人员依旧对私人部门有着重要的影响。

② J. Zysman, ‘The Interventionist Temptation. Financial Structure and Political Purpose’, in W. J. Andrews and S. Hoffmann (eds), *The Fifth Republic at Twenty* (Albany, 1981).

随着 1983 年后社会性政府更倾向于构建欧盟和跨国自由市场，20 世纪 80 年代金融的显著变化导致了法式“大变革”。政府持续或加强鼓励购买债券和股票的力度，并开始推动几项金融创新。在证券市场，改革始于 1982 年设立二级市场；像 MATIF（法国期货交易所）（设立于 1986 年）和 MONEP（法国股票期权交易所）（设立于 1987 年）等新市场也设立于这一阶段，而一级市场则进行重组，不再收取佣金和利息费用。去监管化和资本流动的开放使法国经济变为以市场为基础，这对所有的企业，特别是中小型企业十分有利。尽管如此，巴黎股票交易所的国际化进程在 20 世纪 80 年代仍备受限制：总交易中只有不到 2% 来自境外股票。[①] 由于债券市场的萎缩，到 90 年代末股票市场总资本规模接近西方国家一般水平。现在，金融开放程度可用 CAC 40 指数中境外资本水平衡量：[②] 大约在 40%，这在世界处于前列。在银行领域，1984 年法案宣告专业化银行的结束并鼓励银行开展真正的同业竞争；1986 年，国有银行和保险公司的私有化开始，例如 1988 年成立的法国农业信贷银行、2000 年成立的法国储蓄银行。最终，在法国设立的外资银行数量由 1984 年的 200 家增长为 1999 年的 473 家，这使巴黎仅次于伦敦位居欧洲第二。

但是政府仍对金融市场有着至关重要的影响，特别是对银行业而言。事实上，政府——更准确地说是财政部门——并不想从金融系统中退出。财政专家、政策制定者、银行家并不会批准自融资，因为他们不会允许他们控制企业的投资决策。由于“大萧条”时期出现了大规模的企业倒闭，他们不相信银行有能力提供资金支持。因此他们依靠自己作出正确的决策并在市场上向企业提供金融支持。但股票市场还未发展到能够充分满足企业和政府的融资需求的

① 到 1990 年，境外股票交易规模占全部股票交易规模的比值，伦敦为 48.7%，德国为 2.1%，巴黎为 3.8%。

② CAC 40 指数是一种股票指数，用于反映在巴黎证券交易所上市的所有股票中排名前 40 的股票。

程度。最终，因政府无法绕过银行这一金融中介，便试图将其置于严格监管的系统中。这就是为什么被约束的、选择性的信贷政策和分隔式的金融系统能够长时间存在而不被废止的原因。

结论

本文强调了两个主要观点。首先，从第一次世界大战到第二次世界大战，即使金融是逐渐转变的，两次世界大战仍是整个世纪的转折点；这个事实很容易被国家的地理位置解释。其次，第二次世界大战后，即使面对日益严格的金融监管政策，法国仍是那 30 年最具活力的经济体之一。事实上，法国的特性始于世纪之初，源于政府通过社会网络的重叠影响，以及基于有选择政策和分隔式金融系统的机构联系。尽管在金融领域存在自给自足和强力监管，法国仍在 1945 年至 20 世纪 70 年代取得了较高的增长率之一：年均增长 5%。事实上，同一时期法国经济的国际化进程也取得很好成果，这部分归功于持续的本币贬值。经济开放和金融自给自足间的矛盾在 20 世纪后半叶中期开始显现。财务部门实际上成功满足了企业的融资需求（这一阶段几乎没有外部投资），同时，尽管资本市场疲软，但由于政府和银行的融资支持，法国企业并不缺少资金：低资金成本的信贷政策有效弥补了资金短缺。

而且，在 50 年代占据主导的所谓“金融抑制”并没有阻碍 20 世纪 80 年代快速的金融去监管化，也没有阻碍向“金融市场经济”的演化。这比在日本和德国的变化要更大、更快。

从某种意义上说，无论是从实体经济角度还是金融领域角度来看，全球化进程的潮起潮落总会随着时间发生变化。

关于法国政府的经济干预手段，在整个 20 世纪都在发生变化，尽管如此还是能够总结出一些长期趋势。从 19 世纪 80 年代开始，政府干预首先集中于资本市场，其次是解决公共储蓄渠道；在第一次世界大战之后，首先关注解决国家银行问题。在第二次世界大战之后，并没有放松对金融市场的监管，并更关注加强对银行业的监管；20 世纪 70 年代后，逐步发挥政府在直接融资领域的作用。政府作为资本市场和银行业的监管者，或者作为资本市场的参与者，其影响远超出作为国家银行所有者的影响。

20 世纪法国的政府监管特征与德国、英国有着显著不同，但是，尽管每一项经济和金融政策塑造了各国独特的金融格局，从长期看经济发展结果却趋向一致。例如，法国对于 20 世纪 80 年代开始的金融去监管化的应对方式，与德国和意大利等其他西方国家类似。

附录

针对数据的讨论

正如所有严谨的经济历史学家都充分意识到的，重建法国的历史数据是一个非常困难的问题。最杰出的经济历史学家之一，莫里斯·利维－莱伯耶（Maurice Lévy－Leboyer），仅研究 19 世纪宏观经济层面的数据就花费了 30 多年的时间。根据雷蒙德·戈德史密斯（R. W. Goldsmith）的说法，在所有主要国家中，可能没有哪个国家会给经济时间序列数据的统计者带来这么大的困难。直到最近，都没有关于金融资产存量的官方或其他估算数据。第一次世界大战之前，估算数据汗牛充栋，但往往差异很大且很难得到适当解释；然而，在两次世界大战间，又鲜有人对金融资产存量进行估算。参见 R. W. Goldsmith, *Comparative National Balance Sheets. A Study of Twenty Countries* 1688－1978（芝加哥和伦敦出版社，1985）。

可以通过测算存款来说明这一点。1945 年以前没有货币统计数据。可得的数据主要来自：（1）银行在 1913 年、1921 年、1926 年、1931 年、1935 年、1936 年、1937 年、1938 年定期刊印刊物中，有关资产负债表中存款和经常账户总额数据；（2）里昂信贷银行

（Crédit Lyonnais）、巴黎国家贴现银行（Comptoir National d'escompte）、法国兴业银行（the Société Générale）和法国工业信贷银行（Crédit Industriel）的月度数据，1918 年后在此基础上又加上第五家银行——法国国家信贷银行（Banque Nationale de Crédit）（BNCI，1932 年）的月度数据。J. Bouvier, *Un siècle de banque française*（Paris，1973）认为，巴黎四大银行分别在 1891 年代表了 60%、1901 年代表 66%、1913 年代表 51%、1929 年代表 37% 和 1937 年代表 45% 的份额。米歇尔·圣马克（Michèle Saint Marc）在 Histoire monétaire de la France 1800 – 1980（Paris，1983）中认为，这四家银行在 1880 年至 1913 年期间占活期存款和活期账户总额的 46%；此后，她使用了法国国家统计局（INSEE）的数据估计。

帕特（J. – P. Patat）和卢法塔（M. Lutfalla）在 Histoire monétaire de la France au XXe siècle（Paris，1986）中估算这些银行的份额在 1913 年超过了 60%，1929 年不足 40%，1936 年超过了 50% 和 1938 年为 48%。国际联盟数据集（The League of Nations data set）使用了另一个乘数，其估计结果在第一次世界大战前夕和两次世界大战间是不同的。

年份	Bouvier	Saint Marc	Patat/Lutfalla
1875			
1880		2.3	
1890		2.9	
1895		3.6	
1900		5	
1910		10.4	8.5
1913	9.5	12	10
1919		27	26.2
1929	90.5	84	90.6
1936		74	61.6
1937	67.4	85	65.5

第二个例子可以用股票市场资本化来进行说明。在 1880—1925 年，可以找到 42 个有关股票市场资本化的估计值。其中一部分展示在下面的表格中。

1880 年	Théry	55
	Neymarck	56
	Vignes	200
1888 年	Théry	40
	Neymarck	74
1898 年	Foville	61
	Colson	74
1913 年	Colson	101
	Lescure	122

法国时间序列数据缺乏准确性的缺点使任何精确的国际比较都相当困难。过去 15 年发表的有关金融和经济增长的文献都得益于世界银行进行的覆盖 20 世纪后半叶的大型数据建设，尽管有时在数据解释方面比较乏力，但还是促进了大量的跨国研究。时间序列数据必须是稳定的，这样我们在试图通过模型和检验经济理论来比较各国差异之前，才能够有信心去谈论金融机构在一定时间内，对一个或少数几个国家实体经济的影响。一些经济历史学家已经认识到这一点，并正在朝这个方向努力①。

① e. g. , P. Rousseau and P. Wachtel, '*Financial Intermediation and Economic Performance. Historical Evidence from Industrialized Economies*', *Journal of Money, Credit and Banking*, 30, 4 (1998), pp. 657 – 78; R. E. Wright, '*Testing the Finance – Led Growth Hypothesis. Early 19th Century America, Britain, and Canada*', Terry School of Business Workshop, University of Georgia, 2004; P. Rousseau and R. E. Sylla, 'Emerging Financial Markets and Early US Growth', Explorations in Economic History, 42, 1 (2005), pp. 1 – 26; M. Bordo and P. Rousseau, *Legal – Political Factors and the Historical Evolution of the Finance – Growth Link*, NBER Working Paper no. 12035, 2006。尽管如此，当前时间序列数据仍显稀缺。

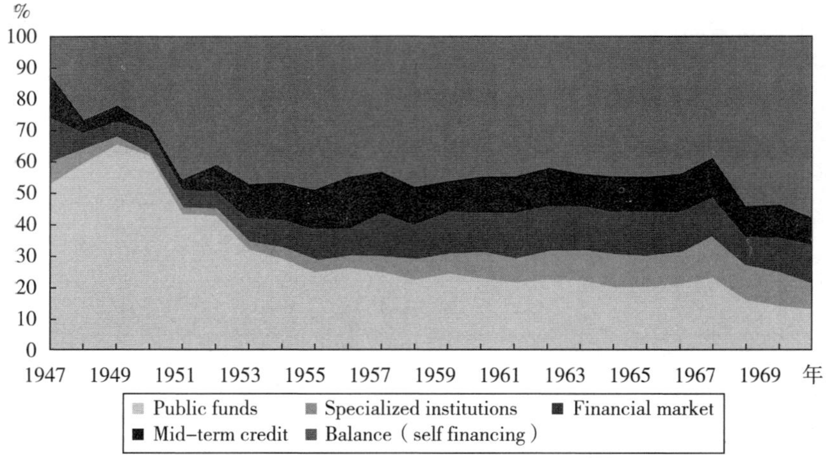

图 5.1　以百分比计量的投融资资金分布情况

（资料来源：财政部）

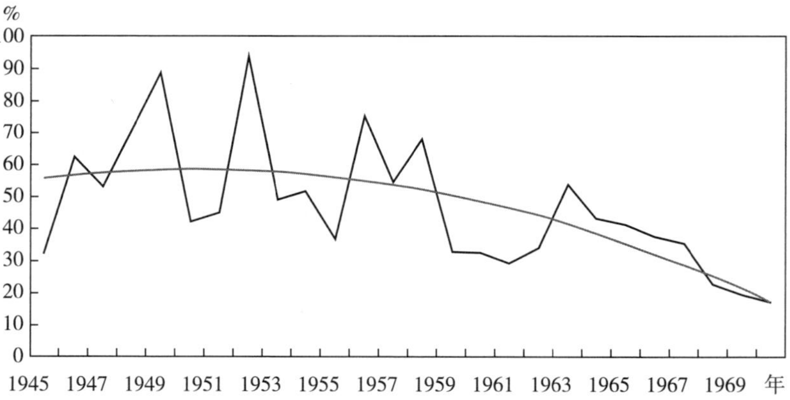

图 5.2　政府债券发行量与巴黎证券交易所债券发行总量的比例

（资料来源：法国国家统计局（INSEE）第一册回顾年鉴 1948—1988）

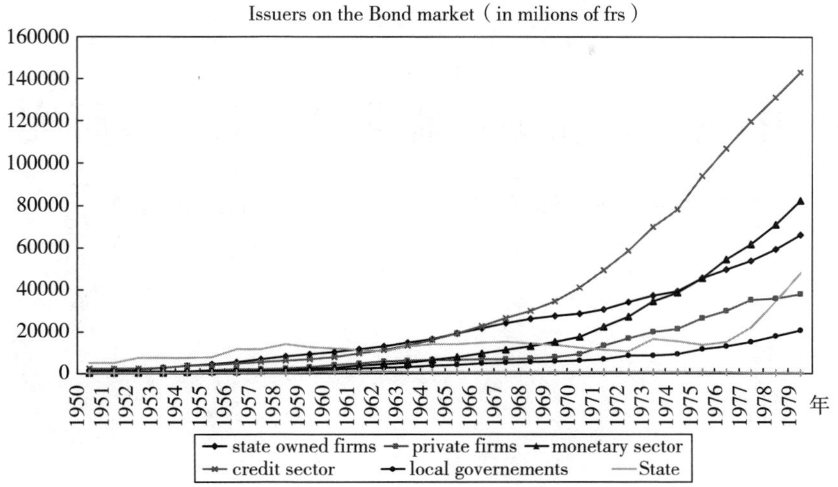

图 5.3　1950—1980 年债券市场的主要发行人

（资料来源：国际货币基金组织，金融统计数据）

表 5.1　长期信贷机构的份额：1975 年非金融领域的债务和债权

长期信贷机构的份额（百分比）	存款	贷款
法国	8.2	32.9
意大利	9.1	29.9
德国	12.8	23.5
英国	4.9	21.4

资料来源：亚太经合组织，国家账户。

表 5.2　1975 年国内行业占 GNP 的比率

总产出占 GNP 的比率（百分比）	债券	股票
法国	16	7
意大利	65	7
德国	30	13
英国	43	41

资料来源：亚太经合组织，国家账户。

6. 中央银行和银行监管出现的比较研究[①]

理查德·S. 格罗斯曼（Richard S. Grossman）

引言

银行业是全世界监管最严格的行业之一。[②] 不仅在国家层面，国际层面也出台了大量规范银行各方面行为的法则，包括准入限制、资本要求、准备金要求、审计和报告要求、对银行允许持有的资产类型的限制等。尽管银行监管无处不在，但对于哪个机构（或机构组合）应该负责银行监管，还没有达成共识。目前，银行监管通常由中央银行、政府部门（如财政部、经济部）、地方司法机构、独立委员会或上述两个及以上的机构联合实施。本文旨在明确历史上国家在选择银行监管机构时受到哪些因素影响。

从历史和政策的角度来看，找到监管机构确立的原因很重要。首先，有权选择并指定监管机构的权力部门，往往能决定国家监管体系的其他重要特征，因此这项实践将有助于我们更好地了解银行监管的整体演变过程。其次，如果某些机构更适合作为金融监管者，那么找到相关原因有助于分析金融体系对危机的敏感性，从而解释各国长期经济增长的差异。最后，金融监管在过去 20 年发生的深刻变化表明“谁才是合

---

① 为欧洲银行业协会历史会议准备的材料。“The State and Financial Services. Regulation, Ownership, and Deregulation”，葡萄牙储蓄信贷银行，里斯本，2006 年 5 月 26 日至 27 日。我非常感谢会议参与者、编辑和一位匿名的评论员的宝贵意见。这项研究得到了美国国家科学基金会和德国马歇尔基金会的支持。

② W. Möschel, ‘*Public Law of Banking*’, in J. S. Ziegel (ed.), *International Encyclopedia of Public Law* (Boston, 1991), chapter 3.

适的监管机构”仍存在很大争议。因此，本文或许有助于我们了解各国政府如何选择监管机构，以及它们未来将作出何种抉择。

简而言之，我发现年轻的中央银行相比老牌中央银行更有可能被要求成为银行业的监管机构。还有一点，被赋予监管银行职能的中央银行中，年轻的中央银行通常比历史悠久的中央银行更早被赋予该项职能。上述结论或许反映出，相比老牌中央银行，年轻的中央银行不太故步自封，或许更能适应货币政策制定者和银行监管者的双重角色。本文其余部分概述如下。第二部分讨论银行监管理论。第三部分分析统一金融监管机构和委托中央银行进行银行监管的利弊。第四部分讨论了国家银行的出现和中央银行演变的过程，以及银行监管的演变过程。第五部分将介绍并分析监管机构选择的相关资料。最后得出结论。

银行监管

商业银行长期以来都受到政府监管。最早的商业银行依赖政府特许状建立，特许状往往详细规定了银行开展业务的条件，也包括国家当局的监督范围。英国（1844 年）和瑞典（1846 年）最早实施综合性国家银行法，加拿大、芬兰、日本、葡萄牙和美国在 19 世纪下半叶制定银行法，其他发达经济体则在 20 世纪上半叶制定银行法。

尽管银行监管的形式和相关细节长期以来一直是新闻工作者、政策制定者、经济学家和法律学者争论和讨论的热门话题，但迄今为止，关于更合适的监管机构身份认定的讨论（无论是在学术还是其他领域方面）仍然很少。一些国家探索建立统一的金融监管机构，使其有权监管保险和证券公司以及银行，这些举动再次引发了相关讨论。1986 年，挪威率先建立统一金融监管机构，丹麦（1988 年）、瑞典（1991 年）和英国（1997 年）紧随其后。近年来，许多国家已经或正在考虑建立统一的金融监管机构。表 6. 1 显示，建立统一金融监管机构的国家数目在 1999—2003 年相对急剧增加。

表 6.1　　　　单一监管、半综合型监管和多头监管

	1999 年		2003 年	
	数量（个）	占比（%）	数量（个）	占比（%）
多头监管机构	35	48	31	40
两部门监管机构，其中：	25	34	24	31
统一的证券和保险监管机构	3	4	7	9
统一的银行和证券监管机构	9	12	6	8
统一的银行和保险监管机构	13	18	11	14
单一监管机构	13	18	22	29

资料来源：R. K. Abrams and M. W. Taylor, Issues in the Unification of Financial Sector Supervision, IMF Working Paper 00/213 (2000); J. De Luna Martinez and T. A. Rose, International Survey of Integrated Financial Sector Supervision, World Bank Policy Research Working Paper 3096 (2003), relying on N. Courtis, *How Countries Supervise Their Banks*, *Insurance and Securities Markets* (London, 1999)。

“应该由谁监管”这个问题引出另外两个核心问题：第一，金融体系监管是否应该统一于一家机构？第二，中央银行应该在多大程度上主导银行监管？[①]

如上所述，近年来统一监管已成趋势。近期对 118 个国家进行的一项调查发现，大约三分之二的国家将部分或全部银行监管权赋予中央银行。[②] 在经济合作与发展组织（OECD）的发达工业国家中，由中央银行主导银行监管的国家比例要低得多，约为三分之一。

选择监管者的动机是什么？本部分接下来将讨论监管的一般动机，下一部分将讨论转向统一金融监管和将中央银行置于监管机构领导地位的潜在优势和劣势。为什么要对银行或非银行企业进行监管？监管的动机有多种来源：（1）传统的纯经济动机；（2）政治经济学动机。纯粹的经济推演长期以来指导着经济学家对监管的研

① D. T. Llewellyn, Institutional Structure of Financial Regulation. The Basic Issues, World Bank Seminar, Aligning Supervisory Structures with Country Needs, 2003.

② J. Barth, G. Caprio Jr and R. Levine, 'Banking Systems Around the World. Do Regulations and Ownership Affect Performance and Stability?' in F. S. Mishkin (ed.), *Prudential Supervision. What Works and What Doesn't* (Chicago, 2001).

究，并得出结论，即存在垄断或信息不完善等市场缺陷时，政府监管可以产生更优（即更有效）的结果。[①] 因此，监管是当局对不完美市场的一种回应。就银行业而言，监管的纯经济动机主要是促进稳定（即避免危机）和提高效率。由于银行以交易存款（早期的银行券）的形式在货币创造中扮演了独特角色，监管的第三个经济动机也可能是政府控制货币的愿望。

另一篇文献侧重于金融监管的政治经济学动机。该文献重点关注各方面临的激励和拥有的政治权力，并将监管体系的演变视为不同利益团体相互博弈的结果。[②] 拥有更多人力、财力和凝聚力的利益团体会支持对他们有利的法规成功地颁布实施，使其在与不同利益集团之间的竞争中占据优势。该文献还将政治家和监管者都视为利益集团，其动机可能是为了获取更多的预算、人员和权力等非经济目标，或推进特定的意识形态议程。

尽管上述监管动机各不相同，但实践中很难厘清某项改革的多重动机。例如，美国《国家银行法》（1863—1864）规定设立一种新型银行（国家银行）、一个新的监管机构（货币监理署，OCC）和一种以债券作为支持、银行发行的货币（国家银行票据），该法可能基于以上的任何一种动机被议会通过。由于《国家银行法》为银行准入制定了统一和相对严格的指导方针，因此可以将其视为增强稳定性的措施。由于该法还要求公布银行资产负债表，因此可以将其视为缓解信息不对称、提高效率的改革手段。另外，由于为发行新的国家货币提供法律依据，又有效引导国有银行发行的纸币退

---

① F. M. Scherer, *Industrial Market Structure and Economic Performance* (Chicago, 1980).

② G. J. Stigler, 'The Theory of Economic Regulation', *Bell Journal of Economics and Management Science*, 2, 1 (1971), pp. 3 –21; S. Peltzman, 'Towards a More General Theory of Regulation', *Journal of Law and Economics*, 19 (1976), pp. 211 –40; G. Becker, 'A Theory of Competition Among Pressure Groups for Political Influence', *Quarterly Journal of Economics*, 98, 3 (1983), pp. 371 –400; R. S. Kroszner, Is the Financial System Independent? Perspectives on the Political Economy of Banking and Financial Regulation, Paper prepared for Swedish Government Inquiry on the Competitiveness of the Swedish Financial Sector, 1999, focuses specifically on banking and financial regulation.

出流通，该法也被视为加强政府货币管制的措施。最后，由于根据《国家银行法》获得特许的银行必须持有政府债券才能发行纸币，因此在财政紧张的内战期间，该法有助于实现增加对联邦政府债券需求的政治经济目标。

难以厘清主要立法动机的案例并不仅限于美国《国家银行法》，许多其他国家银行改革也是如此，包括比利时 1935 年的《银行法令》、日本 1872 年的《国家银行法》、瑞典 1846 年的《银行业守则》和英国 1844 年的《股份制银行法》。

尽管如此，即使很难确定银行业立法的具体动机，但还是出现了一些特定模式。例如，由中央银行垄断票据发行的国家颁布银行法所需的时间明显要长得多；而票据发行由私人银行掌握的国家颁布银行法的时间往往要早得多，这表明此类银行法具有控制货币的动机。[①]

支持和反对统一监管的意见以及中央银行的主导作用

一个良好的银行监管体系具备哪些特征？巴塞尔银行监管委员会称：

一个有效的银行监管体系中，每个参与监管的机构都有明确的职责和目标。每一个监管机构都应拥有足够的资源。一个适当的银行监管法律框架也是必需的，包括银行机构的准入授权及持续监管规定，处理合规性、安全性和稳健性问题的权力，以及对监管人员的法律保护。此外，应制定并实施监管机构之间信息共享和信息保护的相关规定。[②]

基于上述监管目标，统一金融监管的优势有哪些？

① R. S. Grossman, 'Charters, Corporations, and Codes. Entry Restriction in Modern Banking Law', *Financial History Review*, 8, 2 (2001), pp. 107 - 21.

② Basel Committee on Banking Supervision, *Core Principles for Effective Banking Supervision* (Basel, 1997), p. 7.

若监管不同金融活动所需技能相似,[①] 统一监管的效率优势将凸显，因其比分散监管部门掌握更多资源。此外，与分业监管机构相比，统一监管机构能更好地监管跨行业（银行、证券、保险）的大型、复杂金融集团。考虑到近年来跨部门合并很普遍，这一论点就显得更加重要了。[②] 此外，考虑到监管竞争，统一的金融监管机构可有效阻止企业“择地行诉”（即寻求所有可能监管机构中最宽容的监管机构），因为其有权对机构进行全面监督，从而免去不同监管机构之间进行协调和信息共享的必要。统一的监管机制也可防止监管者之间的不良竞争，某些监管者为吸引更多的公司进入他们的管辖内可能会倾向于对被监管者更加宽容。最后，如果发生监督失灵，统一监管机构将对此负有全部责任。

统一金融监管的一个弊端是，不同金融行业可能需要不同的专业知识，而强制要求所有监管人员来自同一监管机构可能降低整体监管效率。反对统一监管的一方质疑规模经济的存在，相反，他们认为成立统一监管机构会让权力过度集中于这家机构。最后，统一金融监管还可能导致监管目标不够明确。具体而言，监管机构可能会向实力较强的公司施压，迫使其向实力较弱的机构提供援助（如银行向保险公司提供援助，或者反过来），无论这种援助从公共政策角度看是否可取（如20世纪90年代的日本）。

以中央银行为主的监管体系中有哪些优势?

古德哈特（Goodhart）等人发现，相较于非中央银行的监管机构，中央银行往往雇用更多的经济学家和更少的律师。[③] 他们认为，

---

① C. Briault, The Rationale for a Single Financial Services Regulator, UK Financial Services Authority Occasional Paper 2, 1999; Abrams et al., Issues; J. De Luna Martinez and T. A. Rose, International Survey of Integrated Financial Sector Supervision, World Bank Policy Research Working Paper 3096, 2003; M. Taylor and A. Fleming, Integrated Financial Supervision. Lessons from Northern European Experience, World Bank Policy Research Working Paper 2223, 1999; and Llewellyn, Institutional Structure, for a summary of arguments in favour of and against a unified financial supervisor.

② Group of Ten, *Report on Consolidation in the Financial Sector* (Basel, 2001).

③ C. Goodhart, D. Schoenmaker and P. Dasgupta, 'The Skill Profile of Central Bankers and Supervisors', *European Finance Review* 6, 3 (2002), pp. 397 – 427.

在某种程度上，银行业的不稳定性（例如金融危机）是由宏观经济原因造成的，中央银行方面能提供更好的促进稳定的工具。中央银行资金充裕、声望相对较高，因此在银行监管和制定宏观经济政策中往往能发挥更加强有力的作用。有人认为，宏观经济政策制定与银行监管之间存在协同效应：皮克（Peek）等人认为，金融监管机构收集的银行层面的详细信息可以让中央银行在制定货币政策时更具优势；此外，还有人认为宏观经济和金融稳定的目标会相互强化。①

当然，基于协同效应的另一方面观点是宏观经济决策和银行监管的组合可能导致中央银行目标之间的利益冲突。例如，银行业的不稳定可能促使中央银行采取比以往更具扩张性的货币政策，以缓解银行压力。例如，古德哈特和舍恩马克（Schoenmaker）发现，在 1980—1991 年和 1980—1987 年，由中央银行实施银行监管的国家通货膨胀率高于货币政策和银行监管由不同机构实施的国家。② 另一个潜在的不利因素是，一个承担制定货币政策和银行监管职能的机构或将拥有极大权力；如果所有金融监管职能都由中央银行执行，该观点就更具说服力了。

中央银行的出现

在 1875 年之前，还没有公认的中央银行概念。尽管中央银行的现代概念可以追溯到 19 世纪初的巴林（Baring）和桑顿（Thornton），但直到 1873 年沃尔特·巴杰特（Walter Bagehot）的经典著作

① J. Peek, E. S. Rosengren and G. M. B. Tootell, 'Synergies between Bank Supervision and Monetary Policy. Implications for the Design of Bank Regulatory Structure', in F. S. Mishkin (ed.), *Prudential Supervision. What Works and What Doesn't* (Chicago, 2001).

② C. Goodhart and D. Schoenmaker, 'Institutional Separation between Supervisory and Monetary Agencies', in C. Goodhart (ed.), The Central Bank and the Financial System (Cambridge, 1995). 他们还指出，从理论上讲，货币政策应该是逆周期的，而银行监管的后果往往是顺周期的（即当经济放缓时，资本要求变得更具吸引力），这再次表明了目标的冲突。

《伦巴第街》出版后，这一概念才被广泛接受。① 大多数情况下，中央银行或者说那些后来被视为中央银行的机构，仅仅是这些国家中第一批获得政府特许的银行机构。② 例如瑞典（1668 年）、英国（1694 年）、芬兰（1811 年）、挪威（1816 年）、奥地利（1816 年）、丹麦（1818 年）的中央银行是这些国家最早一批获得政府特许的银行。③ 因为许多这样的机构早在中央银行概念出现之前就已经建立起来了，所以我把这些早期的先驱们称为“国家银行”。

国家银行的设立通常出于公共目的：治理货币混乱（如丹麦、挪威），为政府筹集资金（如英国），或通过扩大银行服务促进贸易（如瑞典、荷兰）。新设国家银行通常充当政府的财政代理人。尽管存在这些公共目的（有时存在政府任命管理层的有关规定），拥有特殊权力和负有公共责任，但国家银行仍然是追求利润最大化的私营机构。

许多国家银行成立的主要目的之一是消除货币混乱。例如，芬兰银行是在芬兰被俄罗斯吞并后不久成立的，目的是解决几种货币（包括俄罗斯货币和瑞典货币）并行流通所造成的问题。奥地利国家银行成立之前的几十年，一直存在货币过度发行的情况。在挪威（1816 年）和丹麦（1818 年）建立国家银行之前，货币政策出现了一段时期的混乱，尤其是丹麦国家银行破产危机时期。在 19 世纪后期，随着德国统一，德意志帝国银行（1876 年）和意大利银行（1893 年）合并了几家原有的发钞机构。

---

① F. Baring, *Observations on the Establishment of the Bank of England, and on the Paper Circulation of the Country* (1797, reprinted London, 1993), H. Thornton, *An Enquiry into the Nature and Effects of the Paper Credit of Great Britain* (1802, reprinted London, 1939), and W. Bagehot, *Lombard Street* (1873, reprinted London, 1924).

② 然而这并不普遍。日本商业银行体系的建立比日本银行早了 10 年。澳大利亚和加拿大在建立第一家股份制商业银行一个世纪后才建立起中央银行。

③ 在某些情况下，它们在相当长一段时间内仍然是唯一的银行，原因很可能是市场对银行服务的需求偏低。《瑞典银行特许状》（1668 年）颁布后，150 多年来没有其他银行获得特许经营权；芬兰和丹麦在中央银行成立后的几十年里没有建立更多的特许银行。英格兰银行成立后，132 年来没有其他股份制银行获得特许经营权，尽管这一延误是由于立法明确禁止设立股份制银行。

国家银行除了可能在解决货币混乱方面发挥作用外，它们还经常负责提供政府融资。典型的例子是英格兰银行，它的特许经营权是用 120 万英镑的贷款换来的。拿破仑在 1800 年创立了法兰西银行，目的是提供战争资金，并在原先大革命时期纸券（Assignat）体制因通货膨胀崩溃后建立新的货币秩序。美国第一银行（1791 年至 1811 年）和美国第二银行（1816 年至 1836 年）的特点包括提高政府筹集资金的能力，以及促进信贷创造和货币稳定。

其他国家银行的建立是为了提供信贷和促进商业发展。例如，荷兰中央银行是在经济活动不景气的时期创立的。在某种程度上，它的建立是为了取代阿姆斯特丹和其他城市的威斯班克银行（Wisselbanken），该银行为商人提供信贷，但在 18 世纪 90 年代开始逐渐衰落。比利时国家银行的成立也是为了在 1848 年革命和货币动荡之后促进国内商业发展、发行纸币和管理政府资金。

大多数国家银行在早期阶段并没有被赋予我们认为现代中央银行应具备的相关职能。尽管如上所述，许多国家银行的成立是为了消除货币混乱，但事实上，只有少数银行在成立时获得了国内货币发行的垄断权。① 中央银行作为“银行的银行”和银行系统储备的管理者，也是后来才发展起来的。而中央银行直到 19 世纪末或 20 世纪初才开始发挥最后贷款人的作用。因此，尽管许多现代中央银行的起源可以追溯到 19 世纪初，但若干年后才真正成为中央银行。

早期国家银行的建立者并未计划扮演银行监管机构的角色。第一，这些银行往往是一个国家最早成立的特许商业银行，且多年间仅此一家，因此，建立者难以预见到将有一个银行系统需要被监管。先前存在的私人银行，特别是未经政府明确批准或特许经营的合伙企业，更不在任何监管机构的管辖范围之内。第二，如上所述，国家银行是私人的、追求利润最大化的机构，因此，政府也不太可

① 例子包括奥地利、比利时、丹麦和挪威的中央银行。相比之下，法国和荷兰（50 年）、芬兰（75 年）、英国（150 年）、瑞典（230 年）的央行直到一些年后才获得发行纸币的垄断权。

能让国家银行监管其竞争对手。我们现在要讨论的是国家银行演变为具有监管权的中央银行的过程。

作为监管者的中央银行

作为曾经追求利润最大化的私营机构的国家银行是如何演变为中央银行的，即我们现在所熟知的被赋予监管权的公共机构？尽管这个演变过程过于漫长且形式多样，这里难以详尽地描述，有三个因素值得探讨。

第一，国家银行最早承担的任务之一是金融工具的贴现，主要是汇票贴现。随着国内国际商业发展，银行和非银行金融机构广泛参与汇票发行和贴现，国家银行办理再贴现业务，这对国家银行与其他市场参与者的关系产生了影响。例如，英格兰银行与贴现行保持着密切的关系，贴现行是以股份制银行的活期贷款为其持有的承兑汇票提供资金的机构，但在 1857 年的危机之后，这种关系出现了裂痕。同样，由于 19 世纪 40 年代新信贷机构的发展，荷兰银行再贴现功能不断加强。截至 1863 年其特许经营权获得更新，荷兰银行已经在荷兰各地设立了许多分行，基本只与金融公司有业务往来了。

第二，随着银行系统的发展，清算网络由非正式网络发展为正式网络，联结各个银行进行账户结算。由于国家银行往往规模庞大、分支机构众多，因此非常适合作为清算系统的主要成员。清算系统的发展进一步加强了国家银行持有银行储备和充当“银行的银行”的角色。已知最早的清算所是在 1770 年前后由英国私人银行建立的。[①] 伦敦股份制银行最早于 1854 年加入，村镇银行于 1858 年加入，英格兰银行于 1864 年加入。[②] 瑞典银行在 1899 年建立了清算机

① 伦敦清算所似乎是在质疑和不确定的阴影中发展起来的。关于清算所的最早数据记载是 1773 年 J. G. 卡农（J. G. Cannon）的‘*Clearing – house. Their History*, *Methods and Administration*’（纽约，1900）。

② J. H. Clapham, *The Bank of England. A History* (Cambridge, 1945), vol. 2, pp. 250f.

构，法兰西银行在 1901 年建立了清算机构，芬兰银行在 1906 年建立了银行间清算系统。

第三，为了阻止国家银行和其他商业银行之间的竞争，国家银行发展成为“最后贷款人”。这种演变在英国率先发生，从 1793 年的危机开始，在 1890 年拯救巴林兄弟银行时到达顶峰。在此期间，英格兰银行逐渐演变为最后贷款人，在 1825 年、1836 年、1847 年、1857 年和 1866 年，[①] 在有安全的抵押物的基础上，英格兰银行或多或少为面临危机的英国银行体系提供了流动性。

卡比（Capie）等人撰写的中央银行历史目录中列出了 19 世纪末 20 世纪初中央银行首次担任最后贷款人的记录。[②] 例如，瑞典银行虽然被法律明确禁止为私人银行提供支持，但还是在 1897 年从事了最后贷款人活动，法国（1889 年）、挪威（1899 年）、丹麦（1908 年）和西班牙（1913—1914 年）的中央银行也开展了类似的最后贷款人活动。

表 6.2 列出了欧洲、澳大利亚、加拿大、日本和美国的 18 家国家银行或中央银行的成立年份和履行监管职责的年份。由于某些原因，表 6.2 中的数据存在以下问题。

首先，如上所述，国家银行的成立不一定意味着中央银行的成立。事实上，英格兰银行在承担中央银行的角色之前，已经运作了一个多世纪；瑞典银行在成为中央银行之前也已经运作了两个多世纪。尽管如此，表 6.2 展示的是国家银行成立的时间，而不是它成为中央银行的时间，原因有二：（1）从国家银行到中央银行的过渡何时完成并不明确；（2）国家银行的成立时间也许更能说明中央银行作为国家机构的地位有多牢固。

其次，表 6.2 展示了中央银行正式承担银行监管责任的时间。

① 在某种程度上，最后贷款人功能是银行业监管的替代，后者能够确保银行留存的储备位于安全线以上，前者确保在发生金融危机时银行储备具有充足的流动性。

② F. Capie, C. Goodhart, S. Fischer and N. Schnadt, *The Future of Central Banking. The Tercentenary Symposium of the Bank of England* (Cambridge, 1994), Appendix B.

英格兰银行直到1946年才被授予正式的银行监管权，尽管从19世纪后期开始它通过监管贴现行就已经是名副其实的银行业监管机构了。荷兰银行的情况更为复杂：早在1900年，荷兰银行就充当了荷兰银行系统的非正式监管者；到1920年，各银行就贷款活动与荷兰银行进行定期协商，到1931年开始自愿向荷兰银行提交季度报告；但直到1948年，该行才被授予正式的银行监管权。同样，葡萄牙银行从1925年开始承担非正式的银行监管责任，但直到1975年才被赋予正式的银行监管权。①

最后，表6.2仅仅列出了依法授予中央银行监管权的时间：它没有提供数据说明监管权的范围，也没有说明这些权力是否随着时间的推移而改变。例如，1934年的商业银行法授予德意志帝国银行对德国银行体系的广泛监管权。但5年后，根据修订后的银行法，大部分监管权被移交给了经济部。在其他国家，监管权更加稳定，权力范围更为有限。

表6.2　　中央银行/国家银行：成立时间和被指定为银行业监管者的时间

国家	年份		银行名称
	设立	被指定为银行业监管者	
澳大利亚	1911	1945	澳大利亚联邦银行（1959：澳大利亚储备银行）
奥地利	1816		奥地利国民银行
比利时	1850		比利时国家银行
加拿大	1934		加拿大银行
丹麦	1818		丹麦国家银行
芬兰	1811		芬兰银行
法国	1800	1945	法兰西银行
德国	1876	1934	德意志帝国银行
意大利	1893	1926	意大利银行
日本	1882	1928	日本银行

① Ibid. 出处同上。

续表

国家	年份		银行名称
	设立	被指定为银行业监管者	
荷兰	1814	1948	荷兰中央银行
挪威	1816		挪威银行
葡萄牙	1846	1925	葡萄牙银行
西班牙	1856	1921	西班牙银行
瑞典	1668		瑞典银行
瑞士	1907		瑞士国家银行
英国	1694	1946	英格兰银行
美国	1914	1914	美国联邦储备委员会

平均成立年份：

未被指定为银行业监管者的中央银行：1828 年

被指定为银行业监管者的中央银行：1849 年

资料来源：F. Capie, C. Goodhart, S. Fischer and N. Schnadt, The Future of Central Banking (Cambridge, 1994)。

尽管存在不足，但这些数据有助于解释中央银行成为国家的银行业监管机构的时间和模式。在20世纪之前，没有一个国家的中央银行获得正式的银行监管权力。事实上，除了美国联邦储备银行在1914年成立时承担了一定的监管职能外，在第一次世界大战结束前，没有任何一家中央银行被赋予监管权。因此，当监管权被委托给中央银行时，大多数中央银行已经在扮演最后贷款人的角色，也不再与被监管的银行机构竞争。

观察那些中央银行从未被授予银行监管责任的国家能发现两种规律。第一，北欧国家（丹麦、芬兰、挪威和瑞典）均未将银行监管责任委托给其中央银行。第二，作为银行业监管者的中央银行比没有成为银行业监管者的中央银行平均晚20年成立。何以解释？

北欧的经验可以从世界上第一家国家银行——瑞典银行的演变历史说起。瑞典银行的前身是由约翰·帕姆斯特鲁奇（Johan Palmstruch）于1656年成立的斯德哥尔摩银行，是一家私人银行。卡尔十世古斯塔夫国王（King Karl X Gustav）在授予其特许状时，还专门设立了一个最高银行监督部门来履行监管职责。[①] 1660年，国王去世后由其四岁的儿子卡尔十一世（Karl XI）继位。在卡尔十一世执政期间，政治权力从君王手中转移到了四个等级议会（即议会）手中。1664年斯德哥尔摩银行倒闭重组后的瑞典国会银行由议会接管。18世纪和19世纪的大部分时间里，控制着瑞典国会银行和国家预算的国会，与垄断金融立法的国王及其官僚机构之间发生了权力斗争。这场斗争的结果是，行政部门不愿意将财政权力——包括监管银行的权力——让渡给瑞典国会银行。下一个成立的北欧的国家银行是芬兰银行，在很大程度上是以瑞典银行为蓝本的，所以同样没有银行监管权力。

北欧国家中央银行不参与银行监管的另一个原因是，北欧国家有发达的储蓄银行体系。成立于19世纪上半叶的储蓄银行与当时欠发达的商业银行和国家银行大不相同。由于储蓄银行对广大民众的重要性，政府管理规范储蓄银行的动力比管理商业银行更强。19世纪后期丹麦和挪威均设立了储蓄银行监管制度，包括设立储蓄银行监察局等措施，然后两个国家在20世纪以前都没有建立商业银行监管制度。直到1924年挪威通过第一部规范商业银行的法律时，储蓄银行监察局才被赋予监管商业银行的权力。

如上所述，最终成为银行监管机构的国家银行与未成为监管机构的国家银行相比，平均成立时间要晚20年。[②] 可能是因为成立时间较短的银行更加灵活，更能够适应银行业监管者的角色。这或许可以解释为什么美国联邦储备局在1914年成立时就被赋予了监管权力。在1907年发生严重的银行业危机后，美国国会成立了国家货币委员会来管理银行和货币体系的运作情况及维护金融稳定，之后建

① Finansinspektionen（Swedish Financial Supervisory Authority）web site（http：//www. fi. se/Templates/Page_3127. aspx）.

② 尽管该差异统计上并不显著。

立了美国联邦储备系统。相比之下，同样是在“大萧条”后成立的加拿大银行并未被赋予监管权，可能是因为加拿大的经济，或者至少是其银行系统，在“大萧条”期间相当稳定。[①]

在瑞士（1907 年）、意大利（1893 年）和日本（1882 年）这三家最年轻的银行当中，意大利和日本的中央银行最终都被赋予了监管权力，而瑞士国家银行没有。瑞士的经历可能是由于其前期建立中央银行的失败尝试，在 1897 年 2 月 28 日举行的瑞士全民公投中，建立公有制中央银行的提案被否决（255984 反对票、195764 赞成票）。[②] 公投失败的原因之一是公民对于建立一个权力过大的中央集权机构的担心。[③] 1905 年瑞士通过了一项较为审慎的立法，大大限制了瑞士国家银行的权力，瑞士的中央银行才最终成立。

当我们考虑到样本中所有最终授予中央银行监管权的国家时，成立时间较短的中央银行更有可能被授予监管权的规律是否成立？根据表 6.2 的数据制成的图 6.1 表明确实如此。成立时间较短的中央银行通常比成立时间较长的中央银行更早被授予监管权。[④] 是否可以说中央银行成立时间长短对中央银行被授予监管权力的时间点产生了微小的影响？这就需要对每个国家的政治和经济进程进行更详细的分析。尽管如此，图 6.1 中关于被赋予监管权的中央银行和未被赋予监管权的中央银行的国家的数据，都是有实际意义的。

---

① M. D. Bordo and A. Redish, ‘Why Did the Bank of Canada Emerge in 1935?’, *Journal of Economic History*, 47, 2 (1987), pp. 405 – 17，讨论了加拿大银行成立背后的动机。

② J. Landmann, ‘The Swiss National Bank’, *Quarterly Journal of Economics*, 20 (May 1906), pp. 468 – 82.

③ M. Sandoz, ‘The Bank – Note System of Switzerland’, *Quarterly Journal of Economics*, 1 (April 1898), pp. 280 – 306, p. 304.

④ 估计趋势线相关系数的 p 值是 0. 0855，如果忽略英国的数据点，趋势线是向下倾斜的，p 值增加至 0. 171。

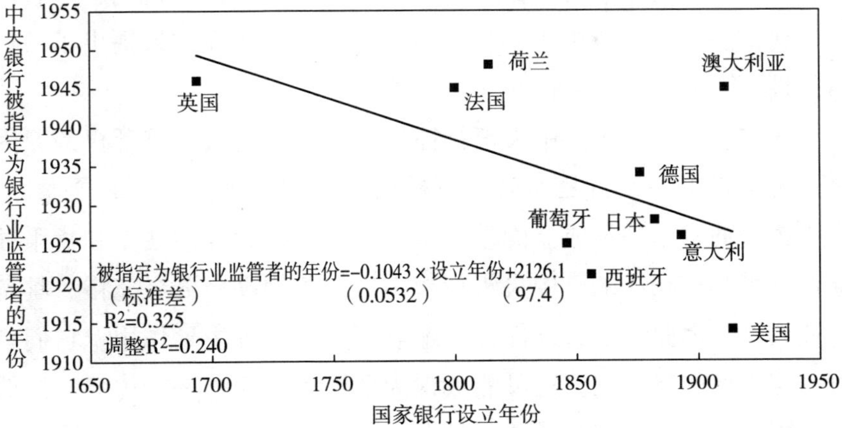

图 6.1　中央银行/国家银行：设立并被指定为银行业监管者

（资料来源：见正文）

结论和扩展

本文的方法是对目前 18 个发达国家的中央银行和银行监管的演变情况进行比较研究，以此识别将银行监管权委托给中央银行的国家和没有委托给中央银行的国家之间的特征。

研究最终得出两个结论。第一，成立时间较短的中央银行比成立时间较长的中央银行更有可能被要求成为银行业监管者。第二，在被赋予银行监管职能的中央银行中，成立时间较短的央行通常比成立时间较长的央行更早被赋予这一职能。原因是成立时间较短的央行在经营手段上没有那么根深蒂固，有足够的灵活性来适应货币政策制定者和银行业监管者的双重角色。老牌央行的适应性较差，需要更多的时间来适应这个新角色——有些央行完全无法代入该角色。

现在回过头来谈谈本文前面提出的两个问题，并尝试对这些问题进行简单分析。第一，为什么欠发达国家比发达国家更倾向于让中央银行参与银行监管？第二，这里提出的结果是否能解释哪些国家已经采用或者预测哪些国家将采用统一的金融监管机构？尽管这些问题的答案还有待更进一步分析，但本文的研究结果提出了一些可能性。

在欠发达国家中，中央银行往往被授予商业银行监管权的原因之一可能是中央银行是作为政府机构设立的。在新建立的国家中，中央银行通常是最早成立的政府机构之一，因为政治独立和货币独立通常是相辅相成的。中央银行权力大、声望高、资金充裕、具备专业人员，因此完全有条件在金融监管方面发挥主导作用。它们享有一定程度的自主权，这可能被视为金融监管者的一个优势。虽然这些国家中有些已经有了独立且专业的银行监管机构，有些国家仍在探索，但中央银行将在这一领域保持优势。

粗略浏览一下中央银行演变为统一的银行业监管者的国家名单，就会发现一个基于历史的解释。北欧国家作为最早转向统一框架的国家，它们的中央银行从未对银行系统拥有监管权。另一个中央银行从未拥有监管权的国家奥地利，其中央银行也已经演变为统一监管机构。[①] 在从中央银行手中夺走监管权并将其交给统一机构的国家中，最突出的是英国，可以联想到英国同样处于最后一批授予中央银行监管权的国家之列。

从上述分析可以得出一个结论：中央银行和许多机构一样，不愿意放弃权力。中央银行的威望，以及它们抵抗剥夺其银行业监管者角色的政治力量的能力，不仅仅存在于发展中国家。如果情况如此，我们希望看到在目前中央银行未履行银行监管职权的国家中能够发展出统一的金融监管机构。

① 拥有统一金融监管机构的国家类型并不单一，发展中国家和发达国家皆有可能。具体可参考露娜·马丁和罗斯（De Luna Martinez and Rose）的‘International Survey’。

7. 制度与监管：中央银行研究部门的崛起[①]

巴勃罗·马丁－阿塞纳（Pablo Martín－Aceña）
特蕾莎·托特拉（Teresa Tortella）

导言

关于欧洲央行研究部门起源的研究并不多，包括埃尔科·图西梅（Ercole Tuccimei）的著作《1894—1940 年国家的经济研究——从卡诺瓦到巴菲的研究史》（*La ricerca economica a Via Nazionale. Una storia degli 'Studi' da Canovai a Baffi*, 1894－1940）和巴勃罗·马丁－阿塞纳（Pablo Martín－Aceña）几年前出版的《1930—2000 年西班牙银行研究部》（*El Servicio de Estudios del Banco de España*, 1930－2000）。此外，还包括奥利维尔·菲尔塔（Olivier Feiertag）最近出版的优秀著作《衡量货币——19—20 世纪中央银行与货币当局的发展》（*Mesurer la monnaie. Banques centrales et construction de l'autorité monétaire, XIXe－XXe siècle*），其中包含有关比利时、意大利、西班牙和法兰西银行研究部门成立的一些参考资料。[②]

① 我们要感谢比利时银行的伊沃·梅斯（Ivo Maes）、希腊银行的索菲亚·拉扎瑞图（Sophia lazaretou）和乔治·米特罗菲尼斯（Georgios Mitrofanis）、葡萄牙银行的路易斯·阿布雷乌·纽恩斯（Luis Abreu Nunes）和玛丽亚·斯特拉·佩雷拉（Maria Stella Pereira）、荷兰银行的乔克·莫吉（Joke Mooij）在提供信息方面的帮助。我们也要感谢奥利维尔·菲尔塔（Olivier Feiertag）、阿尔弗雷多·吉格里奥比安科（Alfredo Gigliobianco）和杰米·瑞斯（Jaime Reis）的建议。

② 比利时银行部分由伊沃·梅斯（Ivo Maes）和埃里克·布斯特（Erik Buyst）著，意大利银行部分由罗莎娜（Rosanna Scatamacchia）著，西班牙银行部分由马丁－阿塞纳（Martín－Aceña）著，法兰西银行部分由阿兰·普莱西斯（Alain Plessis）著。

尽管已详细检索目前欧元区每个成员机构的网站，但仍无法改善参考资料缺乏的情况，所获得的信息仅涉及其研究部门目前的活动。因此，对于收集到信息的中央银行，我们只能聚焦其设立研究部门的原因，并介绍这些部门的发起人。[①] 此外，文章比较了两个地中海国家（意大利和西班牙）研究部门的显著特征，它们也是我们所掌握信息最为充分的国家。

最早设立研究部门的三个中央银行分别是英格兰银行、法兰西银行和德国银行，它们在 19 世纪到 20 世纪前三分之一的时间里对欧洲金融历史转变有着至关重要的影响。早在 1900 年，这三家中央银行就设立了一个办公室负责汇编统计数据、撰写报告并在必要时为其高级官员提供咨询服务。欧洲其余中央银行的研究机构则是在第一次世界大战后设立的，例如比利时和意大利是在 20 世纪 20 年代，葡萄牙和西班牙是在 30 年代。希腊银行是一个明显的例外，它成立于 1928 年，但直到 1956 年才成立研究中心。

现存的中央银行并没有在成立之初就设立研究中心或部门，这并不奇怪，因为它们最初的职能仅限于发行银行券、为当时的政府筹措资金，以及像其他信贷机构一样运作。虽然在国家管制下它们享有发行银行券的特权，但却在一段时间后才开始承担真正独立于政府的中央银行职能，例如作为货币政策制定者和各自金融体系的监督者。事实上，中央银行越晚被授予这些职责，就越晚建立研究部门及聘请经济专家来管理它们。

在我们已知的所有案例中，研究部门的设立都是出于类似的原因：对于国内经济发展信息的需求。设立这些部门是为了满足机构高层对信息和建议的需求，他们需要了解金融现象，并在日益复杂的经济世界中采取行动。不可否认，尽管这些共同因素是驱动中央

① 可能存在更多关于该主题的文章或专题研究，但我们未能找到它们。除了近年来的著作和出版物之外，中央银行的网站上找不到任何资料。当然，我们迄今为止对信息的搜索可能被认为是有限的，并且受语言限制（仅以法语、英语、意大利语、西班牙语和葡萄牙语来寻找资料），我们难以获取那些不熟悉的语言撰写的资料。

银行设置研究部门的主要原因，但我们分析的每个案例中都存在特定的或国家性的动机。

开始—概述

法兰西银行建立研究中心的触发点是1880年出版的《发行银行的国际统计》，其中法国中央银行提供的数据极少，其信息量少于其他银行券发行机构，如德意志帝国银行、奥地利匈牙利银行和比利时国家银行，尤其少于英格兰银行。当时，英格兰银行已经能提供有效的统计服务，而法兰西银行还没有一个真正的研究机构。法兰西银行意识到自身准备不足和相较于英格兰银行的落后，并将原因归结于缺乏真正意义上的统计研究服务，于是在1894年创立了经济研究局（Bureau des études économiques）。

在比利时的例子中，第一次世界大战带来的严重经济困难促使中央银行创建了研究部门。通货膨胀螺旋上升和货币大幅贬值导致该国陷入了真正的经济危机。而寻求解决办法过程中迫切需要加强对货币现象的理解和分析，因此该国央行在经济和货币风暴中，于1921年创建了经济分析部门（Service d'analyse économique）。

重建于1894年的意大利银行，也在逐步转变为中央银行的过程中面临一系列问题。在19世纪90年代，金融危机不仅影响到信贷系统，而且波及整个经济和金融界，甚至影响了意大利的国家结构。因此，有必要建立一个获取信息的小型研究部门以了解国家经济运行的状况。总干事内阁府（Ufficio Gabinetto del Direttore Generale）应运而生，并随着时间推移逐渐发展成为一个真正的研究办公室。这个研究办公室成立于1926年。当时意大利银行已得到法律承认，并被授予货币的垄断发行权和信贷机构的监督权，于是总干事内阁府与文献资料馆合并重组为意大利银行的经济和统计研究部。

葡萄牙银行的统计与经济研究部（Divisão de Estatística e Estudos Económicos）成立于1932年3月，不过，自1888年起已经存在一个名为统计和档案部的部门（Estatística e Arquivo）负责向总会计部门报告。1930 年，这个部门更名为档案、统计与经济研究部（Arquivo, Estatística e Estudos Económicos），被认为是1931 年该银行章程改革后所创立的正式研究部门的前身。与其他国家一样，研究部门的成立旨在寻求可靠、定量的经济信息。统计部门负责分析世界经济政策、汇编其他国家的银行法律、起草公告和研究报告以及该银行的官方月度和年度报告。

希腊银行经济研究部门成立于 1928 年 5 月，其主要职责是就货币政策问题和对该国总体经济形势的分析向央行管理层提供建议。从成立之初起，它还开展与中央银行职能直接相关的研究，而且部门工作人员会共同起草年度报告。

至于西班牙银行，其研究部门成立的直接原因是 20 世纪 30 年代初的严重外汇危机和西班牙当局意图建立金本位制的要求。这促使该国央行行长向伦敦、巴塞尔和巴黎寻求帮助，具体而言是向英格兰银行、国际清算银行和法兰西银行求助。这些机构的高级官员建议设立一个由专家组成的研究部门（Servicio de Estudios），以就当下的问题提供咨询意见。该部门于 1930 年 12 月成立，并于 1931 年 1 月正式开始运营。

我们研究的所有案例中，一个重要的共同因素是这些研究部门与中央银行内部建立的专业文献资料馆之间都存在关联。事实上，如果这些央行原来没有文献资料中心，那在建立研究部门的同时也会一并设立。对于已经拥有文献资料中心的央行，这些中心则被合并到对应的研究部门中，以专业的身份从其他中央银行、国际统计、经济学期刊和金融出版社获取论文和研究报告。

人员因素

从成立之初，研究部门就配备了具有领导力且才能杰出的经济学家，他们大多数来自学术界。这些人中通常包括一位在能力和品格方面都享有盛名的关键人物，能够吸引年轻的经济学家，从而组成研究部门发展的最初核心。另一个推动因素是央行的高级管理层，常常是行长本人，专注于改善机构管理水平，并且需要一个货币和金融专家小组来为他提供建议。

在法国的案例中，最初的关键人物是与法国学术界有着密切联系的数学家和语言学家皮埃尔·德·埃萨斯（Pierre Des Essars），以及他的助手乔治斯·鲁勒（Georges Roulleau）——巴黎高等商业学院的数学家，也是当时法国主要期刊上众多经济学和统计学文章的作者。朱尔斯·德坎普斯（Jules Décamps）在 20 世纪 20 年代加入了他们的行列，到了 30 年代，皮埃尔·魁奈（Pierre Quesnay）崭露头角，他在担任法兰西银行研究部负责人几年后，于 1930 年就任巴塞尔国际清算银行总经理。在此期间，行长乔治斯·帕林（Georges Pallain）在法国央行发挥了决定性作用。在任职期间，他积极促进研究部门的工作，为其提供能够改进统计研究方法的资源，从而使银行高管层获得的信息质量得到提升并且时效性得到明显增强。接下来，银行高级管理层开始改变该央行的结构，着手将其转变为真正的中央银行机构。

在比利时，关键人物是艾伯特·爱德华·詹森（Albert - Édouard Janssen）和他的得意门生保罗·范·泽兰（Paul Van Zeeland）。詹森于 1908 年加入央行，于 1919 年升任总干事一职并开始组织经济分析部门。那时，他十分器重一个来自鲁汶大学和普林斯顿大学的年轻毕业生泽兰。在美国，泽兰参加了当时著名的“货币博士”爱德温·卡墨尔（Edwin Kemmerer）教授的课程，并在美联储工作过一段时间。在导师詹森的要求下，泽兰在 1921 年组建并领导比利时国家银行的经济分析部门，并招募了年轻的经济学家作为该部门的研究人员。他在央行实现了自身的价值，于 1924 年升任为秘书长，1926 年提任为总干事，1934 年晋升为副行长。他后来被任命为财政部长，最终于 1935 年担任总理。

在意大利，博纳尔多·斯特林格（Bonaldo Stringher）是意大利央行历史上最受尊敬和最重要的行长之一。虽然真正意义上的研究和咨询工作在他的任期内才开始发展，但是几位知名人士都对推动设立央行研究部门有一定功绩。研究部门的管理工作由两位杰出的人物铁托·卡诺瓦（Tito Canovai）和乔瓦尼·桑托蓬特（Giovanni Santoponte）负责。他们吸引了一些卓越的学生来央行工作，这些学生对完成研究部门既定目标作出了重要贡献。其中包括米兰博科尼大学和伦敦政治经济学院的保罗·巴菲（Paolo Baffi）、博科尼大学的经济学博士阿尔贝托·坎波隆哥（Alberto Campolongo）、罗马大学经济学博士和统计学研究生阿戈斯蒂尼·德·维塔（Agostino De Vita）以及巴里大学经济学商学博士，同时也是一部著名的19世纪意大利银行业经济史的作者朱塞佩·迪·纳迪（Giuseppe Di Nardi）。

在葡萄牙，多年来建立和领导研究部门的人是安东尼奥·卡洛斯·德·苏萨（Antonio Carlos de Sousa），他于1918年作为会计部门雇员加入央行。作为一个自学成才的人，苏萨毕生致力于经济金融学研究，成为一位名副其实的专家且拥有海量的专业藏书。1932年，他被任命为统计与经济研究部（Divisão de Estatística e Estudos Económicos）部长，随后在1948年被任命为统计服务部主任，直到1965年退休。

在希腊，研究部门在总秘书处的监督下诞生，在最开始由大学经济学教授基里亚科斯·法弗莱瑟斯（Kyriakos Varvaressos）领导。他于1933年至1939年任职副行长，1939年至1945年任职行长，成为该央行历史上的一名杰出人物。其间历经第二次世界大战的艰难岁月，当时希腊被德国军队占领，希腊政府流亡在外。希腊解放后，央行的官员返回雅典，研究部门也恢复了正常工作。10年后，该部门于1955年被重新命名并扩大为一个成熟的研究部门。

西班牙银行同样也拥有两位来自学术界的著名经济学家，他们在大学工作期间打下了坚实的学术基础。两人都深谙理论发展，在数学和统计方面都受过良好的训练：一位是圣地亚哥大学教授奥列加里奥·费尔南德斯·巴尼奥斯（Olegario Fernández Baños），另一位则是当时西班牙最负盛名的经济学家之一，阿利坎特商业学院的杰曼·贝纳瑟（Germán Bernácer）教授。

意大利和西班牙中央银行的研究部门

虽然意大利中央银行的经济统计研究部（Servizio Studi Economici e Statistica）成立于 1926 年，但正如图奇梅（Tuccimei）指出的那样，其经济研究应追溯到建行之初。事实上，当意大利中央银行于 1894 年成立时，第一任行长（当时被称为总干事）朱塞佩·玛奇奥里（Giuseppe Marchiori）就希望充分了解货币发行与信贷活动之间的关系以便能够在必要时对金融市场进行监管。为此，他成立了总干事内阁府（Ufficio Gabinetto del Direttore Generale），负责收集在意大利和国外出版的经济信息，并翻译最受推崇的外国经济学论文，特别是来自法国和英国的论文。他还下令建立一个与新成立的内阁府相关联的文献资料馆。此外，他还聘任了精通金融和货币领域的知名自由派律师和经济学家铁托·卡诺瓦（Tito Canovai）来领导内阁府。1899 年，银行改革扩大了内阁府的权力，委托其监督国内经济和国际金融市场发展状况，并编制有关信贷和储蓄机构以及工商企业的统计数据。

玛奇奥里去世后，其继任者是博纳尔多·斯特林格（Bonaldo Stringher），从任职到 1930 年去世期间他奠定了意大利银行的发展轨迹。作为新任行长，他争取到比财政部更大的独立性，必要时甚至与财政部分庭抗礼。由于在 1907 年和 1911 年金融危机中发挥了重要作用，他的政治权力得到了巩固。因此，意大利银行赢得了权威，地位凌驾于其他银行系统之上。第一次世界大战后，央行面临着新的责任，比如寻求外部融资和监管外汇市场。为了应对复杂多变的世界经济形势，斯特林格改善和升级了内阁府服务部（Servizio Gabinetto）的形象。他任命铁托·卡诺瓦为副总干事，并在服务部内创建了经济和金融研究处（Ufficio Studi Economici e Finanziari），由乔瓦尼·桑托蓬特（Giovanni Santoponte）领导，他是一名多产的经济时事评论作家，也是一名欧洲和北非货币和金融时事领域专家。此外，内阁府服务部同时还配备一个新闻和对外通信办公室以及一个优质的文献资料馆。

在 1926 年的货币改革中，斯特林格实现了将意大利银行转变为真正意义上的中央银行。意大利银行不再与那不勒斯银行和西西里银行共享货币发行职能，开始垄断货币发行权，并负责监管金融系统。银行章程改革后，斯特林格担任行长职位，而他的副手温琴佐·阿佐利尼（Vincenzo Azzolini）被任命为总干事，尼古拉·内特罗纳（Niccola Introna）被任命为副总干事。至此，斯特林格在意大利银行已拥有全部权力。他将前内阁府服务部改为统计经济研究部（Servizio Studi Economici e Statistica），并由桑托蓬特担任负责人。该部门又分设为由 C. 罗德拉（C. Rodella）领导的经济金融研究处（Ufficio Studi Economici e Finanziari），以及负责监测货币市场、汇编公司文件、起草文件报告并向高管层特别是行长和总干事提出咨询和建议的统计数据处（Ufficio Statistica e Biblioteca）。由于斯特林格希望意大利银行在国际舞台上发挥积极作用，他要求研究部成员与主要国家央行的研究部门保持长期联系。

1926 年至 1930 年，在斯特林格的精心部署下，桑托蓬特和罗德拉积极地履行职能，他们对于那段时期内的任务需求和重大事件都应对自如，例如 1927 年保持里拉（土耳其货币）币值稳定，此项工作占用了研究部门负责人的大部分时间。他们必须密切准确地监测重要的国际货币和金融事件，以便使行长了解最新情况。然而，该部门的工作人员数量很少，正如罗德拉在数个场合所抱怨的那样，这些年部门的工作人员不超过 10 人，而且在央行构架中处于相对边缘的位置。

1936 年，在修订的银行法推进下，意大利银行加快转变为公共机构的改革步伐。时任行长阿佐利尼（Azzolini）采取了两项重要措施：强化研究部门的内部组织和呼吁年轻大学毕业生加入该部门。因此，四位杰出的经济学家加入了意大利银行，他们是后来在第二次世界大战结束时担任主管的巴菲（Baffi）、坎波隆哥（Campolongo）、德·维塔（De Vita）和迪·纳尔迪（Di Nardi）。多达 19 名年轻研究人员加入了他们的部门。在经济学家 G. 莫塔拉（G. Mortara）的协助下，各部门划分了工作领域：12 名研究员负责意大利国内经济，14 名则负责国际经济领域，每名研究人员都被分配一个特定的课题。

1936 年至 1939 年，央行研究部门的主要工作是撰写关于农业和工业形势、国际经济发展、股票市场波动和外汇流动等问题的说明、报告和文件。由巴菲、坎波隆哥、德·维塔和迪·纳尔迪组成的团队还进行了其他相关分析，其中最著名的是《按经济活动部门划分的信用统计》（*Statistica Del credito per rami di attività economica*）和《1931—1936 年意大利经济概论》（*L'economia italiana nel sessennio* 1931 – 1936）。有一次，法西斯政府要求研究部研究短期内建立自给自足经济的可能性，以便使意大利享有与德国相同的经济独立。罗德拉和巴菲反馈给阿佐利尼的答复直截了当："尽管这两个系统在形式上有相似之处，但德国模式在意大利并不适用。"给出的原因之一是国内储蓄增长乏力，无法为这种自给自足战略所需的投资提供资金支持。

1938 年，时任研究部［同年改名为研究室（Uffici Studi）］主管罗德拉向行长提出了几项意图强化部门实力的改革措施，但均未成功。不久之后，研究室进入了漫长的沉寂期。从 1940 年起，意大利参加了第二次世界大战，部门业务活动急剧减少。工作人员（主要是男性）被征召入伍，工作也被迫完全中断。此外，战争迫使央行放弃货币政策制定职能并成为路易吉·埃纳迪乌伊（Luigi Einaudi）口中财政部的"长臂"，该部门存在的大部分理由都丧失了。直到 1944 年罗马由盟军解放后，该部门才在保罗·巴菲的领导下恢复工作，并沿用了以前的名字——统计经济研究部（Servizio Studi

Economicie Statistica）。

西班牙银行研究部于 1931 年 1 月 2 日开始运作。其行长费德里科·巴斯（Federico Bas）依靠法兰西银行的建议，特别是来自奎斯奈（Quesnay）及其合作者的个人帮助，亲自指导设立研究部门。在研究部成立的前一年，由于西班牙政治的不稳定和从早期独裁统治（1923—1929 年）延续下来的经济金融失衡（财政预算赤字和国际收支逆差），比塞塔（译者注：西班牙及安道尔在 2002 年欧元流通前所使用的法定货币）受到了强烈的振荡冲击，西班牙当局决定采取措施来稳定比塞塔。为此，他们寻求欧洲各国中央银行的合作和建议，并前往巴黎、伦敦和巴塞尔。巴塞尔是此前不久成立的国际清算银行（Bank for International Settlement）的总部所在地。在巴黎，巴斯组织召开了一次最具决定性的会议。他和一组专家会见了时任法兰西银行行长的莫雷特（Moret）和奎斯奈（Quesnay）。随后，奎斯奈设计了稳定西班牙货币的一项方案，法国专家起草的报告给出了一项重要建议：设立一个经济研究部门负责分析西班牙经济发展、汇编统计数据、编写报告，并为该国央行和财政部提供咨询。

为了创建研究部门，西班牙银行聘请了两位极具声望的人物：统计学家、数学家、圣地亚哥大学教授奥列加里奥·费尔南德斯·巴尼奥斯（Olegario Fernández Baños），以及财政部高级官员约瑟·拉拉兹（José Larraz）。但拉拉兹很快离开了西班牙银行，随后就由凯恩斯学派经济理论家和著名经济学期刊的主编杰曼·贝纳瑟（Bernácer）接任。在西班牙内战（the Civil War，1936—1939）前，两人曾共同领导该部门，并在这短短几年内努力汇集了一支优秀的团队。该团队处于西班牙银行传统组织结构的边缘，规模较小，共分为三个部门：一个部门负责经济、金融和货币研究；一个部门负责翻译、文档编制和归档整理；最后一个部门负责稳定比塞塔，但那 10 年初期（译者注：10 年是指 1929 年独裁统治结束后至 1939 年西班牙内战结束）的国际经济形势导致这一目标从未被实现。

西班牙内战之前，研究部门仅有两名副主任和一名小职员，工作十分繁重。该部门有三项关键领域的工作。第一项工作是编写关于西班牙和世界经济发展情况的报告，其中他们于 1933 年起草并完成了描述国际危机对西班牙影响的最佳著作——《西班牙经济危机发展步调与世界危机的关系》(*Ritmo de la crisis económica española en relación con la mundial*)。这份报告阐述了“大萧条”的影响，并强调由于西班牙的农业性质和对外开放程度较低，“大萧条”对西班牙的影响并不那么严重。该部门的第二项工作是向西班牙银行理事会和财政部提供咨询建议。由于这些年的重点领域是比塞塔汇率和利率政策的波动，因此费尔南德斯·巴尼奥斯和贝纳瑟编写的许多报告都聚焦于这两个领域。关于汇率政策，研究部门的经济学家支持货币稳定性的观点，但反对财政部倡导的他们所认为的固定汇率概念。同时，他们也反对西班牙银行董事会成员货币升值的主张，因为他们认为当时采用金本位制将会损害西班牙经济。他们表示如果要实现固定汇率，就需要调整货币和财政政策以满足汇率政策的要求，这样一来货币升值是不可取的。根据他们的研究结果，比塞塔贬值一定程度上使西班牙经济脱离了全球通货紧缩的影响，因为它缓解了全球通缩对国内产出和工业就业的伴随效应。例如，紧随着 1931 年 9 月英镑与金本位脱钩，研究部门就表示支持比塞塔贬值和保持国内物价的稳定。他们同样反对西班牙当局将比塞塔与法国法郎挂钩的做法。

在利率方面，研究部门也与财政部强烈支持降低货币成本的主张背道而驰。由于西班牙银行的经济学家不赞同货币主义者对于西班牙危机的解释，他们自然怀疑降低贴现率的有效性。在那 5 年，他们一贯的立场是“低利率政策”既不能解决困扰经济的严重问题，也不是一项能够重振低迷经济的措施。

该部门第三项工作领域是收集和重建经济金融统计数据。在这一领域，研究部门的工作从未停止，值得高度评价。在短短几年内，他们收集了银行及储蓄银行的资产负债表，并用它们测算出“银行压力”变量，从而衡量系统流动性。同时，该部门还汇总了三家西班牙证券交易所的所有证券价格，构建固定收益和可变收益指数；汇总了比塞塔和所有国际货币的汇率；汇编了关于国内和国际价格的大量信息，编制了消费者价格指数和批发价格指数，并计算了在那些年广泛使用的购买力平价指标。除此之外，研究部门的统计办公室还收集了在那时已广泛传播的关于农业和工业产出、电力和原材料消费、对外贸易和黄金流动等方面的所有信息。得益于该研究部门，西班牙银行在1935年就拥有了规模最大也最为完备的国家经济数据库，成为统计数据的主要生产者。

然而毫无疑问，最重要的研究是如何重建1931—1934年的西班牙国际收支平衡。负责此项研究的是杰出的统计学家弗朗西斯科·杰尼亚加（Francisco Jainaga），但他在内战（the Civil War）头几周在马德里被杀害了。杰尼亚加以高度的耐心、严谨性和专业技能，汇编了涉及国际收支平衡表中贸易和服务、资本流动每个科目的数据。他从档案馆、公共和私营中心、图书馆、国内和国外公司的相关文献档案中寻找资料，并向成千上万的出口商和进口商、公司、领事馆和其他任何可能向他提供数据的机构发送问卷，最终得到了直至今日仍难以超越的杰出作品。正是由于杰尼亚加和研究部门其他统计学家辛勤的统计工作，费尔南德斯·巴尼奥斯和杰曼·贝纳瑟才得以发挥他们的作用。

正如后来的世界大战限制了意大利研究部门的活动一样，内战也打破了西班牙研究部门充满前景的未来。然而，意大利研究部门从1944年起在巴菲的领导下得以恢复，但西班牙研究部门则陷入了长达近20年的沉寂状态。一直到1957年，佛朗哥政权自给自足的政策正酝酿转变，就在此时，一位见多识广且影响巨大的凯恩斯学派经济学家胡安·萨达（Juan Sarda）加入了中央银行，研究部门这种状态才有所改善。

结论

目前，所有活跃于全球舞台的中央银行都设有历史悠久且结构健全的内部研究部门，并配备了大量来自各个经济分支的经济学家。这些经济学家都具有影响力，其观点也通常被货币当局所推崇和采纳。研究部门的工作人员在他们所在的机构中一路晋升至最高层的情况并不少见。

然而，研究部门起初只是一些小型办公室，工作人员很少，且处于中央银行边缘位置。它们的创建是为了满足在日益复杂经济世界中的咨询需求，并在发钞银行的主要管理人员和具有传统背景与基础的私人银行家自愿或非自愿成为央行管理者的过程中不断发展，因为这些银行家在承担货币当局的职能时会经历困惑，从而开始寻求经济学家的帮助。

在已知的案例中，研究部门的历史确实是一个成功的故事。随着时间的推移，研究部门在所属中央银行的内外部不断巩固其影响力和权威性。从设立之初起，它们就为强化本国的统计数据库作出了贡献，并毅然投入人力资本建设，吸引和培训来自科学和人文各个领域的年轻经济学家和专业人员。

8. 20世纪50年代到90年代的国际金融市场监管

凯瑟琳·R. 申克（Catherine R. Schenk）

1945年以后，作为旨在避免出现20世纪30年代国际经济关系混乱的一部分规划机制，国际金融市场监管变得更加严格和广泛。本文探讨了第二次世界大战后关于资本流动监管有用性的共识是如何在1959年实现经常账户可兑换之后达成的。我们将通过研究欧洲美元市场监管所涉及的争论，来强调欧洲各国对资本市场的态度，并将其与英美两国观点相比较，这其中的差异实际上并不如人们所描绘的那样坚定可靠。档案证据表明，人们对市场的危险性充满了担忧，并且在伦敦和华盛顿以及银行本身都对干预和监管存在激烈的内部讨论。然而，美国和英国的监管机构都拒绝引入控制措施，因为国际收支政策对市场的好处超过了威胁。这并不是说英国和美国反对资本管制本身。事实上，当时是美国有意对美元外流加强资本管制、英国也对英镑交易加强资本管制的时期。这一分析展示了一个传统观点，即市场创新破坏了资本管制的有效性，从而导致了布雷顿森林体系的崩溃。这个观点需要进行调整来考虑监管机构在允许市场创新方面的作用，以及美国和英国如何有意利用市场作为其应对20世纪60年代国际经济失衡的一部分。

接下来，本文将讲述布雷顿森林体系结束后开始的国际银行业审慎监管历史。在这一领域，监管机构仍面临挑战，原因与20世纪70年代大致相同：执法问题、银行业务的私密性、国家利益高于国际利益。因此，本文的第二个主题是“希望在金融市场上拥有国家主权”和“需要超国家的监督以确保在日益全球化的市场中审慎监管的一致性和执行力”，这两者之间存在着持久的冲突。

一

20 世纪 50 年代和 60 年代的国际金融市场监管情况与布雷顿森林体系对“三元悖论”或“不可能三角”的解决方案密切相关，这解释了在固定汇率背景下维持货币政策的主权性需要对国际资本流动施加限制。[①] 国家经济增长和充分就业的首要目标以及 1945 年以后福利国家的发展都要求国家主权优先于更自由的资本流动。[②] 出现国际收支赤字的国家对资金外流进行直接控制，以避免仅仅依赖较高的国内利率。相反，存在国际收支盈余且面临通胀压力的国家则采用政策来保护其国内货币体系不受流入资本的影响。

布雷顿森林体系协定的条款反映了一种广泛的国际共识，即更加自由的贸易市场有利于整体的增长、就业和收入，但国际金融市场应受到严格管制。[③] 虽然更自由的贸易和增长之间的联系已经相当确定，但对于金融市场自由化与经济增长之间的联系仍然未达成同样共识。可以假设，更自由的资本市场将产生更有效的全球投资资源配置，从而带来更广阔的经济增长前景。然而，实证研究表明，资本账户自由化与经济增长之间的关系模棱两可。[④] 克拉夫茨（Crafts）观察到：“没有证据表明废除资本管制本身会带来更高的增长，但有充分的理由相信金融自由化显著增加了随后发生金融/

① M. Obstfeld and M. Taylor, *Global Capital Markets. Integration, Crisis, and Growth* (Cambridge, 2004) .

② R. G. Rajan and L. Zingales, ‘The Great Reversals. The Politics of Financial Development in the Twentieth Century’, *Journal of Financial Economics*, 69 (2003), pp. 5 – 50, here pp. 5 – 10, pp. 38f.

③ R. G. Rajan and L. Zingales, *Saving Capitalism from the Capitalists* (New York, 2003), pp. 242f.

④ B. Eichengreen and M. Mussa, *Capital Account Liberalization. Theoretical and Practical Aspects* (Washington, 1998); J. P. Agenor, ‘Benefits and Costs of International Financial Integration. Theory and Facts’, *World Economy*, 26, 8 (2003), pp. 1089 – 1119, 关于文献的最新评论。

货币危机的风险。”① 在 1997 年，国际货币基金组织（IMF）开始考虑将资本账户自由化纳入其《协定条款》（*Articles of Agreement*），但在 20 世纪 90 年代末的金融危机之后，这一进程陷入了停滞。2003 年 12 月，国际货币基金组织总裁安妮·克鲁格（Anne Kreuger）提出：“在某些方面，资本流动就像抗生素。任何好东西如果使用不当，也足以造成伤害。然而，这不是限制资本流动的理由，而是应该利用资本流动，使其能够发挥最大作用。”② 国际金融监管史是一部斗争史——一部确定资本流动何时被“错用”、各种“驾驭”方法及其相应结果的斗争史。

二

在实现经常账户可兑换后全球经济持续失衡，这使得解决短期国际收支问题的方式越来越依赖资本控制。20 世纪 60 年代，英国为实现国际收支平衡的目的，加强了对各种金融和商业交易的控制。③ 另外，英格兰银行又允许仅以外币计价相对自由的交易作为伦敦金融城传统业务的一部分。此类不一致最终导致金融创新打破了当时规则下英镑和美元之间的交易壁垒。1955 年，米德兰银行（Midland Bank）开始为以美元计价的存款提供更高的利息，然后利用这些存款来缓解当地的流动性限制。④ 这个创新举措迅速传播，英国商人银行得以复苏，也掀起了外国银行为参与市场交易在伦敦

① N. Crafts, Globalization and Growth in the Twentieth Century, IMF Working Papers WP/00/44, 2000, p. 51. 另参见 N. Crafts, ‘Globalisation and Economic Growth. A Historical Perspective’, World Economy, 27, 1 (2004), pp. 45 -35. 围绕相同的结论，参见 E. S. Prasad et al., Effects of Financial Globalization on Developing Countries. Some Empirical Evidence, IMF Occasional Paper 220, 2003。

② 安妮·克鲁格（Anne Kreuger），国际货币基金组织（IMF）总裁，2003 年 12 月 9 日在马来西亚演讲。

③ 截至 1968 年 10 月，工党政府重新引入了他们在 1957 年强化并于 1959 年取消的对第三方贸易英镑融资的控制。

④ C. R. Schenk, ‘The Origins of the Eurodollar Market in London, 1955 -1963’, *Explorations in Economic History*, 35, 2 (1998), pp. 221 -38.

开设办事处的风潮。因许多美国银行在[①]摩尔盖特（Moorgate）开设分行，这个地方又被称为“美国大道”（America Avenue），而欧元市场很快也从由英国的银行主导变成了由伦敦的美国银行主导。

最初，监管部门允许伦敦的欧洲美元市场发展，尽管英格兰银行和英国财政部内部对市场的潜在流动性和波动性存有疑虑。英格兰银行通过要求银行每月报告其欧洲美元余额来实施非正式审慎监管。银行家们同样收到了一对一警告，他们被要求谨慎地对待欧洲美元业务的期限结构和流动性。[②] 对伦敦金融城而言，这种传统监管方式的有效性依赖英格兰银行与银行家个人之间的密切关系，因此，当市场由更少听从此类“道义劝告”的美国银行家主导时，这种监管方式的可持续性也变得越来越差。[③]

尼兰（Rajan）和津加莱斯（Zingales）解释了监管欧洲美元市场失败的原因：那是在英国的土地上，但其中很多参与者却是美国人，因此双方都不能单方面关闭市场。[④] 从档案和现今的记录中可以清楚地看出：并不是由于华盛顿和伦敦之间缺乏合作才无法关闭市场。相反，市场为双方带来的好处成为欧洲监管机构努力关闭市场的阻力。如果它们愿意的话，英格兰银行本可以通过禁止支付非居民存款利息的方式，单方面（就像欧洲政府那样）取消伦敦市场。在伦敦实施更为正式的新管制措施的一个主要障碍是希望维持伦敦作为国际金融中心的地位。正如英格兰银行在 1961 年的一份报告中所述：“无论我们有多讨厌热钱，我们都不能既成为国际银行

---

① 从 1965 年到 1971 年，69 家外国银行在伦敦开设了分行，其中近 40% 是美国银行。承兑银行（accepting houses）的资产从 1962 年的 9.55 亿英镑增加到 1970 年的 35.87 亿英镑，C. R. Schenk, 'International Financial Centres 1958 – 71. Competitiveness and Complementarity', in S. Battilossi and Y. Cassis (eds), *European Banks and the American Challenge* (Oxford, 2002)。

② G. Burn, *The Re – emergence of Global Finance* (London, 2006), ch. 5.

③ C. R. Schenk, 'The New City and the State, 1959 – 1971', in R. C. Michie and P. A. Williamson (eds), *The British Government and the City of London in the Twentieth Century* (Cambridge, 2004).

④ Rajan and Zingales, *Saving Capitalism*, p. 262.

家又拒绝接受热钱。”[1] 伦敦单方面关闭市场的另一个障碍是：市场只会被驱逐到其他监管体系比伦敦更差的离岸中心。

仔细观察，英国监管机构支持欧洲美元市场的动机显然比海莱纳（Helleiner）、尼兰（Rajan）、津加莱斯（Zingales）和伯恩（Burn）所描述的要复杂得多，前三者所给出解释始于并希望支持伦敦成为一个国际金融中心，而伯恩认为英国之所以能够容忍市场，是因为伦敦金融城和英格兰银行之间存在着暧昧的关系。[2] 当然，当时人们认为伦敦金融城的国际活动创造了经常账户收入并树立了威望。另外，在20世纪50年代末和60年代，财政部加强了对许多金融交易的控制，这表明，如果认为国际收支平衡的目的是有必要的，那么损害伦敦金融城的利益就不会成为实施监管的障碍。[3] 正如伯恩所述，更重要的是欧洲美元市场的增长产生了美元净流入，这有助于减少英国持续存在的国际收支赤字。[4] 米德兰银行（Midland Bank）所吸收的美元，使英国中央储备在1955年6月创纪录地从5600万美元减少到了600万美元。这一事实对英格兰银行和财政部造成了重大影响。在国际收支逆差时期，英国不希望对资本流入采取新的控制措施。

在美国，资本外流管控是纠正20世纪60年代国际收支持续赤字的主要手段。政府实行了一系列管控措施：1963年的利息平衡税，1965年的自愿对外信贷计划以及1969年对接受海外分行资金的美国银行的存款准备金率的规定。这些政策鼓励了美国银行在伦敦的运营，增加了对欧洲美元贷款的需求以资助寻求美元贷款的美国跨国公司和其他国际借款人。美国和英国的不同监管环境导致了国际银行业务重新分配。英国在世界银行海外资产中所占份额在

① Report by JML for Hamilton, 19 Oct. 1961. Bank of England Archive, London [hereafter BE] EID10/19.

② Rajan and Zingales, *Saving Capitalism*, p. 261; E. Helleiner, *States and the Reemergence of Global Finance. From Bretton Woods to the* 1990*s* (Ithaca NY, 1994), p. 84; Burn, *Re - emergence*.

③ 关于伦敦金融城对这些控制的抗议的说明，参见 Schenk，‘New City’。

④ Schenk, ‘The Origins’; Burn, *Re - emergence*, p. 127.

1969 年达到峰值，占全球总资产的 26%，而美国在 1966 年至 1969 年所占份额从 21% 降至不足 10%。

美国财政部同意英格兰银行的看法，即不需要立即对伦敦的欧洲美元市场实施外部监管或制定新规定。[1] 伯恩（Burn）详细阐述了 20 世纪 60 年代初美国对市场重要性的缓慢认识，并对市场带来的影响感到困惑。[2] 1963 年初，负责货币事务的副国务卿罗伯特·罗萨（Robert Roosa）对英格兰银行的帕森斯（Parsons）表示，他确信欧洲美元市场将继续成为国际金融形势的一个特色。当人们认为国际流动性短缺是一个重要前提条件时，它可能是一个不稳定的工具，但也是流动性的重要组成部分。[3] 在与美国银行的会谈中，罗萨（Roosa）提醒他们，尽管不存在实施外汇管制的问题，但用他的话说，这些银行应该扪心自问，参与此类会增加美国短期资本外流的活动是否符合国家利益。罗萨（Roosa）对结果并不乐观。[4]

罗萨（Roosa）显然对于在纽约市场有效实施道德劝说的前景并不像英格兰银行在伦敦那样有信心。然而，在 1963 年，由于担心市场的稳定性，美国和欧洲的一些主要银行确实同意限制银行间市场并避免存款"金字塔"。[5]

在 1963 年 11 月底，美国发生一起粮油欺诈案（被《经济学人》称为"色拉油丑闻"），经纪人艾拉·豪普特（ Ira Haupte）破

① 1963 年初，美国财政部向银行保证，它们不反对银行参与市场。1963 年 1 月 30 日，费城吉拉德信托委员会交易银行副总裁 W. B. 伊格尔森（W. B. Eagleson）与达恩（Daane）、特鲁德（Trued）、肖特（Schott）谈话备忘录。美国国家档案和记录管理局，马里兰州（US National Archives and Records Administration, Maryland, NARA）。Papers of Under Secretary of State for monetary affairs（货币事务副国务卿，USSMA），Box 105，RG69 – A – 407。

② Burn, *Re – emergence*, pp. 151 – 62.

③ 罗萨（Roosa）、（里基特）Rickett（HMT）和帕森斯（Parsons）（BE）的会议备忘录，1963 年 4 月 9 日. nara, uSSma, Box 106, rG69 – a – 407。

④ 古德曼（S. Goldman）与罗萨（Roosa）的谈话笔记，1963 年 5 月 1 日. BE EID10/20。

⑤ Andrew l. Gomory, executive Vice president of manufacturers hanover trust ny, to Roosa, USSMA, 1 Nov. 1963. NARA, USSMA, Box 105, RG69 – A – 407. Hermann Abs of Deutsche Bank to Gomory, 5 Sept. 1963. The Director of the Bayerische Vereinsbank told Gomory the same, 1 Sept. 1963. NARA, USSMA, Box 105, RG69 – A – 407.

产，并导致了一系列欧洲美元贷款违约事件。这对市场造成了冲击，并使货币当局重回到监管和监督的问题上。① 银行间短期资金流动的不断增加，引发了对20世纪30年代金融危机的担忧，但与20世纪30年代不同的是，这并没有导致政策逆转。② 在伦敦，非正式的监管体系仍在使用。正如克罗默（Cromer）对国际清算银行（BIS）的霍尔特罗普（Holtrop）所说，“如果在个别情况下，我们发现情况不佳，那么我们将与有关银行讨论这个问题”。③ 美联储理事达恩（Daane）担心，“不良贷款”可能会导致一连串违约，从而发生类似1933年的银行业危机。④ 但让他感到放心的是，欧洲美元市场在银行总流动性中所占比例很小，而且对地域集中度很敏感。⑤ 与英格兰银行一样，美联储利用其联系渠道，询问少数几家主要的美国公司为何以及如何使用欧洲美元市场，以获取更多市场信息，同时它们并未对这些交易设置任何障碍。⑥

伯恩（Burn）对于美联储较晚才关注欧洲美元市场的做法提出了批评，他指出，直到1960年，美联储才开始收集有关欧洲美元市场运作的情报。⑦ 研究结果使他们对欧洲美元市场更加警惕，他们考虑“通过禁止或爱国主义劝说”，或是通过改变激励措施或调整准备金要求的方式将美国与欧洲美元市场隔离开来。主要目的是遏制通过欧洲美元市场来规避紧缩的国内货币政策的行为。到1967

① 普雷斯顿（Preston）给布里奇（Bridge）的笔记，向塞尔温（Selwyn）、奥布莱恩（O'Brien）和帕森斯（Parsons）传达，1963年12月4日．BE EID10/22. Losses totalled US $ 100m. *Economist*, 25 Jan. 1964。

② 布里奇（Bridge）致帕森斯（Parsons）和奥布莱恩（O'Brien），1963年12月5日，BE EID10/22。

③ Cromer to Holtrop (BIS), 31 Mar. 1964. Bank for International Settlements Historical Archive, Basle [hereafter BIS] FER8 7. 18 (10).

④ note by Henry N. Goldstein for Mr young, 17 Feb. 1964. NARA, RG82 Box 76.

⑤ 一个例子是1962年11月，意大利银行无法在市场上借贷，亨利（Henry N. Goldstein）给杨先生的笔记，1964年2月17日，NARA, rG82 Box 76。

⑥ 阿尔弗雷德·海斯（Alfred Hayes）的文件注释，re: Conversation with W. Braddock Hickman，克利夫兰联邦储备银行行长，1964年4月13日，NARA RG82 Box 76。

⑦ Burn, *Re-emergence*, pp. 140-44.

年，他们得出以下结论：

（1）禁止可能会刺激规避方法的创新；

（2）说服的努力可能会带来适得其反的心理反应；

（3）出于暂时性原因，在准备金要求框架内作出可能是永久性的改变，是不明智的决策。[①]

如果美联储想支持一个一体化的世界货币市场，它就不能对美国海外分行的外国存款提出新的准备金要求。另外，准备金可以“帮助我们更有效地制定国内货币政策，同时便于其他人（国家）对其国内和外部货币政策的管理”。两年后，美联储选择优先考虑国内，并于1969年9月，对美国各银行外国分行的净负债施加了超过1969年5月还未偿还平均金额的10%的准备金要求。这阻止了美国银行在外国的分支机构将美元汇回其总部，从而损害了美国紧缩货币政策的有效性。美联储估计，1969年，30%的海外分行资源用于提供给母公司，但到1970年，这一比例已降至2.7%。[②]

在1968年初，美联储理事会考虑通过美联储—国际清算银行互换机制向市场注入额外资金，以压低欧洲美元利率。[③] 作为这项研究的一部分，它揭示了美联储近期曾干预市场，但到1968年，美联储内部的大多数人反对采取进一步行动。4月，美联储公开承认欧洲债券市场是其国际收支政策的组成部分：“很明显，国际收支所需调整的一部分必须通过增加对欧洲或其他地方的资本投资来实现。”[④] 1968年，美国企业在海外市场新发行的证券从1967年的4.5亿美元飙升至21亿美元。[⑤] 1969年，美国的货币供应因准备金要求而与市场隔绝，但是鼓励外国公司借入离岸美元以缓解国内资本市场压力。

---

① A. B. Hersey to Robert Solomon, 19 oct. 1967. NARA rG82 Box 76.

② J. Kelly, *Bankers and Borders. The Case of American Banks in Britain* (Cambridge MA, 1977), p. 101.

③ John E. Reynolds to Katz, 8 Jan. 1968. NARA RG82 Box 76.

④ Federal Reserve Bulletin, April 1968, p. 353.

⑤ Federal reserve Bulletin, october 1969, pp. 774 – 5.

尽管美国采取措施隔离经济，但英国央行或英国财政部并没有在此压力下在伦敦实施管制。伯恩（Burn）解释了美国当局在 20 世纪 60 年代初对市场感到担忧的证据，指出美国对英国不愿削减市场规模感到沮丧，但从他的描述中，尚不清楚美国希望英国做什么。[①] 官方的观点是，美国经济很容易受到多种短期资本流动的影响，包括欧洲美元市场的影响，这一问题并不能通过进一步的限制得到有效遏制。有利的方面是，该市场增加了美元的海外借款，从而直接缓解了纽约市场的压力。到 1970 年，总统国际货币事务国家咨询委员会认为，该市场是各国市场之间不稳定的征兆，而不是引起不稳定的原因，并且：

对美国的银行、公司或投资者进入外国短期金融市场（包括欧洲美元市场）进行严格控制是不可能实现的。[②]

本部分研究了欧洲美元市场供应方和东道国的监管反应。金融创新未曾预料到伦敦反应缓慢。尽管随着美国银行的到来，市场发生了巨大变化，但从 19 世纪开始在伦敦发展起来的方便且非正式的联系网络，鼓励了英格兰银行继续依靠个人关系和“道德劝说”（来监管）。美联储不确定市场对其国际收支的影响，但发现伦敦所使用的工具缓解了放松资本管制和货币紧缩所带来的国内压力。在这一点上，双方监管机构都意识到这一创新标志着国际金融进入了一个不再易受国家管控的复杂新时代。此外，英格兰银行显然对国际金融中心间监管竞争的危险性十分敏感。两国政府的首要任务都是尽量减少国际收支赤字，而市场对大西洋两岸的这场行动都发挥着作用。

20 世纪 60 年代，欧洲大陆再次加强了对稳定汇率的承诺，因为欧洲一体化进程增加了汇率波动的机会成本。德国实现了国际收

---

① Burn, *Re - emergence*, pp. 163 - 167. 伯恩并没有在下文详细列出在国际银行讨论的证据。

② Frederick L. Springborn, report for IMF questionnaire, 4 Nov. 1970. NARA RG56 Entry 360D NAC Actions.

支盈余，是传统上最自由的国家，早在 1957 年就废除了对资本流出的管控，但在 20 世纪 60 年代德国又重新实行了对资本流入的控制。为了防止瑞士法郎国际化，瑞士成为限制最为严格的国家之一。法国所采取的限制向来比其他欧洲国家更为严格，但在 1968 年经历过一个短暂的自由化时期。货币一体化的目标本应促使欧洲内部实现自由化，但在施行中，本国货币主权至上，管控仍在持续。大多数国家对欧洲美元存款实行准备金要求，同时禁止对短期外国存款支付利息。奥布斯特费尔德（Obstfeld）和泰勒（Taylor）简要指出，法国和意大利在 1973 年后收紧了一些管制，以维持汇率稳定，但这并不能充分反映欧洲对资本管制的极大兴趣。① 直到 1990 年，资本管制与欧洲一体化进程之间的矛盾才最终得以解决，为支持创建一个单一市场而废除了剩余的管控。这最终标志着为欧洲的“三元悖论”，找到了一个新的解决方案，即放弃政策主权建立一个统一的欧洲中央银行。然而，尽管建立了货币联盟，但放弃国家政策主权和跨境资本账户交易的体制障碍仍然存在争议。②

因为伦敦对离岸国际金融的监管相对宽松，促使欧洲央行敦促伦敦对欧洲美元市场实施管制。但这些努力都失败了，原因在于国家主权与国际合作之间的冲突、伦敦和华盛顿在市场中存在的利益冲突、推向监管较弱的离岸金融中心的风险，以及对本国和国际经济体系的影响缺乏共识。由于各国央行优先保护客户业务隐私，这阻碍了对透明度和监管的改善。尽管在 20 世纪八九十年代，各国金融监管机构之间的沟通障碍继续阻挠着他们在审慎监管上的努力，但 1982 年的欠发达国家债务危机使各国央行和银行界开始去克服这种阻碍并且开始接受透明度的要求。

国际清算银行是这一讨论的理想场所，它在与成员国央行的银

① Obstfeld and Taylor, Global Capital Markets, p. 160.

② Giovannini Group, Second Report on EU cross - border clearing and settlement arrangements, April 2003.

行业务关系中利用市场，它也是央行行长远离政府的定期会议场所。[①] 1962年6月，国际清算银行的甘地（Guindey）致函成员国央行，建议召开官员会议，围绕市场进行讨论。国际清算银行观察到，“严格来看，欧洲美元市场作为一种竞争现象，同时能提供对使用它的借贷双方都有利的服务，似乎是一种有益的发展。但是否应在账本的另一侧进行设置来应对其不利条件和威胁?”例如违背货币政策，市场流动性风险，对远期外汇市场的影响。他们最后提出了一个问题：“各国央行不对欧洲美元市场进行监督与管理是否正确?”[②] 专家会议回避了这些基本问题，而把注意力集中在交换统计数字上。[③]

1963年12月，就在艾拉·豪普特（Ira Haupte）危机后不久，各国央行行长举行了会晤，他们的观点既缺乏对市场的详细了解，又普遍对市场持怀疑态度。美国的海耶斯（Hayes）担忧对少数借贷者过度授信，以及“对跨国家的借贷者信用调查不够充分”。[④] 他仍然不能确定其对美国国际收支的影响。布莱辛（Blessing）指出“德国央行并不担心德国商业银行参与欧洲美元市场”。他认为市场存在与所有短期国际信贷类似的问题，“但他感到欧洲美元市场鼓励外国银行家在给予外国信贷时不像通常那样谨慎”。法国银行的布鲁内特（Brunet）指出，“不能说市场是好是坏，但是央行有理由对它持一定的怀疑态度……。另一方面，他认为没有必要进行严格

① 国际清算银行参与欧洲货币市场讨论的情况见 G. toniolo, *Central Bank Cooperation at the BIS* 1930 – 1973 (cambridge, 2005), pp. 465 – 7。

② Short paper by BIS as basis for discussion of E $ market at meeting of experts on 6 – 8 October 1962, 31 Aug. 1962. BIS, 1/3A (3) Meeting of Experts, Volumes 1 – 2.

③ 美国开始关注国际清算银行收集到的关于市场的数据去帮助追踪市场动向和对美国的潜在影响。Fred H. Klopstock, Manager Research Dept of FRBNY to M. Gilbert, 28 May 1962. BIS, 1/3A (3) Meeting of experts, Volumes 1 – 2。

④ 以下是费拉斯（Ferras）给日本央行行长山极（Yamagiwa）的一封信，他没有出席1964年1月23日的会议。国际清算银行，FER8 7.18 (10)。

管控”。[①] 英格兰银行的克罗默（Cromer）并不担忧市场的问题。在总结讨论时，霍尔特罗普（Holtrop）总结道，“普遍观点都认为与欧洲美元市场有关的问题是可能存在的，但这些问题与一般国际短期资本流动方面存在的问题没有本质上的区别”。随后，国际清算银行倡议今后几年将重点放在收集统计数据上。

在豪普特（Haupte）事件之后，英国央行建议国际清算银行收集并公布以欧洲美元贷款地理目的地划分的统计数据，“以了解欧洲美元市场是否整体健康运行”。[②] 由于无法轻易从银行获取数据，这一想法未被采纳。1965年2月，大多数央行官员都认为，公布欧洲货币统计数据是对银行业务保密性的一种侵犯，尽管如此，这些央行行长仍在呼吁专家们考虑将非居民的银行信贷信息归集到国际层面的可能性，包括欧洲美元贷款和其他信贷。[③] 这些信息是进行审慎监管的必要前提。

1965年4月，专家们如期举行会晤来讨论两种可能性：一是建立真正的国际风控中心，二是仅仅收集国家数据而不成立新的机构。法国、意大利和德国都拥有自己的风控中心，并认为在它们的做法中大多数法律和行政上的差异是可以克服的，以便数据能传送到新的国际机构。但是其他国家则表示反对。[④] 英国代表坚持认为成立这样一个中心与英国的法律相违背。荷兰也认为成立新的中心没有可行性，它们的中央银行接收到的客户信贷信息只供本国央行使用。瑞典没有收到官方的信息也不相信瑞典的银行会配合。美联储声称从私人银行那里获取了大量信息，但却没有任何个人借贷者

① 法兰西银行（Banque de France）的兰福特（G. Lefort）后来通过强调有必要鼓励银行在贷款方面更加谨慎来纠正法国的立场。他的评论发表在1963年12月19日的专家报告草稿上。BIS，1/3A（3）Meeting of Experts，Volumes 1－2。

② 贾斯珀·鲁瑟姆（Jasper Rootham，BE）致马丁·吉尔伯特（Martin Gilbert，BIS），1964年3月。行长克罗默（Cromer）在1964年3月31日给霍尔特罗普（Holtrop）的信中重复了这一建议。BIS，FER8 7.18（10）。

③ 费拉斯（Ferras）给中央银行的信，1965年5月24日. BIS，FER8 7.18（10）。

④ 安东尼奥·阿罗马（Antonio D'Aroma），国际清算银行秘书长，1965年4月9日星期五专家会议笔记，1965年4月15日起草. BIS，FER8 7.18（10）。

的信息。美国企业的规模如此之大，它们常常要去不止一家银行，自然希望银行之间能够交换信息，因而让任何官方机构都变得多余。瑞士的银行甚至拒绝相互交换信息，因此不可能对风控中心有任何贡献。鉴于各国普遍反对建立一个新机构，专家们建议施行一个相对容易完成的计划，即按照现有的欧洲美元报送方式向国际清算银行报送所有本外币的外部信贷。①

1971 年初，美国降息导致大量资本流入欧洲之后，国际清算银行重新开始对市场进行多边监管。由于担心市场出现通货膨胀并干扰到国内的货币政策，专家组在 2 月开会讨论了采取更多的干预措施的可能性。然而，在限制市场方面仍未达成一致。② 美国和英国仍然是最反对干预的国家。美联储的达恩（Daane）与国家咨询委员会的立场一致，认为短期资本市场存在的问题并非单由欧洲美元货币市场引起。美国希望国际清算银行采取技术手段而不是制定政策。然而，美国当局并不畏惧对市场实施国家管控，以遏制其对国内通胀的影响。从 1971 年 1 月起，美国银行对欧洲美元借款的边际存款准备金（条款 D）要求从 10% 上升到 20%。

英国仍对集体或国家监管持抗拒态度。英格兰银行的霍洛姆（Hollom）不认为限制市场活动对市场有益，因为如果英格兰银行这样做了，可能会把市场推入其他渠道，从而更难监管。此外，德国央行的艾明格（Emminger）和意大利银行的巴菲（Baffi）都谈到了市场如何干扰货币政策的有效性，并想研究央行如何共同影响货币政策。法国央行的塞隆（Theron）和日本银行的速水優（Hayami）都表示通过国家外汇管制保护本国市场不受资本流入的影响。瑞士国家银行海耶（Hay）对通胀对本国货币政策的影响最为肯定，估计乘数为 2.5，并对国内政策的干预感到不满，然而，他并不支持监管，而是认为应该找到问题的根源，即美国的［赤字］立场。

① 关于这项建议的失败，见 Toniolo，中央银行合作，p. 469。

② 1971 年 2 月 18 日在荷兰银行举行的欧洲货币市场会议的非正式记录。Chaired by Ziljstra. BIS，GILB1。

最终达成的共识是市场存在通胀，但由于没有就控制私人银行进入市场达成协议，合乎逻辑的做法就是限制中央银行的存款。[①] 在 1971 年 4 月举行的一次专家会议上，与会者就此事看法不一，部分专家抵制对央行自由的限制，部分专家则怀疑这样做是否值得，因为只有十国集团（G10）中央银行才会受到此类协议的约束。英格兰银行的莫尔斯（Morse）表示，反对永久禁止央行使用欧洲美元市场的理由很充分；但是他指出十国集团承诺暂时不利用市场仍勉强有三个好处，“首先，它们可能会影响其他一些欧洲中央银行；其次，目前有很多鼓动对欧洲美元市场采取行动的声音，这或许是个好主意，由此可以采取一些行动满足上述呼吁；最后，十国集团至少能在会议[②]上说一些它们一直在做的事。” 十国集团的自我约束条例并不包括那些很快将其盈余投入国际资本市场的欧佩克成员国。1974 年，国际货币基金组织（IMF）的 20 国委员会也曾提议限制各国对欧洲货币市场的使用，但该提议从未被正式采纳。[③] （因为）高流动性和高利率的回报极具竞争力和诱惑力。

央行的存款问题暂时搁置之后，常务委员会又回到了监管或限制欧洲美元市场这一更为棘手的问题上，但在这一点上没有达成共识。[④] 美联储的达恩认为，就国际金融和货币危机而言，欧洲美元市场并不是“罪魁祸首”。[⑤] 然而，艾明格和凯斯勒（Emminger and Kessler）认为，1971 年的危机使得对欧洲市场的多边监管变得更加紧迫，凯斯勒甚至认为，如果不能解决这个问题，将威胁到新建立的钉住汇率制度。常务委员会于 1972 年 3 月向理事会提交的报告反映了大家对这个问题的严重性及潜在解决办法的分歧。理事们认为

---

① 越来越多的学术共识强化了这一观点：欧洲私人美元市场本身可能不会导致通胀，但央行参与市场会导致通胀。对于当代辩论的调查，参见 Hawley，‘Protecting’。

② 欧洲货币市场常务委员会第二次会议，1 June BIS，GILB1。

③ A. Teck and W. B. Johns，‘Portfolio Decisions of Central Banks’，in A. M. George and I. H. Giddy（eds），*International Finance Handbook*，vol. 2（New York，1983），p. 10.

④ 托尼奥罗（Toniolo）简要叙述了关于问题和解决方案的分歧是如何持续的。Toniolo，中央银行合作，pp. 466f。

⑤ 欧洲货币市场常务委员会非正式会议，1972 年 6 月 8 日。BIS，GIL1。

该问题不足以作为政策决定的依据，又将这个问题交回给常务委员会。①

对这个问题的激烈讨论持续了 6 个月。英格兰银行的麦克马洪（McMahon）支持各国采取干预市场的措施，实质上是支持欧洲大陆的外汇管制，这个管制令伦敦金融城（City of London）受益。艾明格认为，欧洲经济共同体成员国不能接受纯粹以国家为基础的监管，因为它们同时在考虑货币联盟（monetary union）。② 1972 年，欧洲经济共同体成立了一个由各国银行监管人员组成的联络小组，以进行银行监管方面的合作和信息交流，但进展缓慢。直到 1977 年底，才发布了第一条指令，以协调信贷机构的法律、法规和行政规定。与此同时，德国在国际清算银行和国际货币基金组织主张对欧洲美元存款实行准备金要求，但英国重申，这无非是促使市场成为一个更开放包容的国际金融中心罢了。③ 美国代表们仍主要关注官方储户，甚至质疑为何如此多的央行将存款存放在国际清算银行。④

1973 年 2 月 10 日的一次会议上，由于金融市场一片混乱，官员们未能达成共识。⑤ 最后，主席拉尔（Larre）表示"因为在大量短期资本的流动中，大部分都不属于欧洲美元流动，所以现在不是讨论欧洲货币市场监管问题的好时机。"与会者同意拉尔应于 1973 年 3 月初以自己的名义为 20 国委员会编写的一份基于事实的报告。⑥

---

① 欧洲货币市场常务委员会非正式会议，1972 年 4 月 6 日。BIS，GIL1。

② 拉尔（Larre）指出，并非所有欧洲经济共同体国家都支持货币联盟（monetary union）。欧洲货币市场常务委员会非正式会议，1972 年 7 月 8 日。BIS，GIL1. 欧洲货币常务委员会会议的非正式记录中也记录了相同的观点，1973 年 6 月 6 日。BIS，GIL1。

③ A. D. Crockett note for files on Committee of 20 meeting 26 March 1973, Archive of the International Monetary Fund, Washington [hereafter IMF], G142. 32 C-20 Ministerial Meetings. Informal record of Eurocurrency Standing Committee Meeting, 9 Dec. 1972. BIS, GIL1.

④ 欧洲货币市场常务委员会非正式会议记录，1972 年 9 月 9 日。国际清算银行（BIS），GIL1。美联储本来更希望银行直接把存款放到美国，但其他国家则要求美国的证券能提供更好的回报来吸引这些存款。

⑤ 欧洲货币市场常务委员会非正式会议，1973 年 6 月 6 日 和 1973 年 2 月 10 日. BIS，GIL1。

⑥ 欧洲货币市场委员会 20 国报告，1973 年 3 月 3 日. BIS GIL1。

欧洲货币市场常务委员会的审议表明，市场对国内货币政策的影响、资本流动的不稳定程度以及何种控制是必要或可行等方面存在不可调和的分歧。在 1974 年 5 月的会议上，各国理事仍未就这些问题达成一致，多边监管也未能实现。

欧洲美元市场的情况表明，国际金融流动的复杂性使得制定有效的监管对策变得越来越困难。这是由于人们对新市场的经济影响存在争议，以及考虑到交易的复杂性，执行任何监管都面临挑战。此外，对市场的监管使人们的注意力集中在透明度的好处与商业隐私损失的代价之间的冲突上。1974 年，浮动汇率和石油危机增加了对跨国银行和日益复杂的金融市场的监管挑战。人们的注意力很快从规范欧洲美元市场转向了促进跨国银行的总体稳定。

三

随着浮动汇率的出现，人们对欧洲美元市场上许多新成立的中小型银行的稳健性产生了怀疑，这在 1974 年春夏催生了分层利率结构①。由于市场萎缩，小型银行面临流动性紧缩，导致了赫斯塔特银行（Herstatt Bank）破产②。市场陷入了恐慌，3 个月期欧洲美元贷款利率在 7 月中旬飙升至前所未有的 14%。9 月底，纽约联储银行不得不接管富兰克林国家银行的外汇债务③。德意志联邦银行允

① Johnson and Abrams, Aspects, p. 18; I. H. Giddy, 'The Eurocurrency Market', in A. H. George and I. H. Giddy (eds), *International Finance Handbook*, vol. 1 (New York, 1983), p. 18. This section develops material from C. R. Schenk, 'Crisis and Opportunity. The Policy Environment of International Banking in the City of London', in Y. Cassis and E. Bussière (eds), *London and Paris as International Financial Centres in the 20th Century* (Oxford, 2005), pp. 207 – 28.

② 外汇交易损失超过 1 亿美元，存款为 7.6 亿美元。Reid, *Secondary Banking Crisis*, p. 115; Wilson, *The Chase*, p. 213。

③ 《联邦储备公报》（*Federal Reserve Bulletin*）1975 年 3 月报道，富兰克林国家银行（的债务规模）比赫斯塔特银行更大，还剩余 300 份合约未偿付，相当于 7.25 亿美元的远期交易。富兰克林国家银行的资产后来在 1974 年 8 月卖给了欧美银行公司；S. J. Weiss, 'Competitive Standards Applied to Foreign and Domestic Acquisitions of US Banks', in *Comptroller of the Currency, Foreign Acquisition of US Banks* (Washington, 1981), pp. 303 – 27, 324。

许赫斯塔特银行破产的意愿与美联储对富兰克林国家银行的救助之间的差异，凸显了作为最后贷款人的国际惯例存在不一致性。英格兰银行对外国银行在伦敦的子公司的偿付能力不承担任何责任，因此，在 1974 年 7 月，以色列—英国银行获得破产许可，其未偿债务高达 4300 万英镑。①

在美国“入侵”伦敦金融城 10 年后，这场危机促使各国努力协调对国际银行的“最后贷款人”机制。1974 年 9 月，十国集团的央行行长们宣布，尽管欧洲美元市场最后贷款人的详细规则不切实际，但应向市场保证，“有很多手段可达到这一目的，并将在必要时使用”。② 他们还在巴塞尔成立了银行规例及监察事务委员会，最初由乔治·布伦登（George Blunden）和彼得·库克（Peter Cooke）担任主席，这两位都来自英格兰银行，该机构以监管不力而臭名昭著。

虽然国际监管停滞不前，但各国监管改革仍在继续。在伦敦金融城，英格兰银行敦促各财团银行正式向其致函，表明它们的股东愿意充当最后贷款人。外国银行也同样被要求承诺支持其英国子公司，尽管这些承诺不是强制执行。③ 同时，美联储宣布，已准备好充当成员银行的最后贷款人，以保护它们免受石油美元或其他存款突然流失的损失。这些措施共同打消了市场的疑虑，随着市场信心恢复，1975 年初的分层利率结构有所收缩。

10 年前在欧洲，与欧洲美元市场有关的类似危机曾通过非正式和特别建议得以遏制。1973—1974 年，资本流动规模、公众对储户利益更加敏感，以及英国作为欧洲经济共同体成员国的身份，都要求政府作出更为正式的回应。除了与个别银行职员进行的传统个人会面之外，伦敦的银行还必须制作更详细和持续的统计报告，以加

① 与以色列银行监管机构谈判后成立了一项基金，英格兰银行为此出资 300 万英镑来支付给债权人。Johnson and Abrams, Aspects, ap. 21f; Reid, *Secondary Banking Crisis*, p. 115。

② Quoted in Johnson and Abrams, *Aspects*, p. 23.

③ 到 1975 年 2 月底，所有财团银行都作出了这样的承诺。

强审慎监管。1974 年底，英格兰银行致函伦敦金融城的所有银行，建议它们加强内控制度，特别是加强对海外分行和子公司的外汇业务的控制。这是英格兰银行第一次作出如此正式的公开指示。英格兰银行还首次要求（总部在）伦敦的英国海外银行报告其海外代表处的活动。布伦登指出，“大多数银行对我们这封信的反应表明，我们（此前）对整个银行界已经准备好接受我们的新路线的判断是正确的。”但布伦登承诺“我们的方法仍然是灵活的、个性化的、进步的和有参与性的”。①

1975 年的巴塞尔协议规定了对跨国银行的监管责任，其结论是，外国分支机构的偿付能力“基本上是母国监管机构的问题”，而外国子公司和合资企业则属于东道国监管机构的责任范围。② 随后在 1978 年建议，偿付能力应以合并账目为基础，这更加强调了母国监管当局应确保收集和发布这些信息。1983 年，该协议作了进一步修订，强调东道国和母国监管机构之间必须加强合作和沟通，1990 年的建议对此作出了详细说明。国际商业信贷银行的倒闭引发了对跨国银行监管的再次呼吁，协议的建议于 1992 年正式成为最低标准，但执行起来仍然存在问题。1992 年的修订版本将责任转回给东道国，以确保母国拥有适当的监管结构。银行要想进行跨境扩张，须同时获得东道国和母公司监管机构的批准。这些修订版本进一步强调了国际信息流动，但到了 1996 年，国际清算银行认识到信息无法轻易从一些东道国（特别是离岸金融中心）传递到母国监管机构。

巴塞尔银行监管委员会还仔细考虑了如何协助进行风险管理，或许可通过中央机构收集可供潜在贷款人使用的特定借款人的总负债信息。但正如 20 世纪 70 年代初一样，由于客户机密问题以及不

① 1975 年 3 月 17 日，布伦登（Blunden）在北威尔士大学欧洲金融学院致辞，*Bank of England Quarterly Bulletin*, 15, 2 (1975), ap. 188 - 94, 190。

② Quoted in Johnson and Abrams, *Aspects*, p. 16.

同司法管辖区之间的信息披露标准不同，这一做法不可能实现。[①] 相反，国际清算银行报告了各国外债总额的季度数据，并从 1978 年起每半年公布一次（债务）到期日期分布情况。从 12 月开始，英格兰银行公布了英国各银行的综合风险敞口。1982 年 5 月，巴塞尔银行监管委员会最终商定了银行应考虑的国家风险准则，正好赶上了当年的欠发达国家债务危机。

寻求制定全球金融标准的国家仍面临一些问题，包括不同的政治、法律和金融体系的制度结构，以及对协调计划的排斥，这限制了国际协调行动的进展。如上所述，欧洲经济共同体的协调计划无疑最适用于多国协调，但在 20 世纪 70 年代收效甚微。在 1977 年的国际银行暑期班上，布伦登表达了英格兰银行对此类努力的悲观看法：一个国家的银行体系对其经济的管理和效率至关重要；对银行的监管将不可避免地成为一种受到严格保护的国家特权。（所以）让各个国家都服从一个（统一的）国际权威是极不可能的事情，这需要一定程度的政治承诺，但在可预见的将来既不存在，也无法想象。[②]

在经历了 1975—1977 年的相对平稳发展后，国际银行贷款在 1978 年再次激增，并恰逢下半年美元升值。在这种动荡的环境下，1979 年底，伊朗革命引发了第二次石油危机。银行贷款占欠发达国家债务的比例从 1970 年的 15% 上升到 1980 年的 27%，这引发了 1982 年的拉丁美洲债务危机。事实证明，20 世纪 70 年代引入的审慎监管不足以应对这些压力，尤其是在国家风险评估和银团贷款透明度方面。

1987 年底，巴塞尔银行监管委员会发布了一份关于国际银行资本充足率最低标准的征求意见稿。其审议的重点反映了当时的主要

---

① 布伦登（Blunden）在 1977 年 6 月于斯德哥尔摩国际银行暑期学校上的致辞，*Bank of England Quarterly Bulletin*, 17, 2（1977）；*James*, *International Monetary Co-operation*, p. 321。

② *Bank of England Quarterly Bulletin*, 17, 3（1977）.

关注：主权债务违约风险。[①] 经过 6 个月的磋商，这些建议在经过一些小改动后获得通过，并于 1992 年被许多银行监管机构采纳实施。(但是) 对资本充足率的要求未能阻止 20 世纪 90 年代的一系列金融危机，这导致了对风险权重的重新评估，尤其是因为这些权重的设计主要考虑的是主权风险（因为这是 20 世纪 80 年代的问题），而不是私人借款者的风险（亚洲金融危机的情况）。[②] 巴塞尔协议Ⅱ还试图加强审慎监管和信息披露，部分原因是美国“反恐战争”后，人们对洗钱问题更加敏感。这些事件使国际清算银行、国际货币基金组织及各国监管机构重新致力于实现金融稳定。[③] 但重点仍主要集中在各国的适用和执行上，对许多国家来说，巴塞尔协议Ⅱ的未来适用情况仍不确定。

四

本文的分析通过将 20 世纪 60 年代和 70 年代的欧洲美元市场和跨国银行业务作为这一时期最重要的金融创新，以此突出强调了多边监管和国际金融市场的发展。这些案例表明，国际合作努力目前[④]面临的障碍由来已久。由于存在信息流动的现实障碍、将市场推向更为脆弱和监管不力的离岸中心存在潜在危险、对全球化的成本和收益缺乏共识以及对国家主权造成威胁等问题，国际金融仍以国家为基础进行监管，这些障碍起源于 20 世纪后期全球化的兴起，在 20 世纪 60 年代和过去的 10 年仍较明显。在发生国际事件威胁到国家金融体系的危机之后，最常见的举措是（各国）开展合作或进行协同监管。这就导致了这些新指引的重点是滞后且被动，而非主

① 与此同时，欧盟委员会正在起草欧洲银行业共同标准。

② 《巴塞尔协议 I》(Basle I）还为银行引入了关于高风险权重资产的不当激励，B. Eichengreen, *Capital Flows and Crises* (Cambridge MA, 2003), p. 304。

③ G. J. Schinasi, *Safeguarding Financial Stability. Theory and Practice* (IMF, 2006). pp. 10f.

④ 译者注：写作时间为 2009 年。

动的。此外，随着每次危机的消退，监管改革的动力也会减弱。

20世纪八九十年代，国际金融形势变得异常复杂，并且相较于“实体”经济，其交易规模激增。然而，在金融创新时代的早期，审慎监管合作存在基本障碍的苗头已不容忽视了。在没有明确证据表明全球化威胁导致系统失灵的情况下，这些不同声音为国家利益优先于集体利益、保护私人信息优先于透明度开创了先例。尽管应对危机的种种措施已表明克服这些障碍十分困难，2007年至2009年的国际金融危机仍极大地暴露了这种国际金融监管方式的弱点。

9. 缺失的档案：国际清算银行对国际银行的监管[①]

皮特·克莱门特（Piet Clement）

总体而言，中央银行对金融系统特别是大型金融机构的稳定性一直很敏感。的确，正如派多亚－夏欧帕（Padoa－Schioppa）所言："……中央银行在金融稳定方面的作用是它们基因密码的一部分。"[②] 然而，在许多工业化国家，直到20世纪30年代发生了严重的银行危机之后，中央银行监督管理的权力才得以提升，或者说，新的独立监管机构才得以建立。因此，1931年夏天，德国达纳特银行（Danat Bank）的倒闭对整个银行业产生了严重的连锁反应，这也直接促成了德意志银行业监管机构——德意志帝国银行（Reichsbank）的成立。此后德意志帝国银行扮演了重要角色，对所有德国的银行进行监管。[③] 与此同时，在诸如荷兰等其他国家，商业银行定期向中央银行报告的力度明显加大，并通过与中央银行签订所谓的君子协定自愿接受某些限制和间接控制。[④]

然而，这种几乎同步进行的举措，虽然逐步建立起正式的银行监管，但并没有充分解决如何最好地规范或监管大型银行国际活动的问题。鉴于"大萧条"和战争导致的国际金融枯竭、许多国家无

---

① 本文观点仅代表作者个人，不代表BIS的立场。

② T. Padoa－Schioppa, *Regulating Finance, Balancing Freedom and Risk* (Oxford, 2004), p. 97.

③ 'The Deutsche Bundesbank's Involvement in Banking Supervision', Deutsche Bundesbank Monthly Report (September 2000), pp. 31－43.

④ J. Mooij and H. M. Prast, A Brief History of the Institutional Design of Banking Supervision in the Netherlands, De Nederlandsche Bank, Research Memorandum WO no. 703, October 2002.

处不在的金融监管以及资本管制的普遍化，这或许已不是20世纪30年代至50年代世界上最棘手的问题。从20世纪50年代后期开始，随着西欧实现了经常项目可兑换、资本管制逐渐放松以及随后迅速增长的国际资金流动，这一问题再次变得突出。显而易见，对大型金融机构的国际活动进行可信的规范或监管，对于降低国际金融稳定风险和创造全球公平的竞争环境至关重要。很长一段时间，这种监管几乎完全缺失，成为国际金融系统缺失的环节。工业化国家的央行行长们深刻意识到这一点，因此从20世纪60年代初起，他们开始在周末的巴塞尔国际清算银行月度会议讨论这个关键问题。这最终促成十国集团（G10[①]）在赫斯塔特危机之后，于1974—1975年成立了银行法规与监管事务委员会（后来的巴塞尔银行监管委员会）。在1988年，针对国际上较活跃银行实施资本充足率规则——所谓的巴塞尔协议。该协议于1999年至2005年进行了大幅修订，即巴塞尔协议Ⅱ（*Basel* Ⅱ）。

本文非常简要地回顾了基于国际清算银行背景下中央银行探讨银行监管的历史。然后聚焦从20世纪60年代开始的国际银行监管的研究档案。这些档案可以为我们提供一个有趣的视角，让我们了解在过去半个世纪，中央银行和其他相关机构对于国际金融稳定和最后贷款人问题的观点是如何演变的，以及这种演变是如何由反复出现的金融和银行业危机驱动的。这些档案还强调了在处理这些问题时，公共部门和私人部门之间，以及在公共部门内部的中央银行和政府之间的关系并不那么协调。与此同时，许多研究国际银行监管的主要档案资料仍然没有公开，因为它们被认为太近期或太敏感（特别是在涉及国内危机和具体商业银行的困境时）。然而，从选择性开放的相关档案中我们也能获得很多信息。鉴于针对国际银行监管档案的研究本身就很有价值，提高相关档案所有者对此的认识水平至关重要。

---

① G10包括比利时、加拿大、法国、德国、意大利、日本、荷兰、瑞典、英国和美国。瑞士随后加入。

巴塞尔协议的进程

20 世纪 60 年代，所谓的欧洲货币市场不可阻挡地崛起，是将国际银行监管问题推上政策制定者议程的真正催化剂。[①] 欧洲货币市场指，该市场上的短期存贷款，以吸收存款和发放贷款的银行机构所在国之外的货币计价。自 20 世纪 60 年代初以来，欧洲货币市场发展强劲，该市场以伦敦金融城为中心，绝大多数资金以美元计价。事实证明，这对寻求“逃离美国沉闷的银行业环境”的美国银行来说是一个有吸引力的地方[②]，并助力美国公司在欧洲和其他地方扩张。在 1963 年到 1973 年的 10 年间，欧洲货币市场估计交易量从 70 亿美元激增到 1300 多亿美元。[③]

各国央行很早就开始关注欧洲货币市场。1961 年 5 月，一些央行专家在巴塞尔国际清算银行开会时，讨论了欧洲货币市场在跨境资本流动中的作用。欧洲货币市场专家年度会议很快成为国际清算银行会议的常规议程。从 1964 年开始，国际清算银行的年度报告中有一个章节专门讨论欧洲货币市场的发展情况。对各国央行而言，欧洲货币市场的迅速扩张带来了三个方面的特殊挑战：一是如何定义和衡量这种新现象；二是对国内货币政策有效性带来的实际和预期影响；三是市场迅速扩张可能加大了审慎风险。[④] 在这里我们最感兴趣的是第三个挑战。

---

① 对于欧洲货币市场的起源和发展，请特别参见：C. R. Schenk, ‘The Origins of the Eurodollar Market in London, 1955 - 1963’, *Explorations in Economic History*, 35, 2 (1998), pp. 221 - 38; and S. Battilossi and Y. Cassis (eds), *European Banks and the American Challenge. Competition and Cooperation in International Banking under Bretton Woods* (Oxford, 2002)。

② R. Sylla, ‘United States Banks and Europe. Strategy and Attitudes’, in S. Battilossi and Y. Cassis (eds), *European Banks and the American Challenge. Competition and Cooperation in International Banking under Bretton Woods* (Oxford, 2002), p. 71.

③ Bank for International Settlements, *Annual Report*, Basel, 1964 and 1974.

④ 关于各国央行对欧洲货币市场的立场，参见 G. Toniolo, with the assistance of P. Clement, *Central Bank Cooperation at the Bank for International Settlements 1930 - 1973* (Cambridge, 2005), pp. 452 - 71。

20 世纪 60 年代，各国央行越来越担心欧洲货币市场的某些特定参与者可能会过度暴露风险敞口（尤其是考虑到涉及的金额之大），同时短期存款和中短期贷款之间明显增加。令这些担忧雪上加霜的是，在欧洲货币市场，贷款的最终使用者常常被银行间同业存款资金业务所掩盖（银行间交易在欧洲货币市场银行业务总额的占比从 20 世纪 60 年代中期的大约 30% 升至 80 年代初的大约 50%）。早在 1963 年，当斯汀尼斯（Stinnes）和艾拉豪普特（Ira Haupt）两家著名的国际公司在外汇业务上遭受重大损失时，这些审慎风险就得到了重视。十国集团中央银行就建立国际风险办公室的可行性进行了一次失败的讨论，该办公室旨在收集十国集团成员国内的银行机构发放给“非居民”的短期贷款信息。虽然没有任何结果，但在巴塞尔协议的背景下，对欧洲货币市场审慎风险的担忧时不时地重新浮出水面。到 20 世纪 60 年代末，多位央行行长认为欧洲货币市场的发展增加了金融危机的可能性，这不仅是因为短期资本流动的规模巨大，还因为大多数业务涉及银行财团或一连串的中介机构，最后但同样重要的是因为政府对银行国际业务的监管不够严格。人们担心，信心的恶化可能会在整个国际市场迅速蔓延。

各国央行和国际清算银行从官方角度淡化了这些风险，转而强调市场恢复以及活跃在其中的国际银行的稳定性。尽管如此，他们还是觉得应该增加在巴塞尔召开欧洲货币市场专家会议的频率，并于 1971 年 4 月成立了一个正式的十国集团欧洲货币常务委员会。起初，在布雷顿森林体系末期，各国央行和常设委员会主要关注欧洲货币市场的发展对国内货币政策的直接影响（例如利率水平、投机性资本流动）。这种情况在 1974 年发生了变化。在赫斯塔特银行（Bankhaus Herstatt）和富兰克林国家银行（Franklin National Bank）倒闭后，十国集团央行行长齐聚巴塞尔发表声明强调，对欧洲货币市场承担最后贷款人职能，试图以此稳定市场。作出这样的保证后，行长们认为是时候在 1974 年解决困扰国际金融系统的一个根本缺陷：对国际银行业务的监管不足。因此，在 1974 年 12 月，他们创建了一个新的十国集团常务委员会——银行管理与监督事务委员会（后来的巴塞尔银行监管委员会，或称巴塞尔委员会）。

需要强调的是，巴塞尔银行监管委员会是作为一个论坛和协商机构而成立的，汇聚了中央银行和监管机构的专家，而不是一个超越国家主权的决策机构。[①] 20世纪70年代的情况和今天的一样，十国集团成员国对国内银行的监管措施差别很大。例如在德国，银行的国内和国际业务基本上受到相同程度的规范和监管，而在英国或卢森堡，大型银行的国际（欧洲货币市场）活动几乎不受监管。因此，尽管巴塞尔银行监管委员会从一开始就鼓励建立统一的国际监管标准，但并没有试图统一成员国的具体监管做法。

1975年以后的30年里，巴塞尔银行监管委员会从一个默默无闻且低调的十国集团论坛，变成了一个在更广范围内影响着全球银行业监管标准的核心机构。[②] 这一发展受到20世纪70年代、80年代和90年代反复出现的金融和银行业危机冲击和驱动。简而言之，巴塞尔银行监管委员会的工作沿着两条主线推进。其一是银行业监督管理，该领域的两大主要问题包括母国—东道国责任的分配（谁监督什么?）和有效且统一的银行监督标准制定（如何监督?）。其二是银行业监管制度，正如多年来所披露的那样，其首要目标是通过实施共同的资本充足率规则（巴塞尔资本协定和巴塞尔协议Ⅱ）在国际银行间建立一个“公平竞争的环境”。

巴塞尔银行监管委员会在成立之初解决的第一个问题就是对银行的国际活动进行充分监管。确立的基本原则是任何国际银行都不能逃避监管。很快，它们内部达成了一项协议，主张由母国和东道国政府共同承担对银行海外分支机构、子公司和合资银行的监管责任。1975年，十国集团行长会议通过了该项协议，并于1983年和

---

① 参见：http：//www. bis. org/bcbs/history. htm。

② ‘One Hundred and Thirty Years of Central Bank Cooperation. A BIS Perspective’, in C. Borio, G. Toniolo and P. Clement (eds), *Past and Future of Central Bank Cooperation* (Cambridge, 2008), p. 61.

1991 年，分别在安布罗西亚诺银行（Banco Ambrosiano）和国际商业信贷银行（BCCI）倒闭后对该协议进行了修订和完善。协议的另外一项原则是，国际银行应受到综合监管，并且各国银行监管机构之间应实现审慎监管信息共享。随着时间的推移，该项协议发展成为最低监管要求，并得到十国集团以外监管机构的认可。到了 20 世纪 90 年代，在与非十国集团监管机构的密切合作下，巴塞尔银行监管委员会制定了一整套更为正式的“有效银行监管的核心原则”。这些“核心原则”自 1997 年发表以来，在全世界广泛传播，为制定有效的监管制度提供了参照，例如在十国集团和非十国集团国家之间成立了专门的联络小组。

巴塞尔银行监管委员会制定监管标准的历史无疑更为复杂。这段历史的主题之一是“大逆转”，即在两次世界大战期间和布雷顿森林体系时代由政府主导的国际金融体系逐步让位给由市场主导的金融体系。同样，在银行监管领域，20 世纪 60 年代仍然盛行的行政管制已经“……越来越多地被非强制性的间接审慎监管标准所取代，例如对最低资本的相关要求”。[①] 虽然，巴塞尔银行监管委员会在推动监管标准的市场化和国际化过程中发挥了重要作用，但并不是巴塞尔银行监管委员会单方推动 1988 年巴塞尔协议Ⅰ的制定进程。

1982 年爆发的欠发达国家债务危机，暴露了许多国际银行资本不足的问题。为遏制墨西哥危机，美国政府向国际货币基金组织寻求更多的资金支持，以向危机银行提供资金援助为手段，进而谋求达成更严格的银行监管协议，特别是对大型银行资本充足率的监管要求，实现救助成本由纳税人转移至银行。而美国大型银行对此表示，提高资本充足率的监管要求将影响银行的国际竞争力，除非对外国银行也实施同样的银行监管标准。此项举措有力地推动了资本充足率监管要求在国际银行间达成协议，而巴塞尔银行监管委员会

① Padoa - Schioppa, Regulating Finance, p. 98.

迅速成为实现这一目标的有效推动者。[①]

1988 年 7 月，十国集团行长会议通过了巴塞尔协议 I 。该协议规定，跨国银行的最低资本标准为 8%。到 1993 年 9 月，十国集团国家中所有从事国际业务的银行均达到了这一最低资本要求。由于这其中涵盖了国际金融市场上的所有头部银行机构，因此十国集团以外其他拥有国际银行的国家也纷纷效仿，采用了该项最低资本标准。

一旦成为国际公认标准，巴塞尔资本协议就充满了活力。20 世纪 90 年代亚洲金融危机使金融稳定问题成为全球关注的焦点，为有效反映金融技术和产品进步以及亚洲金融危机的影响，对早期的巴塞尔资本协议进行了修订。1999 年，巴塞尔银行监管委员会提出一项关于资本充足率框架的提案，该框架包括三个支柱：最低资本要求；对金融机构资本充足率和内部评估程序的监督审查；利用市场约束以加强信息披露，并鼓励安全稳健的银行业经营行为。巴塞尔银行监管委员会为新协议的达成组织开展了最广泛的磋商，参与范围远超十国集团和监管机构。2004 年，十国集团理事会正式通过了巴塞尔协议 Ⅱ。尽管如此，新协议的某些方面仍存在争议，特别是 2008—2009 年危机以来，银行业的某些领域以及政治层面对协议都产生了抵制，主要是批评巴塞尔协议 I 和巴塞尔协议 Ⅱ 制定程序，认为其缺乏透明度。更重要的是，批评认为协议是在较小范围且由未经选举的中央银行和监管机构制定的，缺乏民主合法性。因此，巴塞尔协议的制定程序很可能会进一步完善，以适应新的环境和发展要求。

---

① 对于 1988 年巴塞尔资本协议起源的详细描述参见 E. B. Kapstein, *Supervising International Banks. Origins and Implications of the Basle Accord* (Princeton NJ, 1991). 作者将国际金融监管合作总结为权力和目标的产物："……具体而言，美国金融市场力量与银行业统一监管的目标相结合，以维持国内金融市场稳定，同时也解决了国内企业的竞争问题（E. B. Kapstein, Architects of Stability? 'International Cooperation among Financial Supervisors', in C. Borio, G. Toniolo and P. Clement (eds), *Past and Future of Central Bank Cooperation* (Cambridge, 2008), p. 119。

档案问题

这段国际银行监管领域的国际合作简史，已经显示出由此所带来的档案问题。首先，涉及众多的参与者。其次，只要涉及全球主要金融机构竞争地位的资料都具有高度机密性。最后，从档案的角度来看，对制定和接受国际监督和审慎标准的过程提出了挑战。接下来，让我们简要回顾这三个问题。

在国际银行监管史上，最重要的参与者包括国家监管机构、中央银行及其合作机构——国际清算银行、商业银行、各国政府以及国际组织，如国际货币基金组织、欧盟等。涉及机构众多，查阅档案的难度显而易见。要充分说明如何找到国际监管体系中缺失的一环，就好比将一个巨大的拼图还原。以 1988 年巴塞尔协议 I 起源为例，历史学家至少要追溯到 1982 年的墨西哥危机，回溯危机对美国银行业的影响，重建国际货币基金组织和美国政府之间的关系，以及美联储在保罗·沃尔克（Paul Volcker）推动下和英格兰银行之间的关系。在查阅英国的相关记录和文件后，研究人员还必须考量欧洲国家（特别是德国、法国、意大利）和欧盟委员会的立场，并查阅相关文件，然后前往日本，一窥日本政府和日本银行的档案资料，之后再回到欧洲，见证巴塞尔银行监管委员会作出的最终结论。

当然，大多数的档案资料仍是保密的。一般档案保密期限为 30 年，这就意味着最早与巴塞尔协议相关的 1975 年的记录直到现在才可以查阅。但即使已过去 30 年，其中许多资料仍被视为机密或敏感内容。有两个原因：第一个原因与非正式机构（如十国集团中央银行委员会）实行的信息共享方式有关，该机构召开会议始终以保密为前提：当专家们处于保密和相互信任的封闭环境中，才可以开诚布公地发表观点，而不用有所顾虑。如果专家们得知未来巴塞尔银行监管委员会会将磋商记录公开，或者哪怕在很长时间后存在公开的可能，这将影响到与会者的发言和会议的机密性。

第二个原因是，过去30年，与国际银行监管有关的主题一直处于讨论阶段，讨论的时间可比相关记录的时间长得多。讨论内容不仅涉及“重大问题”，例如市场稳定性、道德风险和最后贷款人（中央银行和监管机构更希望秘而不宣），还涉及更具体的情况，如某家商业银行的审慎性问题。这些内容无疑是极其敏感的，同时这种敏感性还来自对巴塞尔协议制定程序和结果的争议。[①]

巴塞尔协议的制定程序十分周详，且档案资料不容易被审查。从事协议制定工作的专家往往不是政府官员，也不是民选产生的专家。他们制定的准则、标准和“协议”通常被认为是软约束。史蒂文·所罗门（Steven Solomon）在谈到1988年巴塞尔协议Ⅰ时说：“尽管巴塞尔协议在法律层面没有约束力，且未经过任何民主国家立法投票即获得了通过，但各国中央银行共识使得巴塞尔协议具有了如同法律的效力”。[②] 这对档案研究产生了怎样的影响？最大的影响是，参与巴塞尔协议制定的机构在很大程度上决定了许多重要档案资料能否公开。例如，国际清算银行作为一个国际组织，虽然不受到任何国家信息安全法的约束，但国际清算银行实行了30年后公开档案资料查询的政策。又如，巴塞尔银行监管委员会对档案资料的公开，需要得到作为委员会代表的各中央银行和监管机构的批准，但大多数中央银行和监管机构都必须遵守国家信息安全的相关规定，执行档案记录保密要求，而某些档案资料的公开可能会对涉及的第三方产生负面影响。[③]

---

① 有一种观点认为“加强监管”发挥中央银行和政府的作用，未必有利于改善银行运作，或者说广泛采用通用的监管标准可能会增加金融风险，阻碍金融产品和服务的创新。参见：J. R. Barth, G. Caprio Jr and R. Levine, *Rethinking Bank Regulation. Till Angels Govern*（Cambridge MA and New York, 2006）, pp. 14 and 67。

② S. Solomon, *The Confidence Game. How Unelected Central Bankers Are Governing the Changed Global Economy*（New York and London, 1995）, p. 435.

③ 例如，对于美国可参见：*The Freedom of Information Act*, 5 U. S. C. § 552, as amended in 2002（USA）, esp. §552（b）；对于英国：*The Freedom of Information Act* 2000（UK）, especially articles 21 –44；对于德国：*Bundesarchivgesetz*, § 2（4）and § 5（3）, as well as *Gesetz über das Kreditwesen*, § 9 and *Bundesbankgesetz*, 23 March 2002, § 32（Germany）。

这是否意味着由于缺乏档案资料来源，20 世纪最后几十年的国际银行监管标准发展史将无法追溯？当然不是，因为已经存在大量的关于这个主题的文献资料。巴塞尔银行监管委员会已公布了许多与巴塞尔协议Ⅰ和巴塞尔协议Ⅱ起源有关的背景材料，这些资料证明了国际银行监管的发展历程。另外，可以预见在 30 年后，大部分（尽管不是全部）的档案资料将会在中央银行、公共档案馆及其他地方公开，资料中可能包括不同国家的谈判主张。希望能够在不损害合法保密性的前提下，尽可能多地公布档案资料。这无疑将更有利于我们了解巴塞尔协议的发展历程，以及了解其如何弥补后布雷顿森林体系中缺失的一环。

10. 北欧银行危机：芬兰和瑞典的比较分析①

彼得·恩格伦德（Peter Englund）
维萨·维赫里亚（Vesa Vihriälä）

摘要

芬兰和瑞典在 20 世纪 90 年代初期均经历了金融危机。本文简要介绍危机发生的背景、主要事件的演变以及政府应对危机的政策。本文还讨论了金融危机对实体经济产生的影响，并试图理清危机产生及危机后较快复苏的原因。结论显示，两国的金融危机是由宏观政策和监管政策的巨大冲击和严重错误所共同导致的。在危机发生之前，两国都实行了彻底的金融自由化，但这并不是造成危机的充分条件。危机主要通过对借款人资产负债表的影响加剧了宏观经济问题，然而所谓信贷紧缩的证据仍然不充分。两国的危机管理均迅速有力，其金融部门都进行了实质性的重组，并较快地从危机中恢复过来。

20 世纪 80 年代初期的金融体系

20 世纪 80 年代初期，瑞典和芬兰的金融体系都相当不成熟。

---

① 本文选自 P. Englund and V. Vihriälä，'Financial Crises in Developed Economies. The Cases of Finland and Sweden'，in L. Jonung，J. Kiander and P. Vartia，*Great Financial Crises in Finland and Sweden. The Nordic Experience of Financial Liberalization*（Cheltenham，2009）. 本章作者联系方式：peter. englund@ hhs. se，Stockholm School of Economics and University of Amsterdam；vesa. vihriala@ vnk. fi，Secretariat of the Economic Council，Prime Minister's Office，Helsinki。

芬兰的金融资产总额占国内生产总值（*GDP*）的比重不到德国的 60%，其金融业规模远小于欧洲大陆，更不用说和盎格鲁 - 撒克逊国家相比较了。瑞典的金融业规模则与德国大致相当。在金融结构方面，两国的体系更接近由中介机构主导资金融通的欧洲大陆模式，而非以证券市场为主的盎格鲁 - 撒克逊模式。芬兰和瑞典股票市场发挥的作用都有限，股市总市值占 GDP 的比重分别不到 10% 和 30%，远低于其他许多国家。提供多种服务的全能银行占据了主导地位。

全面监管限制了商业机会

两国的金融机构受到严格监管。在芬兰，贷款利率受利率上限管制，存款利率则必须与中央银行基准利率相挂钩，以便对存款人的利息收入免征税费。贷款发放并未受到明确监管，但央行发布的指引要求银行要优先支持企业投资，而非消费。在瑞典，银行贷款规模有明确的上限。“流动性比例”规定了银行持有政府和抵押贷款机构发行的债券占其总资产的最低比例（1980 年前后该比例为 50% 以上）。这确保了预期的住宅建设能以低于市场水平的利率融资。由于总资产中有 50% 以上是债券，且通常期限较长、利率低于市场水平，瑞典的银行和保险机构实际上已变成非流动性债券的仓库，无法履行筛选和监测消费及投资贷款的关键职能。对银行施加的监管使其他金融机构受益，特别是那些原本专注于保理和租赁等业务的金融公司，大举扩张至一般的贷款领域。

在这两个国家，受管制的名义利率相对于通货膨胀保持在较低的水平，这使得实际利率为负，信贷资源只能通过价格以外的其他方式来分配，从而导致需求持续过剩。由于缺少替代投资渠道，储户仍愿意在银行存款。国内的股票和债券市场规模小、流动性差，而国外投资也须获得特别许可。此外，税收制度——名义利息支出可税前扣除，其中瑞典的利息扣除边际税率为 50% ~80%——使得税后实际利率更显著为负（见图 10.1）。显然，这是一个非均衡的状态，只能通过管制和配给来维持。

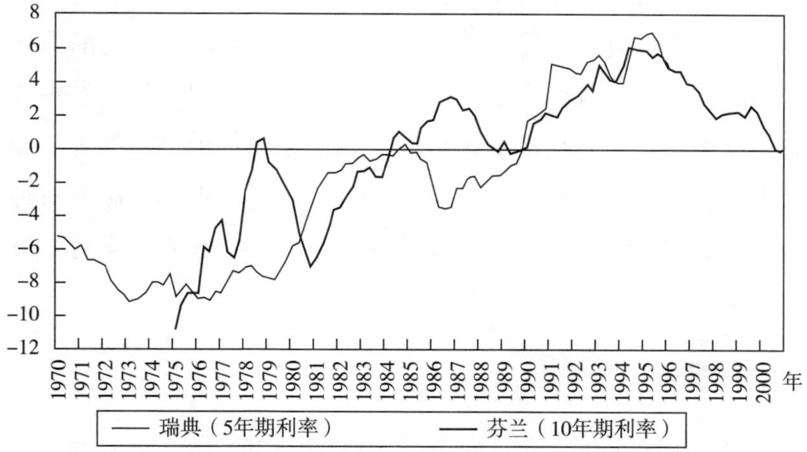

图 10.1　实际税后利率

上述的监管要求对银行的资产负债表、成本结构和风险状况产生了重大影响。银行持有债券、企业和居民贷款，尽管形式上是风险资产，但实际上几乎不具有信用风险。这主要是由于：偿债负担从未过于沉重；实际贷款利率保持较低；贷款利率管制下银行将信用水平作为主要配给手段；经济衰退通常使得当局允许货币贬值。

放松管制

久而久之，受监管的金融体系中逐渐产生了许多压力。规避监管的做法愈加普遍，技术发展和全球化也使得许多市场主体减少了对国内市场的依赖。于是，监管的合理性遭受越来越多的质疑，20 世纪 80 年代初两国都逐步开始了自由化的进程（见图 10.2A、10.2B）。1985 年底，瑞典的自由化进程进行到关键一步，即取消了银行的贷款规模上限和保险公司的资产配置要求。芬兰则是在 1986 年初放开了银行贷款利率管制。不过两国仍然存在外汇管制，直到 1989 年 7 月最终取消外汇管制，以瑞典克朗计价的货币和债券市场才与国际市场完全融合。芬兰则是在 1990 年底放开了对短期资本流动的最终限制。

自由化扩大了国内投资者资产和负债的选择范围。瑞典的银行不再被迫投资政府和住房债券，而是可以自由选择更有利可图的资产。芬兰的银行也不再受到信贷指引的影响。或许更重要的是再融资机会的改变。由于更容易获得国外资金，银行和其他金融中介机构对中央银行资金的直接依赖得以减轻，国内货币市场的发展也使它们更加自由地融资。以往受监管限制，获得银行贷款是一种特权，现在贷款管制放开后，银行不得不像其他零售业一样为了赢得储户而自由竞争。

信贷扩张

多年的信贷配给限制了居民和小微企业的借贷活动。而现在，自由化叠加良好的宏观经济环境创造了新的条件。20世纪80年代初货币的大幅贬值提高了两国的竞争力，特别是在瑞典，财政政策仍然是扩张性的。从图10.1可以看出，其税后实际利率保持为负（事后计量）。在芬兰，1986年和1987年通货膨胀的放缓抬高了实际利率，但1988年和1989年通货膨胀的加剧又使其回落到接近零利率的水平。这些都为信贷扩张拉开了序幕。

芬兰和瑞典分别在1985年和1986年出现了信贷增长加快的最初迹象。在瑞典，金融公司和其他非银中介机构在这一初期显得尤其活跃，尽管该国银行信贷存量在1986年也增长超过了17%。在芬兰，1985年银行和非银中介机构都迅速扩张。短暂的放缓后，1988年信贷增长再次加快。在这一阶段，银行发挥了主导作用，两国银行名义信贷规模都增长了30%左右。芬兰通过采取紧缩的货币政策和约束银行放贷的特别措施在1989年遏制了信贷扩张。1989—1990年，瑞典的银行信贷规模继续以15%～20%的实际增速扩张。直到1990年下半年，由于货币政策收紧，以及税制改革下利息扣除的边际税率从50%降至30%，这一扩张节奏才中断。实际信贷规模从1991年第二季度开始下降。

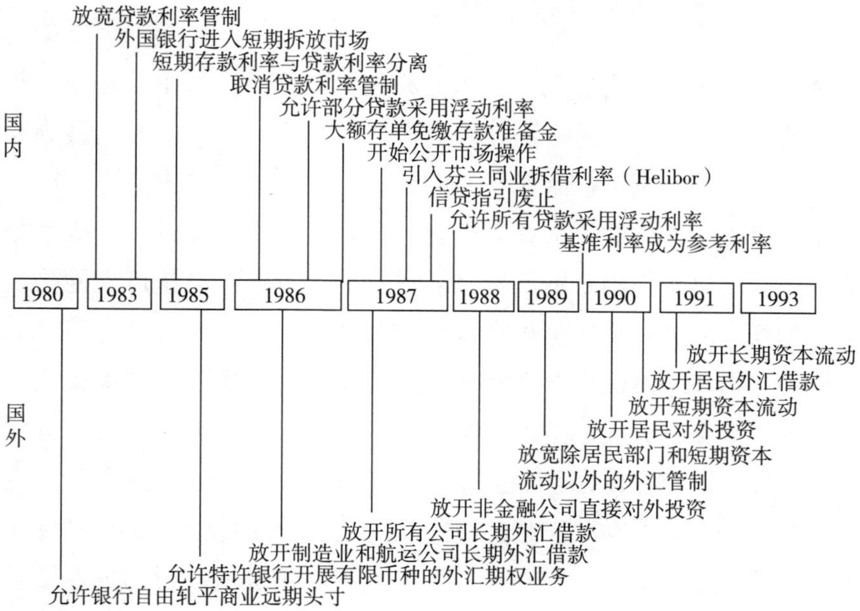

图 10.2A　芬兰金融市场放松管制的进程

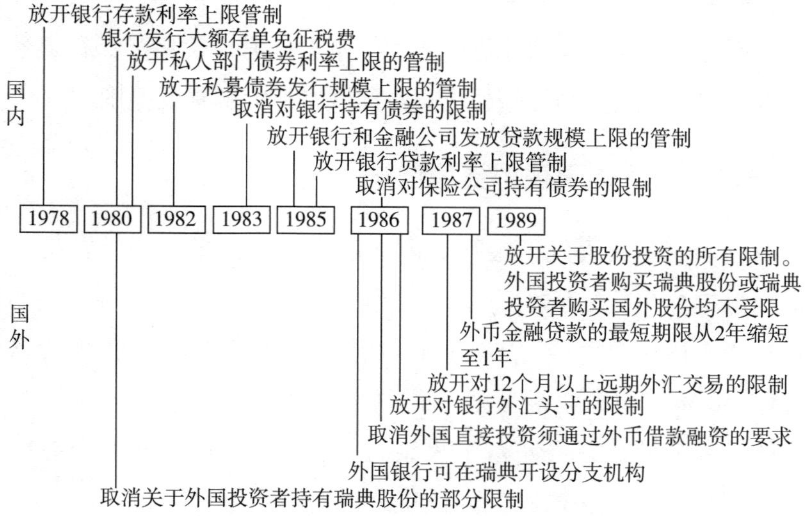

图 10.2B　瑞典金融市场放松管制的进程

资产价格和银行利润反作用于信贷增长

受信贷扩张影响最大的是那些原先受监管打击最重的板块。其中，耐用品消费、住房投资和非上市公司的投资受到的影响最为显著。随处易得的资金也刺激了并购活动。过剩的需求推高房地产和股票价格，进而支撑了借款人的资产负债表。而这又进一步推动信贷扩张，反过来作用于资产价格。尽管居民负债相对于可支配收入大幅增加，但资产价值也相应增加。因此一直到1990年末，芬兰的总资产负债率基本保持在22%不变，而瑞典的总资产负债率也仅增长了不到5个百分点，接近40%。

此外，银行盈利的增长也推动了信贷扩张，从而强化了银行经营的稳健性。新增贷款的迅速扩张增加了银行的费用收入，同时活跃了股票市场和货币市场的交易。良好的盈利增长也使银行的成本效益（收入/成本）看起来有所好转，但在许多情况下则掩盖了其薄弱的潜在盈利能力。正如随后的发展所表明的那样，这些利润在很大程度上是一种假象，因为它们并未合理考虑信用风险。费用和利息收入立即入账，而信用风险在此后才得以显现。事后来看，价格泡沫很显然存在，因为资产价格之高已经超出基本面因素所能解释的范围。

一些贷款机构表现得更为激进

放松管制不仅引发了银行业内部的竞争，也激发了银行机构与其他金融中介机构之间的竞争。在芬兰，最为激进的参与者是储蓄银行集团。1986年底至1990年，储蓄银行集团发放的联合贷款增长超过140%，而商业银行则不到80%。快速扩大贷款规模以及进入新的业务领域是芬兰储蓄中央银行（*Skopbank*）深思熟虑后的战略选择，其目的是“摆脱”高成本造成的盈利不足问题。

在瑞典，放松管制之前竞争就已经很激烈。为了弥补在居民存款市场逐渐丧失的传统主导地位优势，储蓄银行将业务拓展到工业贷款。通常而言，那些在企业贷款方面处于弱势地位的银行市场份额将有所增加，特别是北丹肯银行（*Nordbanken*）和约塔银行（*Gota Bank*）。在瑞典和芬兰，最激进的市场参与者是那些在资本实力和潜在盈利能力方面最为薄弱的机构。这与通过自由化“孤注一掷”的反应是一致的：较低的“特许权价值”增加了风险偏好。[①]维赫里亚（*Vihriälä*）的一项研究表明，盈利能力和资本的差异可充分解释芬兰储蓄中央银行和合作银行之间贷款增长的差异。[②]

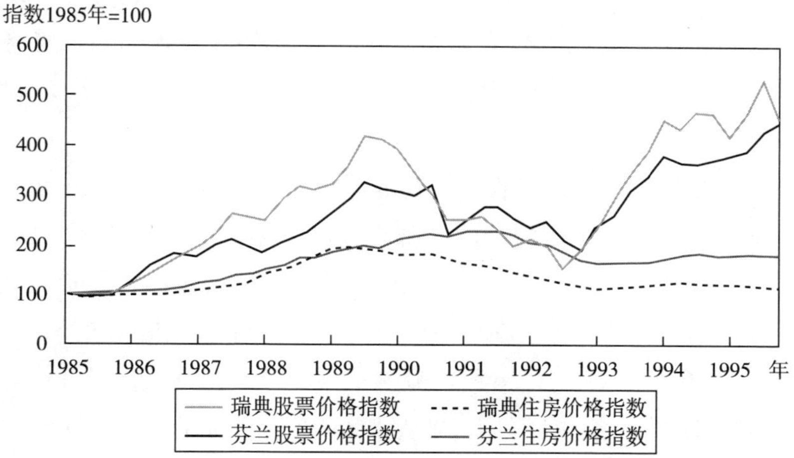

图 10.3　资产价格

放松管制也影响了银行和其他中介机构之间的竞争。瑞典的金融公司就是一个很好的例子。这些公司早先利用监管宽松的优势，从租赁、保理和信用卡等业务扩展到直接贷款。对银行的管制放开后，影响很快就显现出来。银行进入了原先由金融公司主导的市场，而金融公司现在则被推向了风险更高的市场。因此，从 1988 年开始金融公司的市场份额迅速下滑。银行不只在与金融公司竞争，同时还向其提供短期贷款和开展商业票据担保业务。1990 年，银行贷款总额中有 5% 流向了金融公司，而 1985 年则为 1%。随着金融

① M. Keeley, ‘Deposit Insurance, Risk, and Market Power in Banking’, *American Economic Review*, 80, 5 (1990), pp. 1183 – 1200.

② V. Vihriälä, *Banks and the Finnish Credit Cycle* 1986 – 1995, Bank of Finland Studies E: 7 (Helsinki, 1990).

公司的不良贷款持续增加，这些业务已变成了高风险的业务。

非金融和金融部门脆弱的财务状况

两国的信贷规模都以前所未有的速度增长。在信贷扩张的高峰期，芬兰居民债务占可支配收入的比例提高了约20个百分点，达到80%；瑞典提高了30个百分点，达到130%。企业部门负债的增长也与此相似。芬兰的企业债务与名义GDP的比率从60%上升到80%左右，瑞典则从70%左右上升至超过90%。总体而言，这样的信贷增速是一国即将爆发银行业危机的典型特征，但仍低于20世纪90年代末亚洲金融危机时一些国家的信贷增速。

即使是那些没有外汇收入需要进行对冲的公司，其借款中也有很大一部分是外币借款。两个国家都以高利率来捍卫固定汇率。因此，只要不发生货币贬值，这些公司就可以通过借入外汇、再投资克朗或马克来获得可观的收益。在瑞典，银行向非银行公众发放的外币贷款比例从1986年的24%上升至1990年的44%[①]。在芬兰，以外币计价的债务占公司债务总额的比例从1986年的23%上升至1990年的39%。由于其中很少一部分外币债务有远期合约对冲，所以私营部门不仅易受到收入和利率冲击的影响，也难逃汇率冲击的影响。

危机

紧缩货币政策遏制经济扩张

1989年，芬兰和瑞典两国都出现经济过度扩张以及经济危机的早期迹象。股票和房地产价格见顶。1988年，利率已开始上行，这被视为经济失衡的主要市场反应。但是除了几次汇率保卫战之外，两国金融市场并无明显迹象显示会爆发危机。两国央行试图抑制信贷扩张和

① J. 'Wallander, Bankkrisen - Omfattning. Orsaker. Lärdomar', in *Bankkrisen*, reports from Bankkriskommittén (Stockholm, 1994), tables A1 and A3.

过热，但却因固定汇率制度而受阻，只要市场仍对钉住汇率制度充满信心，就不能大幅提高利率，因为这将导致短期资金大量流入。

受市场突然波动影响，芬兰和瑞典分别于 1989 年底和 1990 年初开始收紧货币政策。外币利率大幅上升导致本币出现强烈贬值预期，本国利率不得不持续上升。紧接着，伴随着利率走高、资产价格下跌，国内需求很快就开始萎缩。1990 年，芬兰国内私人投资开始下降，消费增长停滞，瑞典国内消费下降，但投资仍继续增长。企业收益大幅下降，部分企业开始无法偿还债务。利率的走高和现金流疲软导致资产价格进一步承压。抵押品价值的下降扩大了银行的违约风险敞口。尽管账面信贷损失仍然很小，但对两国金融部门而言，压力已开始显现。

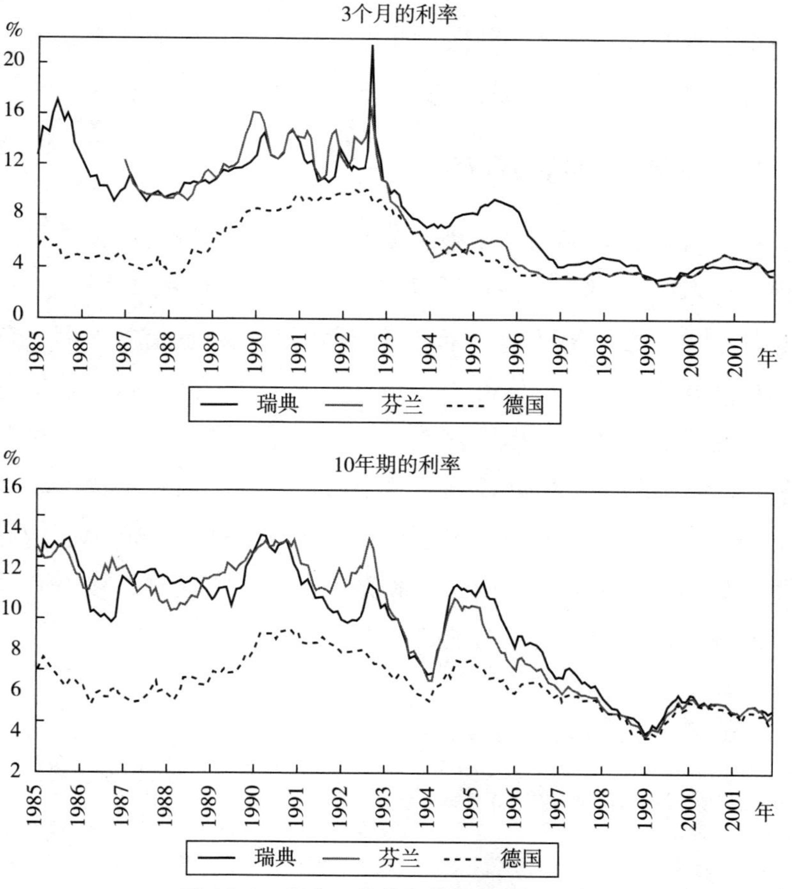

图 10.4　瑞典、芬兰和德国的名义利率

市场持续动荡导致金融市场压力上升

受国际市场需求疲软影响，芬兰出口于 1991 年开始下降，而苏联的解体使得该国出口雪上加霜。瑞典最终于 1990—1991 年开始推行搁置已久的所得税税制改革，明确将利息扣除的边际税率由 50% 下调至 30%，最终使税后实际利率为正，但是该举措对总需求造成巨大负面冲击。1991 年，芬兰和瑞典的 GDP 分别下降 6% 和 2%。

芬兰和瑞典两国的货币和金融体系受到多方面冲击。人们对钉住汇率制度提出质疑，致使利率面临再度上行压力。企业盈利能力下降导致偿债能力减弱，企业破产数在 1990—1992 年增加一倍。银行不良资产规模增加，加上来自新增贷款和交易的手续费收入下降，银行利润进一步受到挤压。此外，受抵押品价值缩水影响，贷款银行因企业破产无法偿贷的损失进一步上升。

瑞典金融公司首当其冲

1990 年初，瑞典的几家小型金融公司出现巨额信贷损失，但相关报告并未受到关注。① 一直到 1990 年 9 月，因房地产风险敞口大，尼克尔金融公司（*Nyckeln*）未能对到期的商业票据借新还旧，整个市场情绪开始突变。这实际上是一种“挤兑”，虽然商业票据持有人并没有真的前往银行提取存款，但在面临破产风险时拒绝对票据进行再投资。很快危机就蔓延至整个市场，不出几日市场流动性就枯竭了。幸存的金融公司不得不向银行求助。此外，危机还传导至货币市场的其他领域，如国库券和存单利差急剧上升。接下来几个月，不少其他金融公司也相继破产。②

---

① 参见 L. P. Jennergren，‘The Swedish Finance Company Crisis. Could it have been Anticipated?’，*Scandinavian Economic History Review*，50，2（2002），pp. 7 –30，该研究记录了股市对金融公司信贷损失的早期报告反应不足的相关情况。

② 这场危机与 1973 年英国“二级银行业危机”类似。与金融公司一样，它们因为缺少监管得以充分发展，又因对银行的监管放松而面临激烈竞争。参见 E. P. Davis，*Debt，Financial Fragility and Systemic Risk*（Oxford，1992），pp. 152f。

对于已承销商业票据项目的银行则面临两种选择：一是让金融公司破产，立即亏损；二是新增信贷额度，承担未来损失可能增加的风险。随着危机的不断加剧，后者的吸引力逐渐降低，因此一些金融公司相继破产。紧接着危机迅速扩散至银行领域。1990年银行业贷款损失占发放贷款总额的比例上升至1%，是前些年占比的两倍以上。

芬兰银行危机与汇率崩盘

1991年9月19日，芬兰储蓄中央银行（*Skopbank*）无法获得隔夜资金，所有问题全面显露。芬兰中央银行出手接管该行并向其注入约35亿芬兰马克资金。随着资金市场爆出越来越多的负面信息，芬兰储蓄中央银行的破产更进一步加剧了市场的悲观情绪。一方面工业生产正在下降，另一方面企业破产数、失业人数和公共赤字却在不断上升。货币贬值预期再度兴起，短期利率从8月起急剧上升。芬兰央行为维持平价不得不抛售外币，但本币仍持续贬值。截至1991年11月14日，芬兰马克累计贬值13%，导致短期利率一度下降约4个百分点，但长期利率基本未受影响。

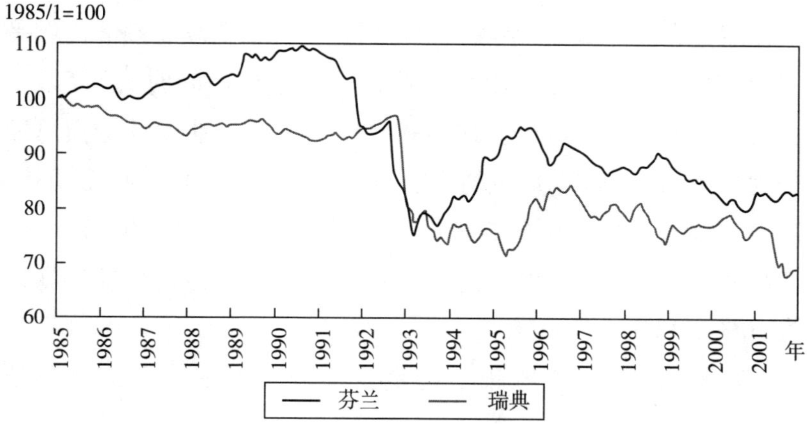

图 10.5　有效汇率

芬兰经济恶化，加上利率持续高位运行，这削弱了银行的实力。货币贬值在其中扮演了十分重要的角色。尽管银行已关闭货币头寸，但仍未能幸免，因为许多破产企业的债务是以外币计价的。1992 年初，芬兰政府决定储备 80 亿芬兰马克，对国内储蓄银行进行全面注资以强化银行资本。此外，芬兰还成立了一个全新的机构——政府担保基金（*GGF*），并授予该机构高达 200 亿芬兰马克的资金使用权。但此时，瑞典当局仍认为没有理由采取类似的预防举措，因其将银行业问题视为个别银行的风险，而非系统性危机。

不久，新问题出现了，特别是储蓄银行，因其很大一部分贷款变成了不良贷款。1992 年 10 月，又一家银行——国家工人储蓄银行（*STS*）倒闭，被两大商业银行之一的芬兰民族共享银行（*KOP*）接管。银行业资本总额下降近 40%。至此，已有三家银行被政府接管，其余银行也须依赖政府支持。1992 年春，新的压力向芬兰马克袭来。在短期和长期利率双双上升的情况下，芬兰央行不得不抛售外汇以维持汇率稳定。最终，在外汇储备耗费殆尽的情况下，芬兰政府于 9 月 8 日宣布退出钉住汇率制度，芬兰马克瞬间贬值约 12%。

瑞典：危机蔓延至银行

在瑞典，截至 1991 年底，银行信贷损失占贷款总额的比例平均每年达 3.5%，该比例在 1992 年第四季度危机高峰时为 7.5%，约为银行业营业利润的两倍。1990—1993 年，银行业累计亏损总额接近贷款总额的 17%。[①] 危机的不断演变与房地产市场下行密切相关，1991 年斯德哥尔摩市中心的房价下跌 35%，次年又下跌 15%。[②] 房地产相关贷款[③]占全部损失比例达 40% ~50%，但占全部贷款比例仅为 10% ~15%。

相较其他银行，一些银行的贷款损失更大主要有两个关键原

---

① 以上数字均包含仍在运行的贷款的未来损失准备金。

② 这些估值都带有不确定性，因为随着市场流动性枯竭，交易减少，预测数据的经验依据较平时更不充分。

③ 参见 Wallander, *Bankkrisen*, tables 4 and 5。“房地产相关贷款”定义出自金融监管局，包括房地产贷款和建筑业贷款，以及其他房地产抵押贷款。

因，即房地产贷款占比高，以及前几年贷款规模快速扩张。银行最早是在 1991 年秋开始出现偿付能力问题，当时六大银行中有两家银行——瑞典第一储蓄银行（*Första Sparbanken*）和北丹肯银行（*Nordbanken*）需要注入新资本以满足资本金要求。和芬兰一样，瑞典最初也仅有几家银行出现问题。以北丹肯银行为例，1991 年 12 月，瑞典政府不得不将其收购并注入 50 亿瑞典克朗的新股本，1992 年 6 月，瑞典议会决定对该行进行重组，银行的少数私人股东获得救助。北丹肯银行 25% 的股份（原始账面价值 670 亿瑞典克朗）被转移至新设立的瑞典资产管理公司赛克拉姆（*Securum*）。

1992 年春，在银行危机中损失最大的约塔银行（*Gota*）也开始出现问题。同年 9 月 9 日，控股约塔银行的公司破产。也就是到此阶段，瑞典当局才开始将银行业问题视作系统性危机来处理。瑞典当时没有正式的存款保险制度，但瑞典政府当即宣布为约塔银行债务提供担保。几周后，类似的担保机制便覆盖了所有银行的各种债务类型。随后，瑞典政府以 1 克朗的价格接管约塔银行，但资本重组累计耗费 250 亿瑞典克朗。

1992 年夏，欧洲货币市场动荡对瑞典和芬兰产生严重影响，这并不奇怪，因为这两个国家都深受高通胀和货币反复贬值影响。虽然加息举措暂时拯救了瑞典克朗，但也加剧了银行客户所面临的问题，给该国银行国际融资带来负面影响。瑞典银行业严重依赖国际金融市场，银行外币贷款占比 40%。随着危机的迹象日益显现，贷款期限不断缩短。

1992 年 9 月初，英国英镑和意大利里拉触及货币浮动区间下限，9 月 8 日，芬兰马克开始浮动。这导致了对瑞典克朗的投机活动，9 月 9 日（约塔银行破产当日）隔夜利率被上调至 75%。9 月 16 日和 17 日，英国和意大利退出欧洲汇率机制（*ERM*），瑞典央行被迫将隔夜利率上调至 500% 以捍卫本国货币。因而，银行担保在确保瑞典银行继续获得国际资金方面发挥了重要作用。此外，为向市场提供流动性，确保银行免受资金困扰，瑞典央行还将部分外汇储备存入银行。秋季，瑞典政府实施一些限制性的财政措施，但只是暂时缓解问题。11月，针对瑞典克朗的投机活动卷土重来。11月19日，瑞典克朗继续浮动，隔天便贬值9%，至当年年底贬值幅度达20%。

货币危机和银行危机之间的相互作用十分复杂。银行危机至少比货币危机提前一年爆发，贷款损失在1992年秋季（退出钉住汇率制度之前）达到峰值。这表明汇兑损失与银行危机之间并没有十分直接的联系。从这方面来看，瑞典的危机进程与芬兰的并不相同，因为1991年芬兰马克贬值直接影响了该国企业的偿债能力，造成银行贷款损失增加。另外，货币危机和银行危机还存在一种间接联系，特别是在瑞典危机中，即政府以高利率捍卫瑞典克朗，导致银行贷款损失，银行危机加剧。

瑞典私人部门积累了大量外汇债务，1992年9月外汇债务估值为5410亿瑞典克朗（占GDP比重为35%）。大部分外汇债务的中介是银行，银行的外汇净头寸基本平衡。现货头寸为正（200亿瑞典克朗），但远期头寸为-650亿瑞典克朗。[①] 这种情形涉及银行的两个风险因素。一个风险因素是流动性风险，即使银行没有直接承担过多外汇风险，它们也面临外国贷款人拒绝对短期贷款进行展期的风险。这一机制会导致银行危机和货币危机[②]等许多其他危机进一步恶化。最后，瑞典央行提供的流动性支持在避免这一风险方面发挥了重要作用。

另一个风险因素与银行客户相关。尽管银行本身的外汇头寸是平衡的，但银行的许多客户都有大量外汇敞口。总体来看，私人部门持有的外币资产可以抵销债务。1992年9月，外币金融资产达

---

① 这些数字是基于瑞典央行未公布的计算结果得出的。感谢 Anders Lindström 和 Kerstin Mitlid 为我们提供这些数据。

② 例如，参加 F. S. Mishkin, 'Lessons from the Tequila Crisis', *Journal of Banking & Finance*, 23, 10 (1999), pp. 1521-33 on Mexico, and G. Corsetti, P. Pesenti, and N. Roubini, 'What Caused the Asian Currency and Financial Crisis?', *Japan and the World Economy*, 11, 3 (1999), pp. 305-73 on Asia。

1740亿瑞典克朗，使外币净金融头寸为-3670亿瑞典克朗。加上海外直接投资和持有的外资股，净头寸总额仅为-130亿瑞典克朗。但这一均衡的平均水平掩盖了非均匀分布，许多中小银行客户很容易受汇率波动影响。

银行危机和货币危机相互交织、相互放大。1992年，当国际市场意识到瑞典银行业危机重重时，瑞典的银行及其众多客户显然无法在较长期的高息环境下生存。这使得对瑞典克朗的投机活动概率上升，最终导致政府不得不放弃钉住汇率制度。

持续支持银行、稳定市场

1993年春，瑞典、芬兰两国金融市场压力开始消退。在芬兰，自退出钉住汇率制度后，该国利率就一直下降。但直到第二季度经常账户项目收支状况出现持续改善迹象之后，金融市场才最终平静下来。芬兰央行从市场买入外币，该国货币开始升值，市场利率持续下降。从1993年年中开始，实体经济开始复苏。尽管如此，银行业仍离不开政府的持续支持。两大商业银行获得了筹集新资本的担保，芬兰储蓄中央银行（*Skopbank*）和芬兰储蓄银行（*Savings Bank of Finland*）的重组继续全面展开。未来数年，破产机构重组和相关资产处置仍需大量公共资金支持，总金额超政府预算约520亿芬兰马克。

1993年，瑞典各项金融指标逐步恢复正常水平，利率水平在年内持续下降。截至1993年底，短期和长期利率均下降至7%左右。瑞典克朗于1993年2月停止贬值，但与芬兰马克不同的是，直到1995年瑞典克朗才有所升值。较低利率的市场环境改善了银行的生存状况，故银行在1993年后就不再需要政府支持。截至1993年，瑞典政府累计向银行业注入650亿瑞典克朗，但其中只有30亿瑞典克朗用于支持原来的银行股东。总而言之，政府遵循的原则是拯救银行，而非银行所有者。

对实体经济的影响

综合数据与金融因素的重要性保持一致

危机期间的产出下降，与信贷总量的显著下降以及银行贷款相对于其他资金来源的重要性的显著下降有关。在芬兰，非金融企业债务总额占GDP的比率从1992年的65%下降到1995年的40%，银行贷款在这些债务中的占比也从52%下降到49%。瑞典的情况与此相似，其债务总额占GDP的比率从1992年的126%下降到1995年的83%，银行贷款在这些债务中所占的比例也从28%下降到25%。

这样的结果与实行信贷紧缩政策的效果是一致的，但是信贷规模下降的原因也可能是利率较高、盈利前景不佳和收入预期较低而导致的需求疲软。调查数据显示，披露资金运转困难的芬兰公司占比急剧上升，这表明，无论是对于贷款者还是对于借款者而言，更严格的财务约束都产生了一定影响。一项基于总体时间序列数据开展的计量经济学研究进一步证实了这个结论。通过分析所有北欧国家的季度数据，我们可以发现信贷机构发放的贷款总量和房价的走势对企业的破产具有很强的预测性（格兰杰因果关系）。[①] 对于芬兰而言，向量自回归（*VAR*）模型分析表明银行信贷受到的巨大冲击能够在很大程度上解释GDP的变动。[②] 更具结构性的分析研究认为，在20世纪90年代初，芬兰信贷规模下降至少有一部分原因来自信贷供给。[③]

针对瑞典，哈尔斯顿（*Hallsten*）将IS/LM模型扩展到信贷市

---

① J. Hansen, Financial Cycles and Bankruptcies in the Nordic Countries, Sveriges Riksbank Working Paper No. 149 (Stockholm, 2003).

② A. Anari, J. Kolari, S. Pynnönen and A. Suvanto, ‘Further Evidence on the Credit View. The Case of Finland’, *Applied Economics*, 34, 3 (2002), pp. 267 – 78.

③ C. Pazarbaşioğlu, A Credit Crunch? Finland in the Aftermath of the Banking Crisis, IMF Staff Papers, 44 (1997).

场，并在此框架内对货币政策的信贷传导渠道进行了假设检验。[①]该模型指出，银行贷款与其他私人资金来源之间的组合比例会随货币运行状况而变化，并且这种组合比例会对生产、投资和消费构成影响。她的研究记录了在1991年至1993年，银行贷款在更广义的信贷总量中所占比例明显下降。通过对1985年至1995年的季度数据进行回归分析，她发现银行贷款所占比例的增加对GDP有明显的拉动作用。

遗憾的是，总量关系并不能说明融资和实际产出之间的本质关联。即使将信贷冲击认定为来源于供给方，也难以判断这些冲击是反映了供给方向信誉稳定的借款人投放的信贷减少，还是反映了借款人的信誉下降。霍姆斯特伦（*Holmström*）和蒂罗尔（*Tirole*）曾提出“信贷紧缩”和“抵押紧缩”的概念，将二者区分开来很有必要。[②] 但在实践中对它们进行区分并不容易，因为资产价格下降会同时降低抵押品价值和贷款人资产净值。同样，破产及相关的信贷损失会耗尽贷款人资本，同时也预示着一般借款人的破产风险将大大增加。

借款人资产负债表发挥着作用

现在让我们更详细地看一下私人部门资产负债表与消费和投资之间的联系。先从企业投资入手，有证据表明，20世纪90年代初，企业不良的资产负债表对芬兰的固定投资行业产生了负面影响。洪卡波希亚（*Honkapohja*）和科斯凯拉（*Koskela*）对芬兰500强企业1986年至1996年的面板数据进行了研究[③]。结果显示，在先验的基

① K. Hallsten, Bank Loans and the Transmission Mechanism of Monetary Policy, in K. Hallsten, Essays on the Effects of Monetary Policy, Dissertation in Economics 1999, 2, Department of Economics, Stockholm University (Stockholm, 1999).

② B. Holmström and J. Tirole, 'Financial Intermediation, Loanable Funds and the Real Sector', *Quarterly Journal of Economics*, 112, 3 (1997), pp. 663-91.

③ S. Honkapohja and E. Koskela, 'The Economic Crisis of the 1990s in Finland', *Economic Policy*, 29 (1999), pp. 399-424. 如果企业上一年度的利润不足以支付其本期的债务利息，则被归类为财务受限。

础上那些预先被归类为财务受限的公司，其投资支出比其他公司更容易被现金流（正相关）和债务（负相关）状况所影响。此外，在“大萧条”时期，现金流产生的影响要强于其他正常的年份。布鲁尼拉（*Brunila*）的研究采用相似但更精简的数据，在模型设定上稍微进行了调整，同样得出了投资对现金流有正向依赖而对债务有负向依赖的结论。[①] 事实证明，与制造业企业相比，非制造业企业受到的影响更大，这可能反映了可用的抵押资产性质的差异。在时间序列数据中，同样可以发现类似的规律。

通过分析1979年至1994年经营存续期不少于6年的制造业公司的非平衡面板数据，汉森（Hansen）和林德伯格（Lindberg）评估了瑞典财务约束所产生的影响。[②] 他们通过将资本的边际成本视为债务的增加函数来衡量借贷限制。他们发现，债务对资本成本产生的影响是显著的，但影响的绝对量很小，这与财务约束产生的效果一致。

总而言之，事实表明高负债水平往往会限制投资。芬兰的情况恰恰反映了借款人的资产负债表对投资或多或少具有非线性的影响。在低负债水平下，特别是在有利的宏观经济条件下，债务的边际变化并不十分重要，但是在高负债水平下，尤其是在宏观经济状况不佳的情况下，增长的债务可能是制约投资的一个重要因素。至少在芬兰金融危机中，这种现象很可能已经有所体现。

与投资相比，对于消费的结论则不那么充分。在这两个国家中，都没有一项研究是基于个体家庭的面板数据而进行的，对此我们只能依赖整体时间序列数据。对于芬兰而言，洪卡波希亚（*Honkapohja*）和科斯凯拉（*Koskela*）通过测算净资产和信贷增长指标优化了一个消费函数，他们发现私人消费除了受可支配收入影响

① A. Brunila, Investment and Financing Considerations. Evidence from Finnish Panel Data, Bank of Finland Discussion Paper 4/94（Helsinki, 1994）.

② S. Hansen and S. Lindberg, Agency Costs, Financial Deregulation, and Corporate Investment. An Euler Equation Approach to Panel Data for Swedish Firms, Working Paper 1997：20, Department of Economics, Uppsala University（Uppsala, 1997）.

外，还与净资产和信贷增长成正相关，并与名义利率成负相关。[①] 这与对瑞典的研究得出的结论相同。[②]

更进一步的实验基于这样一个假设：财务上不受约束的家庭遵循跨期最优的消费计划，这意味着消费的边际效用变化是随机的（白噪声），即在时间序列回归模型中，滞后消费的（边际效用）系数应该是统一的。将当期收入作为一个自变量加入后，其回归系数应体现为受信贷约束的消费占总消费的比例。通过利用这种欧拉方程法，我们可以发现私人消费对当期可支配收入很敏感，并且这种敏感度在1991年之后有所增长。[③] 在危机期间，受信贷约束的消费者比例似乎有所上升。

难以证明银行资本不足导致“信贷紧缩”

推断银行资产负债表的作用需要对银行业层面进行分析。要真正区分“抵押紧缩”和“信贷紧缩”，最好将个体公司的数据与个体银行的数据相结合。可惜的是，数据的缺乏很大程度上阻碍了这样的分析思路。基努恩（*Kinnunen*）和维赫里亚（*Vihriälä*）研究了20世纪90年代初一家公司在芬兰停止经营，在多大程度上源自公司本身的特点，多大程度上是因为与芬兰遭受最严重危机的银行［如芬兰储蓄银行（SBF）和芬兰储蓄中央银行（Skopbank）］存在借贷关系所致[④]。一项对474家中小型公司的研究结果表明，即使

---

① Honkapohja and Koskela, ‘The Economic Crisis’, 将名义利率而非实际利率影响消费这一发现视作流动性约束的证据。

② L. Berg and R. Bergström, ‘Housing and Financial Wealth, Financial Deregulation, and Consumption. The Swedish Case’, *Scandinavian Journal of Economics*, 97, 3 (1995), pp. 421 - 39, and J. Agell, L. Berg, and P. - A. Edin, ‘The Swedish Boom - to - Bust Cycle. Tax Reform, Consumption, and Asset Structure’, *Swedish Economic Policy Review*, 2, 2 (1995), pp. 271 -314.

③ J. Agell and L. Berg, ‘Does Financial Deregulation Cause a ConsumptionBoom?’, *Scandinavian Journal of Economics*, 98, 7 (1996), pp. 579 -601; and K. Takala, *Studies in Time Series Analysis of Consumption, Asset Prices and Forecasting*, Bank of Finland Studies E: 22 (Helsinki, 2001).

④ H. Kinnunen and V. Vihriälä, Bank Relationships and Small - business Closures during the Finnish Recession of the 1990s, Bank of Finland Discussion Paper 13/99 (Helsinki, 1999).

考虑到流动性、当期盈利水平、企业负债、企业经营年度以及企业规模等影响因素，那些在1992年与芬兰储蓄银行（*SBF*）和芬兰储蓄中央银行（*Skopbank*）存在借贷关系的公司比其他公司更可能倒闭。但是，该结论的统计显著性不是很强。[①]

另一项对芬兰数据的研究使用常用的横截面分析法，检验信贷增长率如何受到银行资本的影响。[②] 维赫里亚（*Vihriälä*）运用20世纪90年代初期313家个人储蓄银行和合作银行贷款增长率数据建立简化方程式。[③] 该研究使用银行经营地区的经济状况数据来控制需求因素，并通过不良资产在每家银行贷款存量中的比例来控制借款人的信用情况。结果表明，银行资本的变动对信贷增长没有显著影响，该结论针对各类定义下的资本都是稳健的。

总体而言，对芬兰的研究表明，财务因素加剧了20世纪90年代初的经济衰退。这似乎主要是借款人不良的资产负债表所导致。对瑞典而言这一结论则相对不够充分，也许是因为在瑞典发生的危机没有芬兰那么严重。

什么是关键因素

瑞典和芬兰的银行危机和世界其他国家发生的危机具有许多相同的特征。从地理上讲，最相似的案例是挪威，但是在几个欠发达国家的危机中也可以发现许多相似之处，尤其是在东亚。这些经验帮助我们概括引发危机、加剧危机并影响复苏进程的因素。如果将触发危机的因素（“冲击”）和被这些冲击所影响的其他因素（“传播机制”）区分开来，北欧危机似乎是由剧烈的冲击以及因放松金融管制而发生根本性变化的传播机制共同导致的。

---

① 临界系数的t值为1.83，表明边际显著性水平为6%。

② 这些关于信贷紧缩的研究最早开展自：B. Bernanke and C. Lown, The Credit Crunch, Brookings Papers on Economic Activity, 1991, pp. 205－47。

③ Vihriälä, *Banks and the Finnish Credit Cycle*, chapter 4.

自由化政策和信贷扩张只是问题的一部分

人们通常认为，关键的冲击发生在危机前的几年——80 年代中期金融市场的放松管制。世界上许多国家通过进行此类改革刺激和活跃了金融市场活动。证券市场得以蓬勃发展，银行和其他中介机构也扩大了信贷供应。部分信贷资源从原先贸易信贷等不受监管的领域转移至其他领域。但这在很大程度上已经进入了真正的信贷扩张阶段。瑞典和芬兰等许多国家都经历了信贷异常增长的时期。

这样的信贷扩张通常发生在金融危机之前。① 但是，尽管大多数发达国家和发展中国家都实行自由化政策，但随后只有少数国家出现了信贷扩张，且只有少数信贷扩张最终引发了银行危机或货币危机。② 在瑞典和芬兰，可以肯定的是，放松管制是引发信贷扩张的部分原因，但是只有当与其他宏观经济动荡和扩张性宏观政策相结合时，信贷扩张才会对总需求产生显著影响。此外，放松管制之所以会引发危机，只是因为缺乏有效监管或其他制度性安排来给予银行正确的风险激励。

外部宏观冲击影响深远，特别是对芬兰

瑞典和芬兰都是容易受到外部事件影响的小型开放经济体。伴随着一系列负面国际宏观事件冲击，1990 年前后是（瑞典和芬兰）异常动荡的一段时期。首先，对于像瑞典这样政府债台高筑的国家，欧洲利率的上升意味着雪上加霜。其次，利率持续上行叠加波斯湾危机，导致外部需求下降。再次，欧洲汇率机制（*ERM*）危机引发了外汇市场的普遍动荡，对瑞典和芬兰等小国产生了较大影

---

① 例如，参见 A. Demirgüc – Kunt and E. Detragiache, The Determinants of Banking Crises in Developing and Developed Countries, IMF Staff Papers 45 (1998), pp. 81 – 109。

② P. Gourinhas, R. Valdés, and O. Landerretche, 'Lending Booms. Latin America and the World', *Economía*, 1 (2001), pp. 47 – 99，该文发现，信贷扩张，即私人信贷与 GDP 之比偏离随机趋势，其后伴随银行危机的情况仅占所有案例的 10% ~21%（具体比例取决于信贷扩张和危机定义的不同）。

响。这些国家则试图捍卫日益脱离其基本价值的固定汇率制度。最后，苏联出口市场的瓦解对芬兰的打击要比其他国家严重得多。事实上，芬兰是 1991 年经合组织（*OECD*）成员中唯一整体出口增长率下滑的国家。①

可调整的固定汇率制度是致命的

20 世纪 90 年代的金融危机大多发生在采用固定汇率制度的国家。自由化政策释放了被抑制的需求并刺激增长，这时尝试收紧货币政策基本上是徒劳的。由于更高的短期利率将吸引更多的资本流入，利率无法被最大限度地提高。讽刺的是，在绝大多数学院派经济学家的支持下，当局极力强调货币反复贬值的时代已经一去不复返了。② 政府这种前所未有的对汇率稳定的承诺，增强了公众对汇率的信心，而忽视了潜在的经济现实。

当财务状况变得脆弱时，紧随其后的就是信任危机。最终，固定利率制度只能被迫废除。芬兰马克首先于 1991 年底开始贬值，然后在 1992 年 9 月自由浮动。1992 年秋季，瑞典试图以更高的利率进一步稳定克朗。③ 芬兰马克的早期贬值帮助出口提前恢复。但是，通过让货币贬值而不是浮动的政策仍然使汇率制度容易受到投机的影响，从而导致利率居高不下。再加上外汇贷款带来的意外损失，使得芬兰国内财务状况更加糟糕。因此，从国内部门和银行的角度来看，与瑞典相比，芬兰迈向浮动汇率制的道路似乎更加曲折，因

---

① J. Pesola, The Role of Macroeconomic Shocks in Banking Crises, Bank of Finland Discussion Papers 6/2001 (Helsinki, 2006)，该文使用四个北欧国家的面板数据来量化 20 世纪 90 年代初期总需求受到的冲击。结论表明，芬兰受外部宏观冲击影响很大（影响程度约占其 1991 年 GDP 的 8%），而其他国家则不然。

② 1987—1991 年，芬兰政府当局推翻了前一届政府的“弱”贬值政策，而将经济政策作为“有管理的结构性变革”之一。此外，在 1991 年春季大选前，执政联盟将“稳定的马克”作为其竞选纲领的核心。

③ 利率如此之高以至于没有任何金融体系能在短期内承受这样的压力。高企的利率可能是 1993 年秋瑞典银行危机加剧的关键原因。事实上，约塔银行危机在 9 月 9 日爆发，也就是隔夜利率提高到 75% 的当天。

为瑞典在采用浮动汇率制之前只经历了短暂的高利率时期。尽管如此，事后看来，两国显然都受益于早期的汇率浮动政策。

近期监管宽松下的第一次经济衰退

回顾过去，放松管制的进程似乎是难以避免的，因为时机已经成熟。但是其进程之快令人惊讶，因此许多市场参与者，包括但不限于监管机构和金融机构，对新形势准备不足。但在不久之后，金融部门就意识到竞争环境已经从根本上发生了改变。由于贷款限制不再保留原来的相对地位，并且金融机构对市场份额的竞争也不再受到阻碍。

银行和监管机构花了很长的时间来理解新形势下金融风险的本质。在任何活跃的银行家的记忆中，信贷损失都是微不足道的。很少人研究过 20 世纪 20 年代和 30 年代的银行业历史，也几乎没有人从正处于危机的邻国挪威学到什么经验教训。银行随意评估信用风险，且对贷款组合（包括对单个借款人或特定行业的风险敞口）了解甚少。

1990 年前后，两国经历的经济衰退是放松管制后的第一次。它对存在低稳定性、高风险贷款组合和高杠杆借款人等特点的银行体系产生冲击，引发了系列动态反应，而银行和监管机构难以应对自如。特别是，资产价格、抵押品价值和信贷损失之间的相互作用成为一种新现象，或者说是对几十年前欧文·费雪（*Irving Fisher*）及其同时代人所熟知的一种现象的重新发现。[①] 其危机的核心因素在于剧烈的负面冲击及从根本上被改变的传播机制。

---

① I. Fisher, ‘The Debt – Deflation Theory of Great Depressions’, *Econometrica*, 1, 4 (1933), pp. 337 – 57.

参考文献

M. Abramovitz and P.A. David, 'Growth in the Era of Knowledge-Based Progress', in S. Engerman and R.E. Gallman, *The Cambridge Economic History of the United States*, vol. 3 (Cambridge, 2000).

R.K. Abrams and M.W. Taylor, *Issues in Financial Sector Supervision*, IMF Working Paper 00/213 (2000).

J. Agell and L. Berg, 'Does Financial Deregulation Cause a Consumption Boom?', *Scandinavian Journal of Economics*, 98, 7 (1996), pp. 579–601.

J. Agell, L. Berg, and P.-A. Edin, 'The Swedish Boom-to-Bust Cycle. Tax Reform, Consumption, and Asset Structure', *Swedish Economic Policy Review*, 2, 2 (1995), pp. 271–314.

J.P. Agenor, 'Benefits and Costs of International Financial Integration. Theory and Facts', *World Economy*, 26, 8 (2003), pp. 1089–1119.

A. Alesina, V. Grilli and G.M. Milesi-Ferretti, 'The Political Economy of Capital Controls', in L. Leiderman and A. Razin (eds), *Capital Mobility. The Impact on Consumption, Investment and Growth* (Cambridge, 1994).

A. Alesina and G. Tabellini, 'External Debt, Capital Flight and Political Risk', *Journal of International Economics*, 27, 3–4 (1989), pp. 199–220.

F. Allen and D. Gale, *Comparing Financial Systems* (Cambridge MA, 2000).

B. Anan'ich, 'State Power and Finance in Russia, 1802–1917', in R. Sylla et al. (eds), *The State, the Financial System and Economic Modernization* (Cambridge, 1999).

A. Anari, J. Kolari, S. Pynnönen and A. Suvanto, 'Further Evidence on the Credit View. The Case of Finland', *Applied Economics*, 34, 3 (2002), pp. 267–78.

J.C. Asselain and B. Blancheton, 'L'ouverture internationale en perspective historique. Statut analytique du coefficient d'ouverture et application au cas de la France', *Cahiers du GRES*, no. 2006–09 (March 2006).

J. Atack, 'Industrial Structure and the Emergence of the Modern Industrial Corporation', *Explorations in Economic History*, 22, 1 (1985), pp. 29–55.

W. Bagehot, *Lombard Street* (1873, reprinted London, 1924).

A.F.P. Bakker, *The Liberalization of Capital Movements in Europe. The Monetary Committee and Financial Integration, 1958–1994* (Dordrecht, Boston and London, 1996).

F. Baring, *Observations on the Establishment of the Bank of England, and on the Paper Circulation of the Country* (1797, reprinted London, 1993).

G.L. Barrow, *The Emergence of the Irish Banking System 1820–1845* (Dublin,

1975).
J. Barth, G. Caprio Jr. and R. Levine, 'Banking Systems Around the World. Do Regulations and Ownership Affect Performance and Stability?', in F.S. Mishkin (ed.), *Prudential Supervision. What Works and What Doesn't* (Chicago, 2001).
J.R. Barth, G. Caprio Jr and R. Levine, *Rethinking Bank Regulation. Till Angels Govern* (Cambridge, Mass., and New York, 2006).
Basel Committee on Banking Supervision, *Core Principles for Effective Banking Supervision* (Basel, 1997).
A.S.J. Baster, *The Imperial Banks* (London, 1929).
——, 'The Origins of British Banking Expansion in the Near East', *Economic History Review*, 5, 1 (1934), pp. 76–86.
S. Battilossi and Y. Cassis (eds), *European Banks and the American Challenge. Competition and Cooperation in International Banking under Bretton Woods* (Oxford, 2002).
G. Becker, 'A Theory of Competition Among Pressure Groups for Political Influence', *Quarterly Journal of Economics*, 98, 3 (1983), pp. 371–400.
E. Benmelech and T. Moskowitz, The Political Economy of Financial Regulation. Evidence from US State Usury Laws in the 18th and 19th centuries, NBER Working Paper no. 12851, 2007.
G. Benston, *The Separation of Commercial and Investment Banking. The Glass-Steagall Act Revisited and Reconsidered* (Oxford, 1990).
L. Berg and R. Bergström, 'Housing and Financial Wealth, Financial Deregulation, and Consumption – the Swedish Case', *Scandinavian Journal of Economics*, 97, 3 (1995), pp. 421–39.
E. Berglof and H. Rosenthal, The Political Economy of American Bankruptcy. The Evidence from Roll Call Voting, 1800–1978, Mimeo, Princeton University (1998).
B. Bernanke and C. Lown, The Credit Crunch, Brookings Papers on Economic Activity, 1991.
S. Bhattacharya and A. Thakor, 'Contemporary Banking Theory', *Journal of Financial Intermediation*, 3, 1 (1993), pp. 2–50.
I.S. Black, 'Money, Information and Space. Banking in Early Nineteenth-century England and Wales', *Journal of Historical Geography*, 21 (1995), pp. 398–412.
H. Bodenhorn, *A History of Banking in Antebellum America. Financial Markets and Economic Development in an Era of Nation-building* (Cambridge, 2000).
——, 'Bank Chartering and Political Corruption in Antebellum New York. Free Banking as Reform', in E. Glaeser, C. Goldin (eds), *Corruption and Reform. Lessons from America's Economic History* (Chicago, 2006).
——, *State Banking in Early America. A New Economic History* (Oxford, 2003).
——, 'The More Perfect Union. Regional Interest Rates in the United States 1880–1960', in M.D. Bordo and R.E. Sylla, *Anglo-American Finance* (New York, 1995).
L. Bolaffio, *Il concordato preventivo secondo le sue tre leggi disciplinatrici* (Turin, 1932).
G. Bonelli, *Del Fallimento. Commentario al codice di commercio* (Milan, 1907–

1909).
M. Bordo, 'The Lender of Last Resort. Alternative Views and Historical Experience', in C. Goodhart and G. Illing (eds), *Financial Crises, Contagion, and the Lender of Last Resort. A Reader* (Oxford, 2002).
M. Bordo and B. Eichengreen, 'Is our Current International Economic Environment Unusually Crisis Prone?', in D. Gruen and L. Gower (eds), *Capital Flows and the International Financial System* (Sydney, 1999).
M.D. Bordo and A. Redish, 'Why Did the Bank of Canada Emerge in 1935?', *Journal of Economic History*, 47, 2 (1987), pp. 405–17.
M.D. Bordo, H. Rockoff and A. Redish, 'The US Banking System From a Northern Exposure. Stability versus Efficiency,' *Journal of Economic History*, 54, 2 (1994), pp. 325–57.
M. Bordo and P. Rousseau, Legal-Political Factors and the Historical Evolution of the Finance-Growth Link, NBER Working Paper no. 12035, 2006.
C. Borio and A. Filardo, Back to the Future? Assessing the Deflation Record, BIS Working Paper, no. 152, 2004.
C. Borio and P. Lowe, Asset Prices, Financial and Monetary Stability. Exploring the Nexus, BIS Working Papers, no. 114, 2002.
C. Borio and G. Toniolo, One Hundred and Thirty Years of Central Bank Cooperation. A BIS Perspective, BIS Working Papers, no. 197 (February 2006).
D.G. Boshkoff, 'Limited, Conditional, and Suspended Discharge in Anglo-American Bankruptcy Proceedings', *University of Pennsylvania Law Review*, 131, 1 (1982), pp. 69–125.
J. Bouvier, *Le Crédit lyonnais de 1863 à 1882. Les années de formation d'une banque de dépôts* (Paris, 1961).
J. Bouvier, 'Les banques', in A. Sauvy, *Histoire économique de la France entre les deux guerres, divers sujets* (Paris, 1972).
——, 'L'extension des réseaux de circulation de la monnaie et de l'épargne', in F. Braudel and E. Labrousse (eds.), *Histoire économique et sociale de la France*, vol. 4, 1 (Paris, 1979), pp. 197f.
——, *Un siècle de banque française. Les contraintes de l'Etat et les incertitudes des marchés* (Paris, 1973).
H.V. Bowen and P.L. Cottrell, 'Banking and the Evolution of the British Economy', in A. Teichova et al. (eds), *Banking Trade and Industry. Europe, America and Asia from the Thirteenth to the Twentieth Century* (Cambridge, 1997).
J. Bradford De Long, 'Did J.P. Morgan's Men Add Value. An Economist's Perspective on Financial Capitalism', in P. Temin (ed.), *Inside the Business Enterprise. Historical Perspectives on the Use of Information* (Chicago, 1992).
T.F. Bresnahan and M. Trajtenberg, 'General Purpose Technologies. Engines of Growth?', *Journal of Econometrics*, 65, 1 (1995), pp. 83–108.
C. Briault, The Rationale for a Single Financial Services Regulator, UK Financial Services Authority Occasional Paper 2 (1999).
J.L. Brosz and R.S. Grossman, 'Paying for Privilege. The Political Economy of Bank of England Charters, 1694–1844', *Explorations in Economic History*, 41, 1 (2004), pp. 48–72.

A. Brunila, Investment and Financing Considerations. Evidence from Finnish Panel Data, Bank of Finland Discussion Paper 4/94 (Helsinki, 1994).

R.A. Bryer, 'The Mercantile Laws Commission of 1854 and the Political Economy of Limited Liability', *Economic History Review*, 50, 1 (1997), pp. 37–56.

W.L. Buenger and J.A. Pratt, *But Also Good Business. Tax Commerce Banks and the Financing of Houston and Texas 1886–1986* (College Station, 1986).

G. Burn, *The Re-emergence of Global Finance* (London, 2006).

E. Bussière, 'French Banks and the Euro-bonds Issue Market during the 1960s', in Y. Cassis and E. Bussière (eds), *London and Paris as International Financial Centres in the Twentieth Century* (Oxford, 2005).

S.J. Butlin, *Australia and New Zealand Bank. The Bank of Australia and the Union Bank of Australia Limited 1828–1951* (London, 1961).

A. Cairncross (ed.), *The Robert Hall Diaries* (London, 1989).

C.A. Calomiris and E.N. White, 'The Origins of Federal Deposit Insurance,' in C. Goldin and G.D. Libecap (eds), *The Regulated Economy. A Historical Approach to Political Economy* (Cambridge, 1994), pp. 145–88.

R. Cameron, 'Scotland, 1750–1845', in R. Cameron et al., *Banking in the Early Stages of Industrialization* (New York Oxford, 1967).

J.G. Cannon, *Clearing-houses. Their History, Methods and Administration* (New York, 1900).

F. Capie, C. Goodhart, S. Fischer and N. Schnadt, *The Future of Central Banking. The Tercentenary Symposium of the Bank of England* (Cambridge, 1994).

G. Caprio, J.A. Hanson and R. Litan (eds), *Financial Crises. Lessons from the Past, Preparation for the Future* (Washington DC, 2005).

G. Caprio and P. Honohan, Banking Crises, Institute for International Integration Studies, Trinity College, Dublin, Discussion Paper no. 242, 2008.

V.P. Carosso, *Investment Banking in America. A History* (Cambridge, 1970).

Y. Cassis, *Capitals of Capital* (Geneva, 2005).

G. Chandler, *Four Centuries of Banking, vol. 1, The Grasshopper and the Liver Bird. Liverpool and London* (London, 1964).

S.G. Checkland, *Scottish Banking. A History, 1695–1973* (Glasgow, 1975).

J.H. Clapham, *The Bank of England. A History* (Cambridge, 1945).

C.G.A. Clay, 'Henry Hoare, Banker, his Family and the Stourhead Estate', in F.M.L. Thompson (ed.), *Landowners, Capitalists and Entrepreneurs. Essays for Sir John Habakkuk* (Oxford, 1994).

G. Corsetti, P. Pesenti, and N. Roubini, 'What Caused the Asian Currency and Financial Crisis?', *Japan and the World Economy*, 11, 3 (1999), pp. 305–73.

P.L. Cottrell, 'Credit, Morals and Sunspots. The Financial Boom of the 1860s and Trade Cycle Theory', in P.L. Cottrell and D.E. Moggridge (eds), *Money and Power. Essays in Honour of L.S. Pressnell* (Houndmills, 1988).

——, *Industrial Finance 1830–1914. The Finance and Organization of English Manufacturing Industry* (London, 1980).

——, 'The Coalescence of a Cluster of Corporate International Banks, 1855–1875', *Business History*, 33, 3 (1991), pp. 31–52.

P.L. Cottrell and L. Newton, 'Banking Liberalisation in England and Wales, 1826–

1844', in R. Sylla et al. (eds), *The State, the Financial System and Economic Modernization* (Cambridge, 1999).
N. Courtis, *How Countries Supervise Their Banks, Insurance and Securities Markets* (London, 1999).
N. Crafts, 'Globalisation and Economic Growth. A Historical Perspective', *World Economy*, 27, 1 (2004), pp. 45–58.
——, Globalization and Growth in the Twentieth Century, IMF Working Papers WP/00/44, 2000.
A. Crockett, T. Harris, F. Mishkin, and E.N. White, *Conflicts of Interest in the Financial Services Industry. What Should We Do About Them?* (London, 2004).
J.-P. Danthine, F. Giavazzi, X. Vives, E.L. von Thadden, *Monitoring European Integration*, vol. 9 (London, 1999).
P.A. David, 'Clio and the Economics of QWERTY', *American Economic Review*, 7, 2 (1985), pp. 332–6.
P. David, 'Why Are Institutions the "Carriers of History"? Path-dependency and the Evolution of Conventions, Organizations and Institutions', *Structural Change and Economic Dynamics*, 7, 5 (1994), pp. 205–20.
E.P. Davis, *Debt, Financial Fragility and Systemic Risk* (Oxford, 1992).
L.E. Davis, 'The Investment Market, 1870–1914. The Evolution of a National Market', *Journal of Economic History*, 25, 3 (1965), pp. 355–99.
——, 'The New England Textile Mills and Capital Markets. A Study of Industrial Borrowing, 1840–1860', *Journal of Economic History*, 20, 1 (1960), pp. 1–43.
J. De Luna Martinez and T.A. Rose, International Survey of Integrated Financial Sector Supervision, World Bank Policy Research Working Paper 3096 (2003).
C. Del Marmol, *La faillite en Droit Anglo-Saxon. Etude de législation et de jurisprudence faite dans le cadre de la loi anglaise de 1914* (Paris et Bruxelles, 1936).
A. Demirgüc-Kunt and E. Detragiache, The Determinants of Banking Crises in Developing and Developed Countries, IMF Staff Papers 45 (1998).
B. Desjardins, M. Lescure, R. Nougaret, A. Plessis, A. Straus (eds), *Le Crédit lyonnais* (Geneva, 2003).
D.W. Diamond, 'Financial Intermediation and Delegated Monitoring', *Review of Economic Studies*, 51 (1984), pp. 393–414.
D.W. Diamond and P.H. Dybvig, 'Bank Runs, Deposit Insurance and Liquidity', *Journal of Political Economy*, 91, 3 (1983), pp. 401–19.
P. Di Martino, 'Approaching Disaster. A Comparison between Personal Bankruptcy Legislation in Italy and England (c.1880–1939)', *Business History*, 47, 1 (2005), pp. 23–43.
N. Dimsdale and M. Prevezer (eds), *Capital Markets and Corporate Governance* (Oxford, 1994).
E. Dimson, P. Marsh and M. Staunton, *Triumph of the Optimists. 101 Years of Global Investment Returns* (Princeton, 2002).
R. Dodd, The Economic Rationale for Financial Market Regulation, Financial

Policy Forum, Special Policy Report no. 12, 2002.
P.J. Drake, *Money, Finance and Development* (Oxford, 1980).
I.P.H. Duffy, *Bankruptcy and Insolvency in London during the Industrial Revolution* (New York and London, 1985).
N. Economides, R.G. Hubbard and D. Palia, 'The Political Economy of Branch Restrictions and Deposit Insurance', *Journal of Law and Economics*, 29 (1996), pp. 667–704.
B. Eichengreen, *Capital Flows and Crises* (Cambridge, Mass., 2003).
——, *Globalizing Capital* (Princeton, 1996).
B. Eichengreen and M. Mussa, *Capital Account Liberalization. Theoretical and Practical Aspects* (Washington, 1998).
Federal Deposit Insurance Corporation (FDIC), *History of the 1980s. Lessons for the Future, vol. 1, An Examination of the Banking Crises of the 1980s and early 1990s* (Washington, 1997).
O. Feiertag (ed.), *Mesurer la monnaie. Banques centrales et construction de l'autorité monétaire, XIXe–XXe siècle* (Paris, 2005).
E.H. Feijen and E. Perotti, The Political Economy of Financial Fragility, CEPR Discussion Papers no. 5317, 2005.
F.W. Fetter, *Development of British Monetary Orthodoxy 1797–1875* (Cambridge, Mass., 1965).
A.J. Field, 'Technical Change and US Economic Growth. The Interwar Period and the 1990s', in P.W. Rhode and G. Toniolo (eds), *The Global Economy in the 1990s. A Long-run Perspective* (Cambridge, 2006).
I. Fisher, 'The Debt-Deflation Theory of Great Depressions', *Econometrica*, 1, 4 (1933), pp. 337–57.
X. Freixas, C. Giannini, G. Hoggarth and F. Soussa, 'Lender of Last Resort. A Review of the Literature', in C. Goodhart and G. Illing (eds), *Financial Crises, Contagion, and the Lender of Last Resort. A Reader* (Oxford, 2002).
M. Friedman and A.J. Schwartz, *A Monetary History of the United States, 1863–1960* (Princeton, 1963).
R.E. Gallman, 'Economic Growth and Structural Change in the Long Nineteenth Century', in S. Engerman and R.E. Gallman, *The Cambridge Economic History of the United States*, vol. 2 (Cambridge, 2000).
E.P.M. Gardener and P. Molyneux, *Changes in Western European Banking* (London, 1994).
E.P.M. Gardener, P. Molyneux and J. Williams, 'Competitive Banking in the EU and Euroland', in A.W. Mullineux and V. Murinde (eds), *Handbook of International Banking* (Cheltenham, 2003).
G. Gary and D. Mullineaux, 'The Joint Production of Confidence. Endogenous Regulation and Nineteenth Century Commercial-bank Clearinghouses,' *Journal of Money Credit and Banking*, 19, 4 (1987), pp. 457–68.
A. Gerschenkron, *Economic Backwardness in Historical Perspective* (Cambridge, Mass., 1966).
I.H. Giddy, 'The Eurocurrency Market', in A.H. George and I.H. Giddy (eds), *International Finance Handbook,* vol. 1 (New York, 1983).

D.C. Giedeman, 'Branch Banking Restrictions and Finance Constraints in Early Twentieth Century America,' *Journal of Economic History*, 65, 1 (2005), pp. 129–51.

J.W. Gilbart, *A Practical Treatise on Banking* (London, 1828).

A. Giovannini and M. De Melo, 'Government Revenues from Financial Repression', *American Economic Review*, 83, 4 (1993), pp. 953–63.

R. Girault, *Emprunts russes et investissements français en Russie, 1887–1914* (reprinted, Paris, 1999).

R.W. Goldsmith, *Comparative National Balance Sheets. A Study of Twenty Countries 1688–1978* (Chicago and London, 1985).

——, *Financial Intermediaries in the American Economy* (Princeton, 1958).

C. Goodhart, 'The Political Economy of Financial Harmonization in Europe', in J.M. Kremers, D. Schoenmaker and P. Wierts (eds), *Financial Supervision in Europe* (Cheltenham, 2003).

C. Goodhart, F. Capie and N. Schnadt, 'The Development of Central Banking', in F. Capie et al., *The Future of Central Banking. The Tercentenary Symposium of the Bank of England* (Cambridge, 1994).

C. Goodhart and D. Schoenmaker, 'Institutional Separation between Supervisory and Monetary Agencies', in C. Goodhart (ed.), *The Central Bank and the Financial System* (Cambridge, 1995).

C. Goodhart, D. Schoenmaker and P. Dasgupta, 'The Skill Profile of Central Bankers and Supervisors', *European Finance Review*, 6, 3 (2002), pp. 397–427.

R.J. Gordon, 'Does the "New Economy" Measure up to the Great Inventions of the Past?', *Journal of Economic Perspectives*, 14, 4 (2000), pp. 49–74.

P. Gourinhas, R. Valdés, and O. Landerretche, 'Lending Booms. Latin America and the World', *Economía*, 1 (2001), pp. 47–99.

T.E. Gregory, *The Westminster Bank through a Century*, vol. 2 (London, 1936).

A. Greif, *Institutions and the Path to the Modern Economy. Lessons from Medieval Trade* (Cambridge, 2006).

W.J. Greenwood, *American and Foreign Stock Exchange Practice, Stock and Bond Trading and the Business Corporation Laws of all Nations* (New York, 1921).

V. Grilli, G.M. Milesi Ferretti, Economic Effects and Structural Determinants of Capital Controls, IMF Staff Papers, 42, 1995.

L.H. Grindon, *Manchester Banks and Bankers* (Manchester, 1877).

R.S. Grossman, 'Charters, Corporations, and Codes. Entry Restriction in Modern Banking Law', *Financial History Review*, 8, 2 (2001), pp. 107–21.

Group of Ten, *Report on Consolidation in the Financial Sector* (Basel, 2001).

A. Gueslin, 'Banks and State in France from the 1880s to the 1930s. The Impossible Advance of the Banks', in Y. Cassis (ed.), *Finance and Financiers in European History, 1880–1960* (Paris and Cambridge, 1992).

A. Gueslin and M. Lescure, 'Les banques publiques parapubliques et coopératives françaises (vers 1920–vers 1960)', in M. Lévy-Leboyer (ed.), *Les banques en Europe de l'Ouest de 1920 à nos jours* (Paris, 1995).

S. Haber, D.C. North and B. Weingast (eds), *Political Institutions and Financial Development* (Stanford, 2007).

S. Haber and R. Perotti, The Political Economy of Financial Systems, Timbergen Institution Discussion Paper, no. 045/2, 2008.

S. Haber, A. Razo and N. Maurer, *The Politics of Property Rights. Political Instability, Credible Commitments, and Economic Growth in Mexico 1876–1929* (Cambridge, 2003).

C.T. Hallinan, *American Investments in Europe* (London, 1927).

K. Hallsten, Bank Loans and the Transmission Mechanism of Monetary Policy, in K. Hallsten, Essays on the Effects of Monetary Policy, Dissertation in Economics 1999, 2, Department of Economics, Stockholm University (Stockholm, 1999).

B. Hansen, 'Commercial Associations and the Creation of a National Economy. The Demand for Federal Bankruptcy Law', *Business History Review*, 72, 1 (1998), pp. 86–113.

B.A. Hansen and M.E. Hansen, The Role of Path-dependency in the Development of US Bankruptcy Law, 1880–1938, American University, Department of Economics Working Paper Series (2005).

J. Hansen, Financial Cycles and Bankruptcies in the Nordic Countries, Sveriges Riksbank Working Paper No. 149 (Stockholm, 2003).

S. Hansen and S. Lindberg, Agency Costs, Financial Deregulation, and Corporate Investment. An Euler Equation Approach to Panel Data for Swedish Firms, Working Paper 1997:20, Department of Economics, Uppsala University (Uppsala, 1997).

P.-C. Hautcoeur and G. Gallais-Hamonno (eds), *Le marché financier français au XIXe siècle*, 2 vols (Paris, 2007).

E. Helleiner, *States and the Re-emergence of Global Finance. From Bretton Woods to the 1990s* (Ithaca NY, 1994).

B. Hilton, *Corn, Cash, Commerce. The Economic Policies of the Tory Governments 1815–1830* (Oxford, 1977).

B. Holmström and J. Tirole, 'Financial Intermediation, Loanable Funds and the Real Sector', *Quarterly Journal of Economics*, 112, 3 (1997), pp. 663–91.

S. Honkapohja and E. Koskela, 'The Economic Crisis of the 1990s in Finland', *Economic Policy*, 29 (1999), pp. 399–424.

A.C.F. Houben, *The Evolution of Monetary Policy Strategies in Europe* (Dordrecht, Boston and London, 2000).

S.S. Huebner, 'The Scope and Functions of the Stock Market', *Annals of the American Academy of Political and Social Science* 35 (1910), pp. 1–23.

R. Ingham, 'Mill on limited liability partnerships', *Journal of Liberal Democrat History*, 23 (1999), pp. 16 and 28 seguitur.

J.A. James, *Money and Capital Markets in Postbellum America* (Princeton, 1978).

L.P. Jennergren, 'The Swedish Finance Company Crisis. Could it have been Anticipated?', *Scandinavian Economic History Review*, 50, 2 (2002), pp. 7–30.

F.S. Jones, 'Instant Banking in the 1830s. The Founding of the Northern & Central Bank of England', *Bankers' Magazine*, 211 (1971), pp. 130–35.

——, 'The Cotton Industry and Joint-stock Banking in Manchester 1825–1850',

Business History Review, 20, 2 (1978), pp. 65–85.
——, 'The Manchester Cotton Magnates' Move into Banking, 1826–50', *Textile History*, 9 (1978), pp. 90–111.
G. Jones, *British Multinational Banking 1830–1990* (Oxford, 1993).
S. Jones, 'The Professional Background of Company Law Pressure Groups', *Accounting, Business and Financial History*, 7, 2 (1997), pp. 233–42.
L. Jonung, J. Kiander and P. Vartia, *The Great Financial Crisis in Finland and Sweden. The Nordic Experience of Financial Liberalization* (Cheltenham, 2009).
T. Joplin, *An Examination of the Report of the Joint Stock Bank Committee* (London, 2nd edn, 1837).
D.M. Joslin, 'London Bankers in Wartime, 1739–84', in L.S. Pressnell (ed.), *Studies in the Industrial Revolution Presented to T.S. Ashton* (London, 1960).
——, 'London Private Bankers, 1720–1785', *Economic History Review*, 2nd series, 7 (1954), pp. 167–86.
——, 'Private Banking in London's West End, 1750–1830', *London Journal*, 28 (2003).
——, 'The London Agency System in English Banking, 1780–1825', *London Journal*, 21 (1996).
E. Kane, 'Accelerating Inflation, Technological Innovation, and the Decreasing Effectiveness of Banking Regulation', *Journal of Finance*, 36, 2 (1981), pp. 355–67.
——, 'Competitive Financial Reregulation. An International Perspective', in R. Portes and A. Swoboda (eds), *Threats to International Financial Stability* (Cambridge, 1987).
——, 'Technological and Regulatory Forces in the Developing Fusion of Financial-Services Competition', *Journal of Finance*, 39, 3 (1984), pp. 759–72.
——, 'Tension between Competition and Coordination in International Financial Regulation', in C. England (ed.), *Governing Banking's Future. Markets vs. Regulation* (Boston, 1991).
E.B. Kapstein, Architects of Stability? International Cooperation among Financial Supervisors, BIS Working Papers, no. 199, February 2006.
——, *Supervising International Banks. Origins and Implications of the Basle Accord* (Princeton NJ, 1991).
J.H. Kareken, 'Federal Bank Regulatory Policy. A Description and Some Observations', *The Journal of Business*, 59, 1 (1986), pp. 3–48.
J. Kay, *The Truth About Markets* (London, 2004).
M. Keeley, 'Deposit Insurance, Risk, and Market Power in Banking', *American Economic Review*, 80, 5 (1990), pp. 1183–1200.
J. Kelly, *Bankers and Borders. The Case of American Banks in Britain* (Cambridge, Mass., 1977).
F.H.H. King, 'Structural Alternatives and Constraints in the Evolution of Exchange Banking', in G. Jones (ed.), *Banks as Multinationals* (London, 1990).
R. King and R. Levine, 'Finance and Growth. Schumpeter Might Be Right', *Quarterly Journal of Economics*, 108, 3 (1993), pp. 717–37.

H. Kinnunen and V. Vihriälä, Bank Relationships and Small-business Closures during the Finnish Recession of the 1990s, Bank of Finland Discussion Paper 13/99 (Helsinki, 1999).

M. Klausner, 'Bank Regulatory Reform and Bank Structure', in M. Klausner, L.J. White (eds), *Structural Change in Banking* (Homewood, Ill., 1993).

J.M. Kremers, D. Schoenmaker and P. Wierts (eds), *Financial Supervision in Europe* (Cheltenham, 2003).

R.S. Kroszner, Is the Financial System Independent? Perspectives on the Political Economy of Banking and Financial Regulation, Paper Prepared for Swedish Government Inquiry on the Competitiveness of the Swedish Financial Sector, 1999.

R.S. Kroszner and R.G. Rajan, 'Is the Glass-Steagall Act Justified? A Study of the US Experience with Universal Banking before 1933', *American Economic Review*, 84, 4 (1994), pp. 810–32.

R.S. Kroszner and P.E. Strahan, 'What Drives Deregulation? Economics and Politics of the Relaxation of Bank Branching Restrictions', *Quarterly Journal of Economics*, 114, 4 (1999), pp. 1437–67.

N. Lamoreaux, *Insider Lending. Banks, Personal Connections, and Economic Development in Inudstrial New England* (Cambridge, 1994).

N. Lamoreaux and J.-L. Rosenthal, Corporate Governance and the Plight of Minority Shareholders in the US before the Great Depression, NBER Working Paper no. 10900, 2004.

J. Landmann, 'The Swiss National Bank', *Quarterly Journal of Economics*, 20 (May 1906), pp. 468–82.

R. Laporta, F. Lopez-de-Silanes et al., 'Law and Finance', *Journal of Political Economy*, 106, 6 (1998), pp. 1113–55.

H. Laufenburger, *Les banques françaises depuis 1914* (Paris, 1940).

——, *Traité d'économie et de législation financière. Dette publique et richesse privée* (Paris, 1948).

M. Lescure and A. Plessis (eds), *Banques locales et banques régionales en France au XIXe siècle* (Paris, 1999).

V.M. Lester, *Victorian Insolvency. Bankruptcy, Imprisonment for Debt, and Company Winding-up in Nineteenth-Century England* (Oxford, 1994).

R. Levine, 'Finance and Growth. Theory, Mechanisms and Evidence', in P. Aghion and S.N. Durlauf (eds), *Handbook of Economic Growth* (Amsterdam, 2005).

——, 'Financial Development and Economic Growth. Views and Agenda', *Journal of Economic Literature*, 35, 2 (1977), pp. 688–726.

——, 'The Legal Environment, Banks, and Long-Run Economic Growth', *Journal of Money, Credit and Banking*, 30, 3 (1998), pp. 596–620.

R. Levine and S. Zervos, 'Stock Markets, Banks, and Economic Growth', *American Economic Review*, 88, 3 (1998), pp. 537–58.

M. Lévy-Leboyer (ed.), La position internationale de la France. Aspects économiques et financiers XIXe–XXe siècles (Paris, 1977).

M. Lévy-Leboyer, 'La spécialisation des établissements bancaires', in F. Braudel

and E. Labrousse (eds), *Histoire économique et sociale de la France*, vol. 3, 1 (Paris, 1976).
D.T. Llewellyn, 'Institutional Structure of Financial Regulation. The Basic Issues', World Bank Seminar, Aligning Supervisory Structures with Country Needs (2003).
D. Loftus, 'Capital and Community. Limited Liability and Attempts to Democratize the Market in Mid-nineteenth Century England', *Victorian Studies*, 45, 4 (2002), pp. 93–120.
I. Maes and E. Buyst, 'La création d´un service d´études à la Banque nationale de Belgique au début des années 1920', in O. Feiertag (ed.), *Mesurer la monnaie. Banques centrales et construction de l´autorité monétaire, XIXe–XXe siècle* (Paris, 2005).
P.G. Mahoney, 'The Origins of the Blue-Sky Laws. A Test of Competing Hypotheses', *Journal of Law and Economics*, 46, 1 (2003), pp. 229–51.
——, 'The Political Economy of the Securities Act of 1933', *Journal of Legal Studies*, 30, 1 (2001), pp. 1–31.
R.C. Marston, *International Financial Integration. A Study of Interest Differentials between the Major Industrial Countries* (Cambridge, 1995).
P. Martín-Aceña, *El Servicio de Estudios del Banco de España, 1930–2000* (Madrid, 2000).
——, 'La Banque de France, la BRI et la création du service d'études de la Banque d´Espagne au début des années 1930', in O. Feiertag (ed.), *Mesurer la monnaie. Banques centrales et construction de l´autorité monétaire, XIXe–XXe siècle* (Paris, 2005).
N. Maurer and A. Gomberg, 'When the State is Untrustworthy. Public Finance and Private Banking in Porfirian Mexico', *Journal of Economic History*, 64, 4 (2004), pp. 1087–1107.
J.E. Meeker, *Short Selling* (New York, 1932).
F.T. Melton, 'Robert and Sir Francis Gosling. 18th Century Bankers and Stationers', in R. Myer and M.R.A. Harris (eds), *Economics of the British Book Trade, 1605–1939* (Cambridge, 1985).
——, 'Deposit Banking in London, 1700–90', *Business History*, 28, 3 (1986), pp. 40–50.
R. Michie, 'Different in Name only? The London Stock Exchange and Foreign Bourses 1850–1914', *Business History*, 30, 1 (1988), pp. 46–68.
——, *The Global Securities Market. A History* (Oxford, 2006).
——, *The London Stock Exchange. A History* (Oxford, 1999).
R. C. Michie and P.A. Williamson (eds), *The British Government and the City of London in the Twentieth Century* (Cambridge, 2004).
J. Miron 'Financial Panics, the Seasonality of the Nominal Interest Rate and the Founding of the Fed', *American Economic Review*, 76, 1 (1986), pp. 125–40.
F.S. Mishkin, 'Lessons from the Tequila Crisis', *Journal of Banking & Finance*, 23, 10 (1999), pp. 1521–33.
J. Mooij and H.M. Prast, A Brief History of the Institutional Design of Banking Supervision in the Netherlands, De Nederlandsche Bank, Research

Memorandum WO no. 703, October 2002.
W. Möschel, 'Public Law of Banking', in J.S. Ziegel (ed.), *International Encyclopedia of Public Law* (Boston, 1991).
C.W. Munn, 'Banking on Branches. The Origins and Development of Branch Banking in the United Kingdom', in P.L. Cottrell et al. (eds), *Finance in the Age of the Corporate Economy. The Third Anglo-Japanese Business History Conference* (Aldershot, 1997).
——, 'The Coming of Joint-stock Banking in Scotland and Ireland 1820–25', in T.M. Devine and D. Dickson (eds), *Scotland and Ireland* (Edinburgh, 1983).
——, 'The Emergence of Joint-stock Banking in the British Isles. A Comparative Approach', *Business History*, 30, 1 (1988), pp. 69–83.
——, *The Scottish provincial banking companies 1747–1864* (Edinburgh, 1981).
R.R. Nelson and S.A. Winter, *An Evolutionary Theory of Economic Change* (Cambridge, Mass., 1982).
L. Newton and P.L. Cottrell, 'Joint-stock Banking in the English Provinces 1826–1857. To Branch or not to Branch?', *Business and Economic History*, 27, 1 (1998), pp. 115–28.
K. Ng, 'Free Banking Laws and Barriers to Entry in Banking, 1838–1860', *Journal of Economic History*, 48, 4 (1998), pp. 877–89.
J.P. Nicolini, 'Tax Evasion and the Optimal Inflation Tax', *Journal of Development Economics*, 55, 1 (1998), pp. 215–32.
S. Nishimura, *The Decline of Inland Bills of Exchange in the London Money Market 1855–1913* (Cambridge, 1971).
D.C. North, *Institutions, Institutional Change and Economic Performance* (Cambridge, 1990).
D. North, 'Life Insurance and Investment Banking at the Time of the Armstrong Investigation of 1905–1906', *Journal of Economic History*, 14, 3 (1954), pp. 209–28.
M. Obstfeld and M. Taylor, *Global Capital Markets. Integration, Crisis, and Growth* (Cambridge, 2004).
T. Padoa-Schioppa, *Regulating Finance, Balancing Freedom and Risk* (Oxford, 2004).
M. Pagano, P. Volpin, 'The Political Economy of Finance', *Oxford Review of Economic Policy*, 17, 4 (2001), pp. 502–19.
J.-P. Patat and M. Lutfalla, *Histoire monétaire de la France au XXe siècle* (Paris, 1986).
W. Parker, *The Paris Bourse* (Washington, 1930).
——, *The Paris Bourse and French Finance* (New York, 1920).
C. Pazarbaşioğlu, A Credit Crunch? Finland in the Aftermath of the Banking Crisis, IMF Staff Papers, 44, 1997.
W.N. Peach, *Security Affiliates of National Banks* (Baltimore, 1941).
G.C. Peden, 'The Treasury and the City', in R. Michie and Ph. Williamson (eds), *The British Government and the City in the Twentieth Century* (Cambridge, 2005).
J. Peek, E.S. Rosengren and G.M.B. Tootell, 'Synergies between Bank Supervision

and Monetary Policy. Implications for the Design of Bank Regulatory Structure', in F.S. Mishkin (ed.), *Prudential Supervision. What Works and What Doesn't* (Chicago, 2001).
S. Peltzman, The Economic Theory of Regulation after a Decade of Deregulation, Brookings Papers in Economic Activity, Special Issue: Microeconomics, 1989, pp. 1–59.
——, 'Towards a More General Theory of Regulation', *Journal of Law and Economics* 19 (1976), pp. 211–40.
G. Pepper, *Official Order – Real Chaos* (London, 1990).
S.A. Perez, *Banking on Privilege. The Politics of Spanish Financial Reform* (Ithaca, 1997).
E. Perotti and E.-L. von Thadden, 'The Political Economy of Corporate Control and Labor Rents', *Journal of Political Economy*, 114, 1 (2006), pp. 145–75.
J. Pesola, The Role of Macroeconomic Shocks in Banking Crises, Bank of Finland Discussion Papers 6/2001 (Helsinki, 2006).
B. Pimlott, *Harold Wilson* (London, 1992).
U. Pipia, *Del Fallimento* (Turin, 1932).
A. Plessis, 'Bankers in French Society, 1860s–1960s', in Y. Cassis (ed.), *Finance and Financiers in European History, 1880–1960* (Paris and Cambridge, 1992).
——, 'La Banque de France et la production de statistiques au XIXe siècle', in O. Feiertag (ed.), *Mesurer la monnaie. Banques centrales et construction de l'autorité monétaire, XIXe–XXe siècle* (Paris, 2005).
——, 'When Paris Dreamed of Competing with the City…', in Y. Cassis and E. Bussière (eds), *London and Paris as International Financial Centres in the Twentieth Century* (Oxford, 2005).
E.S. Prasad et al., Effects of Financial Globalization on Developing Countries. Some Empirical Evidence, IMF Occasional Paper 220, 2003.
L.S. Pressnell, *Country Banking in the Industrial Revolution* (Oxford, 1956).
——, 'Gold Reserves, Banking Reserves and the Baring Crisis of 1890', in C.R. Whittlesey and J.S.G. Wilson (eds), *Essays in Money and Banking in Honour of R.S. Sayers* (Oxford, 1968).
L. Quennouëlle-Corre, *La direction du Trésor 1947–1967. L'Etat-banquier et la croissance* (Paris, 2000).
——, 'The State, Banks and Financing for Investments in France from World War II to the 1970s', *Financial History Review*, 12, 1 (2005), pp. 63–86.
M. Radin, 'Discharge in Bankruptcy', *New York University Law Quarterly Review*, 9, 1 (1931), pp. 39–48.
J.P. Raines, *Economists and the Stock Market: Speculative theories of stock market fluctuations* (Cheltenham, 2000).
R.G. Rajan and L. Zingales, *Saving Capitalism from the Capitalists* (New York, 2003).
——, 'The Great Reversals. The Politics of Financial Development in the Twentieth Century', *Journal of Financial Economics*, 69, 1 (2003), pp. 5–50.
——, *The Great Reversals. The Politics of Financial Development in the Twentieth Century* (Paris 2000).

——, The Great Reversals. The Politics of Financial Development in the 20th Century, Working Paper, University of Chicago, 2000.

C. Reinhart and K. Rogoff, Banking Crises. An Equal Opportunity Menace, NBER Working Paper no. 14587, 2008.

J. Rezzara, *Il concordato nella storia, nella dottrina, nella giurisprudenza: Studio di diritto commerciale* (Turin, 1901).

R. Robertson, *The Comptroller and Bank Supervision. A Historical Appraisal* (Washington, DC, 1968).

A. Rocco, 'Il disegno di legge sul fallimento e sul concordato preventivo', *Rivista di Diritto Commerciale*, 28 (1930).

N. Roubini, X. Sala-i-Martin, 'A Growth Model of Inflation, Tax Evasion and Financial Repression', *Journal of Monetary Economics*, 35, 2 (1995), pp. 275–301.

P. Rousseau, 'General-purpose Technologies then and now', in P.W. Rhode and G. Toniolo, *The Global Economy in the 1990s. A Long-Run Perspective* (Cambridge, 2006), pp. 118–38.

P. Rousseau and R.E. Sylla, 'Emerging Financial Markets and Early US Growth', *Explorations in Economic History*, 42, 1 (2005), pp. 1–26.

P. Rousseau and P. Wachtel, 'Financial Intermediation and Economic Performance. Historical Evidence from Industrialized Economies', *Journal of Money, Credit and Banking*, 30, 4 (1998), pp. 657–78.

M. Saint Marc, *Histoire monétaire de la France 1800–1980* (Paris, 1983).

M. Sandoz, 'The Bank-Note System of Switzerland', *Quarterly Journal of Economics*, 1 (April 1898), pp. 280–306.

R. Scatamacchia, 'L'émergence du service d'études de la Banque d'Italie et le développement de sa fonction d'expertise, 1894–1947', in O. Feiertag, *Mesurer la monnaie. Banques centrales et construction de l'autorité monétaire, XIXe–XXe siècle* (Paris, 2005).

C.R. Schenk, 'Crisis and Opportunity. The Policy Environment of International Banking in the City of London', in Y. Cassis and E. Bussière (eds), *London and Paris as International Financial Centres in the 20th Century* (Oxford, 2005).

——, 'International Financial Centres 1958–71. Competitiveness and Complementarity', in S. Battilossi and Y. Cassis (eds), *European Banks and the American Challenge* (Oxford, 2002).

——, 'The New City and the State in the 1960s', in R.C. Michie and P.A. Williamson (eds), *The British Government and the City of London in the Twentieth Century* (Cambridge, 2004).

——, 'The Origins of the Eurodollar Market in London, 1955–1963', *Explorations in Economic History*, 35, 2 (1998), pp. 221–38.

F.M. Scherer, *Industrial Market Structure and Economic Performance* (Chicago, 1980).

G.J. Schinasi, *Safeguarding Financial Stability. Theory and Practice* (IMF, 2006).

W. Seifert et al., *European Capital Markets* (Basingstoke, 2000).

J. Sgard, 'Do Legal Origins Matter? The Case of Bankruptcy Laws in Europe 1808–

1914', *European Review of Economic History*, 10, 3 (2006), pp. 389–419.
R.J. Shiller, *Irrational Exuberance* (New York, 2001).
D.A.J. Skeel, *Debt's Dominion. A History of Bankruptcy Law in America* (Princeton, 2001).
S. Solomon, *The Confidence Game. How Unelected Central Bankers Are Governing the Changed Global Economy* (New York London, 1995).
E.E. Spicer, *The Money Market in relation to Trade and Commerce* (London, 4th edn, 1924).
K. Spong, *Banking Regulation. Its Purposes, Implementation and Effects* (Kansas City, 2000).
G.J. Stigler, 'The Theory of Economic Regulation', *Bell Journal of Economics and Management Science*, 2, 1 (1971), pp. 3–21.
A. Straus, 'La politique des banques régionales dans l'entre-deux-guerres. Entre croissance et rationalisation', in M. Lescure and A. Plessis (eds), *Les banques locales et régionales en Europe au XXe siècle* (Paris, 2004).
——, 'Trésor public et marché financier', *Revue historique*, 106 (1982), pp. 65–112.
R.E. Sylla, Comparing the UK and US Financial Systems, 1790–1830, mimeo, April 2006.
R. Sylla, 'US Banks and Europe. Strategy and Attitudes', in S. Battilossi and Y. Cassis (eds), *European Banks and the American Challenge. Competition and Cooperation in International Banking under Bretton Woods* (Oxford, 2002).
——, 'U.S. Securities Markets and the Banking System, 1790–1840', *Federal Reserve Bank of St Louis Review* (May/June, 1998), pp. 83–98.
C.J. Tabb, 'The Historical Evolution of the Bankruptcy Discharge', *American Bankruptcy Law Journal*, 65 (1991), pp. 325–71.
——, 'The History of Bankruptcy Laws in the United States', *American Bankruptcy Institute Law Review*, 3, 1 (1995), pp. 5–51.
K. Takala, *Studies in Time Series Analysis of Consumption, Asset Prices and Forecasting*, Bank of Finland Studies E:22 (Helsinki, 2001).
M. Taylor and A. Fleming, 'Integrated Financial Supervision. Lessons from Northern European Experience', World Bank Policy Research Working Paper 2223 (1999).
A. Teck and W.B. Johns, 'Portfolio Decisions of Central Banks', in A.M. George and I.H. Giddy (eds), *International Finance Handbook*, vol. 2 (New York, 1983).
S.E. Thomas, *The Rise and Growth of Joint Stock Banking*, vol. 1, Britain: to 1860 (London, 1934).
H. Thornton, *An Enquiry into the Nature and Effects of the Paper Credit of Great Britain* (1802, reprinted London, 1939).
K.S. Toft, 'A Mid-century Attempt at Banking Control', *Revue Internationale d'Histoire de la Banque*, 3 (1970), pp. 149–67.
G. Toniolo, with the assistance of P. Clement, *Central Bank Cooperation at the Bank for International Settlements 1930–1973* (Cambridge, 2005).

E. Tuccimei, 'La ricerca economica a Via Nazionale. Una storia degli 'Studi' da Canovai a Baffi', *Banca d'Italia. Quaderni dell'Ufficio Ricerche Storiche*, 9 (September 2005).

P. Tufano, 'Business Failure, Judicial Intervention, and Financial Innovation. Restructuring U.S. Railroads in the Nineteenth Century', *Business History Review*, 71, 1 (1997), pp. 1–40.

H.B. van Cleveland and T.F. Huertas, *Citibank. 1812–1970* (Cambridge, 1985).

D. Verdier, *Moving Money. Banking and Finance in the Industrialized World* (Cambridge, 2002).

——, 'The Rise and Fall of State Banking in OECD Countries', *Comparative Political Studies*, 33, 3 (2000), pp. 283–318.

P. Verley, *Nouvelle histoire économique de la France contemporaine, vol. 2, L'industrialisation, 1830–1914* (Paris, 1989).

E. Vidal, *The History and Methods of the Paris Bourse* (Washington, 1910).

V. Vihriälä, *Banks and the Finnish Credit Cycle 1986–1995*, Bank of Finland Studies E:7 (Helsinki, 1990).

C. Vivante, 'Il fallimento civile', in P. Ascoli et al. (eds), *Il codice di commercio commentato* (Turin, 1909).

H.-J. Voth, 'Convertibility, Currency Controls and the Cost of Capital in Western Europe, 1950–1999', *International Journal of Finance and Economics*, 8, 3 (2003), pp. 255–76.

J.E. Wadsworth (ed.), *The Banks and the Monetary System in the UK 1959–1971* (London, 1973).

N.B. Wainwright, *The History of the Philadelphia National Bank* (Philadelphia, 1953).

D. Waldenstrom, *A Century of Securities Transaction Taxes. Origins and Effects* (Stockholm, 2000).

S.J. Weiss, 'Competitive Standards Applied to Foreign and Domestic Acquisitions of US Banks', in Comptroller of the Currency, *Foreign Acquisition of US Banks* (Washington, 1981).

E.N. White, 'Banking and Finance in the Twentieth Century', in S.L. Engerman and R.E. Gallman, *The Cambridge Economic History of the United States*, III (Cambridge, 2000).

——, 'Before the Glass-Steagall Act. An Analysis of the Investment Banking Activities of National Banks', *Explorations in Economic History*, 23, 1 (1986), pp. 33–55.

——, 'The Political Economy of Banking Regulation, 1864–1933', *Journal of Economic History*, 42, 1 (1982), pp. 33–40.

——, *The Regulation and Reform of the American Banking System, 1900–1929* (Princeton, 1983).

——, 'The 1990s in the Mirror of the 1920s', in P. Rhode and G. Toniolo, *The Global Economy in the 1990s. A Long-run Perspective* (Cambridge, 2006).

——, 'Were Banks Special Intermediaries in Late Nineteenth Century America?', *Federal Reserve Bank of St Louis Review* (May/June 1998), pp. 13–32.

J.H. Wood, 'Bagehot's Lender of Last Resort. A Hollow Hallowed Tradition', *The*

Independent Review, 7, 3 (2003), pp. 343–51.

R.E. Wright, Testing the Finance-Led Growth Hypothesis. Early 19th Century America, Britain, and Canada, Terry School of Business Workshop, University of Georgia, 2004.

C. Wyplosz, 'Exchange Rate Regimes. Some Lessons from Post-war Europe', in G. Caprio et al. (eds), *Financial Liberalization. How Far, How Fast?* (Cambridge, 2001).

J. Zysman, 'The Interventionist Temptation. Financial Structure and Political Purpose', in W.J. Andrews and S. Hoffmann (eds), *The Fifth Republic at Twenty* (Albany, 1981).